高等学校交通运输与工程类专业教材建设委员会规划教材

Traffic Simulation
交通仿真

陈　鹏　主　编

余贵珍　周　彬　副主编

孙　剑　主　审

人民交通出版社

北京

内 容 提 要

交通仿真是一种使用计算机模型模拟交通行为和交通流运行的技术方法，是复杂交通系统评估、分析与优化的核心手段。本教材聚焦智能网联、数字城市、自动驾驶等新兴产业对交通仿真技术的实际需求，以强化基础理论为主线、以提升实践能力为先导、以培养创新意识为目标，围绕交通仿真"概念-原理-模型-应用"全流程编写而成。本书共 8 章，主要内容包括绪论、仿真建模原理与方法、交通系统仿真方法、交通系统仿真模型、行人交通仿真、交通仿真软件、面向安全评估的交通仿真、交通仿真二次开发。

本书可供高等学校交通运输、交通工程等专业本科生教学使用，也可供相关专业研究生或从事交通系统仿真建模工作的工程技术人员参考。

图书在版编目(CIP)数据

交通仿真/陈鹏主编. —北京：人民交通出版社股份有限公司，2025.3. —ISBN 978-7-114-20259-9

Ⅰ.U491.2-39

中国国家版本馆 CIP 数据核字第 2025W4P159 号

Jiaotong Fangzhen

书　　名：	交通仿真
著 作 者：	陈　鹏
责任编辑：	李　良
责任校对：	龙　雪
责任印制：	张　凯
出版发行：	人民交通出版社
地　　址：	(100011)北京市朝阳区安定门外外馆斜街 3 号
网　　址：	http://www.ccpcl.com.cn
销售电话：	(010)85285911
总 经 销：	人民交通出版社发行部
经　　销：	各地新华书店
印　　刷：	北京市密东印刷有限公司
开　　本：	787×1092　1/16
印　　张：	13
字　　数：	315 千
版　　次：	2025 年 3 月　第 1 版
印　　次：	2025 年 3 月　第 1 次印刷
书　　号：	ISBN 978-7-114-20259-9
定　　价：	50.00 元

(有印刷、装订质量问题的图书，由本社负责调换)

前言

随着新一轮科技革命和产业变革的加速进行,交通运输行业的发展重心正从大规模基础设施建设转向现代化运行管理与服务。在这一背景下,基于信息和系统科学的交通仿真技术日益凸显其重要性。交通仿真技术可以动态、逼真地模拟交通流,呈现各种复杂交通现象,是评估、分析与优化交通规划、设计及管控方案的重要手段,可为交通决策者提供科学参考依据。

在交通运输多学科交叉渗透、前沿技术集中应用的背景下,理解与掌握交通仿真相关理论,据此选择合理的交通仿真软件,针对实际交通问题设计仿真评价方案,并通过运行仿真获取分析结论,是交通运输相关专业学生的必备能力,同时也是综合实践交通规划、交通设计、交通管理与控制等理论方法的有效途径。

编者在充分吸收国内外交通仿真应用实例及高校教学实践经验的基础上,聚焦智能网联、数字城市、自动驾驶等新兴产业对交通仿真技术的实际需求,围绕交通仿真"概念-原理-模型-应用"的系统性架构,梳理了教材大纲及核心章节,相比市场中的同类教材,更加注重通过典型仿真案例的教学模式,综合提升学生的基础理论、实践能力和创新意识,构建系统全面的交通系统仿真知识体系。

本书共分8章。第1章和第2章介绍了交通系统仿真的基本概念和建模原理;第3章和第4章介绍了交通系统仿真方法及交通系统仿真模型;第5章介绍了行人交通仿真,对行人交通仿真模型及应用进行了探讨;第6章总结了国内外常用的交通仿真软件,分析了各软件的主要功能和特点;第7章介绍了面向安全评估的交通仿真,是面向效率评估的主流交通仿真的有益补充;第8章介绍了交通仿真二次开发的基本原理及相关应用实例。

本书主要由北京航空航天大学陈鹏担任主编,余贵珍、周彬担任副主编。其中,陈鹏负责第1、3、4、5、7章的编写,余贵珍负责第2、6章的编写,周彬负责第8章的编写。此外,编者的研究生郭颖、王子岩、徐嘉明、倪浩原、边婧等参与了书稿的整理和校订工作。同济大学孙剑教授对本教材进行了认真审阅,提出的宝贵意见和建议使得本书内容得以进一步完善。

  本教材的编写得到了北京航空航天大学教材/专著出版基金的支持。

  限于编者的理论水平和实践经验,书中疏漏和不足之处在所难免,敬请广大同行、读者批评指正。

编 者

2024 年 10 月

目录

第1章　绪论 ·· 1
　1.1　交通仿真的基本概念 ·· 1
　1.2　交通仿真的研究内容及特点 ···································· 3
　1.3　交通仿真的分类、应用及步骤 ································· 5
　1.4　交通仿真技术发展概况 ·· 10
　思考题 ··· 15

第2章　仿真建模原理与方法 ··· 16
　2.1　系统仿真基础 ·· 16
　2.2　离散事件系统仿真 ·· 20
　2.3　连续系统仿真 ·· 25
　2.4　随机数和随机变量的生成 ····································· 31
　2.5　基于智能体的仿真建模 ·· 39
　思考题 ··· 43

第3章　交通系统仿真方法 ·· 44
　3.1　交通仿真任务规划 ·· 44
　3.2　基础数据采集及处理 ··· 46
　3.3　交通仿真建模 ·· 54
　3.4　错误检查 ··· 58
　3.5　模型校正 ··· 62
　3.6　结果分析 ··· 70
　思考题 ··· 73

第4章　交通系统仿真模型 ·· 74
　4.1　交通生成模型 ·· 74
　4.2　车辆跟驰模型 ·· 81
　4.3　车辆换道模型 ·· 88

4.4 基于数据驱动的仿真模型	96
4.5 交叉口信号控制模型	101
4.6 高速匝道控制模型	104
思考题	105

第 5 章　行人交通仿真 — 107

5.1 行人交通	107
5.2 行人交通仿真模型	114
5.3 行人疏散行为	119
5.4 行人交通仿真应用实例	125
思考题	131

第 6 章　交通仿真软件 — 132

6.1 宏观交通仿真软件	132
6.2 中观交通仿真软件	135
6.3 微观交通仿真软件	136
6.4 自动驾驶仿真软件	141
6.5 多分辨率交通仿真	142
思考题	147

第 7 章　面向安全评估的交通仿真 — 148

7.1 面向效率与面向安全的交通仿真	148
7.2 传统交通安全分析方法	150
7.3 基于交通冲突技术的交通安全评价	152
7.4 交叉口安全评价仿真模型开发	156
7.5 交叉口安全评估仿真实例	162
思考题	172

第 8 章　交通仿真二次开发 — 173

8.1 交通仿真软件二次开发基础知识	173
8.2 交通仿真器功能拓展	175
8.3 交通仿真器与驾驶模拟器联合仿真	180
8.4 交通仿真器与自动驾驶车辆仿真器联合仿真	184
思考题	193

参考文献 — 194

第 1 章

绪论

通过学习本章内容,重点掌握交通仿真的基本概念,理解交通仿真的目的、意义及适用条件,熟悉交通仿真的分类、应用和基本步骤,了解国内外交通仿真技术的发展历程,掌握交通仿真的发展趋势。

1.1 交通仿真的基本概念

1.1.1 系统仿真

仿真,顾名思义是指对真实事物的模仿,也称为"模拟"。仿真界专家和学者对仿真给出过不少定义,其中一个比较通俗的描述性定义是:仿真是通过对系统模型的实验去研究一个存在的或设计中的系统。长期以来,人们已经充分认识到利用数学模型去描述所研究系统的优越性,并且逐渐地发展了系统研究和系统分析理论。但是,由于求解难度和计算成本的限制,人们对复杂事物和复杂系统建立数学模型并进行求解的能力有限。19 世纪末 20 世纪初,在工业技术迅速发展过程中,由于常规数学模型的缺陷对技术进步的制约作用日益明显,系统仿真作为一门技术科学应运而生。

仿真技术发展之初,由于相关技术条件的限制,人们多采用实物仿真的手段,例如通过对不同形状飞机模型的风洞实验分析来改进飞机设计。近年来,随着信息技术的迅速发展以及计算机软、硬件技术的突破,仿真技术已由实物仿真发展至数字仿真。数字化主要通过计算机来实现,因而也称计算机仿真。计算机仿真即采用计算机对数学模型进行仿真实验。计算机仿真摆脱了实物模型的传统概念,借助计算机可以对物理性质截然不同的各种系统进行准确、灵活、可靠的研究,这就使现代科学实验技术提高到一个新的水平。仿真技术作为分析和研究系统运动行为、揭示系统动态过程和运行规律的一种重要手段和方法,在发展到现代的计算机仿真阶段以后,其应用领域已从军用转向民用,从最初的航空、航天、核技术等高新技术领域发展到社会、经济领域以及广泛的工程领域。现代计算机仿真技术的优越性在于:

（1）可以求解许多复杂而无法采用数学手段解析求解的问题；

（2）可以预演或再现系统的运动规律或运动过程；

（3）可以对无法直接进行实验的系统进行仿真实验研究,从而节省能源和费用。

目前,人们普遍接受的观点是:系统仿真技术是以相似原理、控制理论、计算技术、信息技术及其应用领域的专业技术为基础,以计算机和各种物理效应设备为工具,利用系统模型对实际或设想的系统进行动态试验研究的一门综合性技术。系统是研究的对象；模型是系统的抽象；仿真是对模型进行实验,以达到研究系统的目的。系统仿真包含三个基本的活动,即建立系统模型、构造仿真模型及进行仿真实验。这三个活动的是系统仿真的三要素,即系统、模型（或含系统中的某些实物）、计算机（或含某些物理效应设备）。它们的关系如图1-1所示。在整个建模/仿真过程中贯穿了对模型及仿真结果的校核(Verification)、验证(Validation)与确认(Accreditation)。

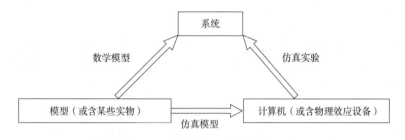

图1-1 系统仿真三要素的关系

在学术讨论和工程应用中,术语"仿真"通常指对系统的仿真,而非单个元件或部件。因此,使用"系统仿真"这一术语,是为了明确仿真的对象是系统,而非单独的元部件。

1.1.2 交通仿真

交通仿真是20世纪60年代以来,随着计算机技术的进步而发展起来的采用计算机数字模型来反映复杂道路交通现象的交通分析技术和方法。从试验角度看,交通仿真是再现交通流时间和空间变化的模拟技术。它利用计算机对所研究对象(交通系统)的结构、功能、行为以及参与交通的控制者——人的思维过程和行为特征进行较为真实的模仿,具有直观、准确、灵活的特点,是描述复杂道路交通现象的一种有效手段。

交通仿真作为仿真科学在交通领域的应用分支,随着系统仿真的发展而快速发展。本书给出交通仿真的定义为:以相似原理、信息技术、系统工程和交通工程领域的基本理论和专业技术为基础,以计算机为主要工具,利用系统仿真模型模拟道路交通系统的运行状态,采用数字图形方式来描述动态交通系统,以便更好地把握和控制该系统的一门实用技术。

1.2 交通仿真的研究内容及特点

1.2.1 交通仿真的研究内容

一般而言,交通仿真的具体研究内容包括但不限于如下方面。

1) 交通基础路网模型分析

目前,常用的交通仿真系统能够结合 GIS 数据、交通规划网络、卫星图片等背景数据,经过简单加工后生成基础路网模型。以上数据结合交通规划和交通需求模型便能用来预测伴随区域发展、人口和交通供给等方面的变动而引起的对交通系统需求的变化。

2) 交通管理与控制措施分析

通过仿真可变车道、单行线设置、可变信息提示等各类交通管理措施,以及定时控制、感应控制和自适应控制等各类信号控制策略,能够分析交通管理与控制措施对交通流特性及交通运行状况产生的影响。

3) 车辆运行状态分析

根据基础路网模型和给定参数计算得出仿真车辆的加速、减速、停车、让行、换道、超车和并道等多种行驶状态下的表征数据。此外,部分针对车辆运行状态的分析结合动态交通分配技术,能够对车辆的行驶路线进行优化分析。

4) 混合交通特性分析

行人和非机动车是城市道路交通系统中的重要组成部分。对机非混合交通流的仿真研究,能够指导慢行交通设施的规划和慢行交通的管理和控制,有效诱导行人和非机动车流,避免和缓解交通拥挤,提升交通出行安全。

5) 公共交通系统分析

交通仿真能够根据车站的长度、上下车乘客人数和比例,以及线路发车频率、车辆类型等分析公交车辆行驶受到的影响。此外,还能够分析公交专用车道、动态公交信号以及公交优先策略对路网的影响及效果。

6) 交通安全分析

交通仿真能够分析交通事故对车流量和出行时间的影响,但目前对事故诱发因素的仿真分析仍然较少。因此,如何在交通仿真中充分考虑道路交通系统中人、车、路和环境的综合作用,对道路交通系统的安全运行水平进行跟踪和评价后,进而对实际环境内的交通安全进行预测是基于仿真的交通安全分析的一个重要发展方向。

1.2.2 交通仿真的特点

交通涉及人们生活的方方面面,交通仿真作为解决交通问题的重要手段,在国内外蓬勃发展。相较于传统的数学分析方法,交通仿真具有如下优点:

1) 经济性

部分交通数据无法通过调查和试验获取,或者调查、试验过程花费的人力、物力过大,在这种情况下可以通过交通仿真的方法得到这些数据。

2) 安全性

利用计算机进行仿真试验,可以避免实地试验中可能出现的意外伤害。

3) 可重复性

仿真模型可在相同的参数和条件下多次进行实验,以确保结果的稳定性和可靠性。

4) 可拓展性

计算机仿真突破了实地观测的局限性,能够模拟和验证各种假设场景。研究人员可以灵活调整关键参数(如车速、交通流量等),不受天气等外部环境因素的制约。这种方法在再现复杂交通环境下的车流运行特性、补充观测数据的不足、解决交通流参数关系曲线的外推等方面具有显著优势。

5) 可操作性

相比以往的分析方法,仿真方法更容易应用,该方法能以系统中的最基本要素如单个车辆、车道等为建模单元,能够准确、灵活地反映各种因素的影响,无须建立精确的解析模型,避免了求解复杂数学模型的困难。

6) 可控制性

计算机仿真通过程序控制,很容易使某些参数的作用限制在一定范围或特定值。例如,人为地固定一些变量为常数,只改变其他一些变量以考察它们对所研究指标的影响;还可以事先对一些诸如信号配时、几何形状等因素进行人为优化,采取特定的组合方案进行仿真,进而对不同方案进行比选、评价等。

7) 独立性

仿真模型对原始数据的依赖性不强,即使输入的数据略显粗糙,用户也可以通过不断地修正输入,逐步获得合理的结果。此外,相比于解析模型通常需要进行一定的简化假设,而仿真模型则没有过多限制。对于解析模型,分析者只能计算有限的系统性能测度,而对于仿真模型,产生的数据可用于估计任意可设想的性能测度。

8) 快速真实性

与实际交通调查相比,交通仿真可以快速获得结果,缩短了数据获取周期,还可避免由于人为因素发生交通中断等干扰而造成的数据丢失或失真。

尽管交通仿真技术具有很多优点,但也有其局限性,包括如下方面:

(1) 交通仿真模型需要大量的输入数据,对于某些实际问题,部分输入数据很难甚至无法获得。

(2) 仿真模型需要标定、验证,进行有效性检验,如果忽视了这一点,仿真结果很可能与实际情况不符。

(3) 建立仿真模型不仅需要大量的知识,如交通流理论、计算机程序设计、概率论、决策论、统计分析等,还需要对所研究的道路交通系统具有充分的了解。

(4) 一些仿真软件的使用者只懂得简单套用其数据模型,而对于模型的限制条件和基本假设并不清楚,或将其视为"黑箱",对其含义并不了解,可能导致错误的结论。

应当指出,交通仿真只是交通分析技术中的一种手段,既非唯一也并非最佳。由于交通系统自身的复杂性,使得仿真建模时抽象或简化尺度很难把握,如果处理不当,则会造成仿真模型"失真"。因此,针对具体的交通工程问题,应采取切实有效的交通分析技术,亦可以综合采用多种分析技术。正如美国系统科学家 Zadeh 在其著名的"不相容定理"中所指出的:复杂性和精确性互相矛盾,随着系统复杂性的增加,人们对其进行精确描述的能力下降,直至达到这样一个阈限,即精确描述失去了意义。在这种情况下,只能寻求某种"折衷"办法,即在精确性和有效性之间达成某种"妥协"。

1.3 交通仿真的分类、应用及步骤

1.3.1 交通仿真的分类

根据交通仿真模型分辨率的差异,交通仿真可分为宏观交通仿真(Macroscopic Traffic Simulation)、中观交通仿真(Mesoscopic Traffic Simulation)及微观交通仿真(Microscopic Traffic Simulation)。

1) 宏观交通仿真

在宏观交通仿真模型中,交通流被看作连续车流,个体车辆不单独标识,其对交通系统要素及行为的细节描述处于一个较低的程度。交通流通过车流密度关系等一些集聚性的宏观模型来描述,而不予表征车辆车道变换之类的细节行为。对计算机资源要求低,仿真速度快,比较适合对大规模路网进行交通仿真,如图1-2所示。宏观交通仿真模型的基本参数是速度、密度和流量。

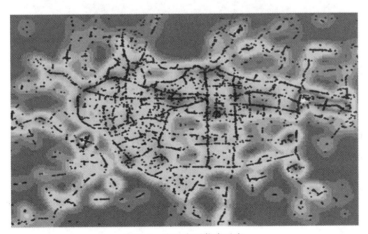

图1-2 宏观交通仿真示意

2) 中观交通仿真

中观交通仿真以车辆群体行为为研究对象,可用来拟定、评价在较大范围内进行交通控制和干预的措施和方法,从而对交通流进行有效控制。相较于宏观模型,中观模型对交通系统要素、实体运动和相互作用的细节描述程度要高,如图1-3所示。例如,中观交通仿真模型对交通流的描述常以若干车辆构成的队列为单元,描述队列在路段和节点的流入流出行为,就每辆车而言,车道变换被描述为在相关车道上的瞬时决策事件,而非细致的车辆间相互作用。

图1-3 中观交通仿真示意

3）微观交通仿真

微观交通仿真将每个交通参与者作为一个研究对象,对车流的描述以单个车辆为基本单元,车辆在道路上的跟驰、超车及车道变换等微观行为均能得到较真实的反映。微观交通仿真模型主要由两部分构成:一部分是对道路几何特征和交通管控措施的精确描述;另一部分是对每个交通参与者动态行为的精确模拟,需要根据交通参与者的类型加以区分。微观仿真涉及每个交通参与者进入路网的时间、类型、速度等细化行为,可用于研究交通流与局部道路设施的相互影响、交通信号控制等,如图1-4所示。

图1-4 微观交通仿真示意

早期的研究主要集中于宏观交通仿真模型的开发,研究交通流量及密度变化,评估交通网络的总体性能等。现阶段,由于高速运算计算机的发展及交通仿真的实际需求,研究热点逐渐转移至中微观仿真模型。由宏观模型渐进至中微观模型,其抽象表征程度逐渐下降,分辨率逐渐提升。不同分辨率的仿真模型特点见表1-1。

不同分辨率的仿真模型特点　　　　表1-1

类别	分辨率	准确性	建模广度	决策支持能力	资源需求	细节描述能力	时间敏感性
宏观	低	低	高	高	低	低	低
中观	中	中	高	高	中	中	中
微观	高	高	低	低	高	高	高

随着智能交通技术的研究及应用不断深入,交通管理逐步趋向动态化、信息化和智能化,交通参与者对交通模型精度和效率的需求日益提高。考虑传统交通模型不能或不足以有效处理交通系统在多粒度层面上的模拟仿真,多分辨率一体化仿真逐渐引起重视,成为交通仿真领域发展的一大趋势。

1.3.2 交通仿真的应用

交通仿真作为一种交通分析工具,已经渗透至交通工程领域的方方面面,主要应用在如下方面。

1)在交通工程理论研究中的应用

目前,仿真软件在交通工程理论研究中的应用主要集中在交通流理论方面。随着计算机技术的迅猛发展,以计算机为辅助工具,利用其可重复性、可延续性模拟交通运行状况,进行交通运行特性和通行能力研究,已成为交通流理论研究的一个发展方向。在通行能力研究方面,国内外均已有利用仿真模型进行通行能力研究的实例。如美国公路容量软件(Highway Capacity Software, HCS)软件系统由美国交通运输研究委员会(Transportation Research Board Committee)研制开发,与美国《道路通行能力手册》(Highway Capacity Manual, HCM)配套使用。该软件由交叉口、干道、公路网等模块组成。数据输入包括交通设施几何参数(车道数和车道宽度等)及交通和道路条件(交通流量、自由流速度、地形条件、道路等级、横向干扰、重车混入率等);输出结果为各种交通设施通行能力及其相应服务水平和相关图表。HCS 系统软件为美国道路运输与交通工程设计、规划与控制提供了良好服务,发挥了巨大效用。目前,我国道路交通部门正在加紧研究和开发适合中国国情的相关仿真软件系统,力争使我国的通行能力研究与国际接轨。

2)在交通规划实践中的应用

交通需求预测是交通规划的核心内容之一,交通发展政策的制定、交通网络设计及方案评价均与交通需求预测存在密切的联系。"四阶段预测法"是目前经典的交通需求预测方法,在实际工程项目中获得了广泛应用。

20 世纪 50 年代,随着欧美国家私人小汽车的发展和郊区化的扩张,需要新建大规模的道路网络来支撑这种发展趋势。当时的交通需求预测的根本目的是服务于新建道路网络的规划设计。1962 年,美国芝加哥市交通规划研究中提出的"生成-分布-方式划分-分配"的预测方法标志着"四阶段"交通预测模型的形成。该模型将每个人的出行按交通小区进行统计分析,从而得到以交通小区为单位的集计分析(Aggregate Analysis)模型。"四阶段法"由于其清晰的思路和模型结构、相对简单的数据收集和处理,在世界各地的交通规划中扮演着重要角色。20世纪 70 年代以来,"四阶段"理论体系逐渐趋于成熟。随着计算机技术的进步,国内外一大批优秀的计算机软件得以应用,代表性的有美国 TRANPLAN、TransCAD,英国 TRIPS 以及我国自主研发的 TranStar 等。

3)在道路几何设计方案评价分析中的应用

制订道路几何设计方案时往往需要考虑几何线形的透视效果。以往,这些工作通过一些设计中必须遵循的平纵线形组合原则及部分绘制立体透视图来完成。由于人为的差错和透视图绘制的精确性等原因,在道路竣工后,往往会存在一些不尽人意之处。现阶段,仿真软件提供了一个 3D 平台,可供设计者在计算机中观看、检查所设计道路的实际效果,及时发现设计方案的缺陷和局限性,并进行修改或调整。

4)在交通管理控制方案评价分析中的应用

交通管理控制方案的制订往往需要细致、准确的交通分析工具以提供更好的决策支持手段,而实际工作中由于缺乏这样的工具,不得不照搬在宏观规划层面采用的粗粒度的交通状态分析工具。交通仿真软件提供了一个将道路和交通管控方案有机结合在一起的灵活的试验平台,可以直观地呈现管理控制方案的实施效果,并可以定量计算方案实施过程中的各种评价指标。如德国的 Vissim 仿真软件,可提供诸如延误、行程车速、地点车速、流量、密度等一系列可用于定量评价交通运行效果的指标。

5)在道路交通安全分析中的应用

在完成道路几何设计和交通组织设计后,利用仿真软件提供的直观的图形界面,设计者可以通过运行仿真软件来检查道路各个部分的交通隐患。例如,在信号控制方案设计中,可以直观地通过查看是否有车辆在通过交叉口时发生冲突,以此来评价信号控制方案能否保证交叉口通行安全。在交通安全与事故分析中,仿真模型可"再现"交通事故发生的全过程,是分析事故成因、制订交通安全保障措施的有力工具。

6)在交通新技术和新设想测试中的应用

如土木学科中的力学试验设备一样,交通仿真软件提供了一个有效的、直观的仿真试验平台,各种新的交通技术和设想均可以在这个平台上进行试验;而以往这种新技术、新方法需通过费用高昂的真实试验来验证,而且由于实地观测和采集数据的困难,有时并不能全面地考察和评价这些新技术的优缺点。

7)在智能交通系统中的应用

随着智能、信息时代的到来,现代交通已步入一个崭新的发展时代。交通智能化是现代交通发展的方向,其利用先进的信息技术、计算机技术、传感器技术、自动控制技术、人工智能技术等,进行交通管理和控制、车辆设计与制造,加强车辆、道路、使用者之间的联系,形成实时、准确、高效的综合运输系统。智能交通系统(Intelligent Transportation Systems,ITS)已成为时代发展的必然,而交通仿真则是 ITS 中进行交通分析的重要手段和方法。

1.3.3　交通仿真的步骤

交通仿真的对象是含有多种随机成分和各种逻辑关系的复杂的交通系统,因此,交通仿真是一个复杂的系统工程,包括问题分析、数据收集、模型建立、模型评价、编制程序、仿真运行、仿真试验设计、仿真结果分析等过程,必须按照一定的程序和步骤进行。图 1-5 为一般的交通仿真流程图,其中包括 9 个基本步骤。

(1)问题描述与定义

在开展交通仿真研究时,首要任务是对研究问题进行详细的解析描述。这一阶段需要明确研究目标,定义系统的范围边界,确定待解决的关键问题。例如,需要明确希望预测什么样的输出结果、问题涉及的空间和时间范围、存在的主要限制因素等。这个阶段的工作质量将直接影响后续仿真分析的有效性和准确性。研究人员需要投入足够的时间进行深入调研,确保问题定义的完整性和准确性。

(2)数据收集与处理

在该步骤中,需要收集并处理仿真所需的各类数据,如交通流量、道路几何特征、信号控制方案等基础数据,同时根据研究目的收集其他所需的数据,例如在探究系统的动态变化规律时需要收集系统运行的历史数据。数据处理过程中需要注意数据的质量控制,包括数据的完整性、准确性及时效性的验证。此外,还需要对数据进行必要的预处理,如异常值处理、数据标准化等,为后续建模分析做好准备。

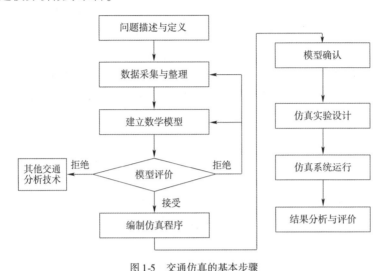

图1-5 交通仿真的基本步骤

(3)建立数学模型

基于已收集的数据,建立能够描述系统特征的数学模型。模型需要体现系统的关键要素及其相互关系,包括车辆行为模型、交通流模型、控制逻辑模型等。在建模过程中,需要平衡模型的复杂度和精确度,既要确保模型能够准确反映系统特征,又要控制计算复杂度在可接受范围内。

(4)模型评价

这一步工作的首要任务是对所建模型的各种可能情况进行手工计算,以确定流程中是否出现中断或回路、检验数据输入的适应性和取值范围、检验最终的和中间的输出结果的合理性。其次,还需要做出一些判断,如是否有必要增加、删除或改变一些变量,是否有必要修正一些确定型或随机型参数,是否有必要对模型的结构进行修改等。如果仅需要修正某些变量或参数,则相对来说要较简单,而一旦模型本身被拒绝,则需要返回前面的第三个步骤,甚至返回第二个步骤,甚至放弃系统仿真方法。

(5)编制仿真程序

在建立仿真模型之后,就需要按照所选用的仿真语言编制相应的仿真程序,以便在计算机上作进行仿真运行实验。为了使仿真运行能够反映交通仿真模型的运行特征,必须使仿真程序与交通仿真模型在内部逻辑关系和数学关系方面具有高度的一致性,使仿真程序的运行结果能够精确地代表仿真模型应当具有的性能。

(6)模型确认

在仿真中,所建立的仿真模型能否代表真实系统,是决定仿真研究成败的关键。按照统一的标准对仿真模型的有效性进行衡量,这就是仿真模型的确认。模型确认包括三项内容,即模型校核(Verification)、模型标定(Calibration)和模型验证(Validation)。模型校核的目的是确认程序代码所执行的正是流程图所规定的任务,并不涉及拟研究的实际问题。模型标定是以部分交通观测数据作为输入,检验输出结果是否与实际的观测结果相符,若不一致,则需要调整参数直至输出结果与实际结果相符。验证则是将其余未使用的交通观测数据输入仿真程序,并将输出结果与实际观测结果进行比较。此时不能再对模型参数进行调整,输出结果与实际观测结果之间的差异表明了整个仿真程序在检验条件下的误差。

(7)仿真实验设计

根据研究目的,设计详细的仿真实验方案,确定实验目的、实验条件和评价指标。实验设计需要考虑多种因素,如参数敏感性分析、场景设计等。

(8)仿真系统运行

在完成前期准备工作后,按照实验方案开展仿真运行。运行过程中需要对系统状态进行实时监控,记录关键数据。同时要及时发现和处理可能出现的异常情况,确保仿真过程的顺利进行。

(9)结果分析与评价

对仿真模型进行多次独立重复运行后可以获得一系列输出响应和系统性能参数,对仿真结果进行系统的分析和评估。这一步骤中需要对输出数据进行统计分析,计算各项性能指标,评估方案的优劣。分析过程要注意结果的可靠性验证,并结合实际情况解释分析结果,最终形成完整的分析报告,为实际决策提供科学的参考依据。

1.4 交通仿真技术发展概况

1.4.1 国外发展概况

目前,国外在交通仿真研究方面已经进行了有效的、比较成熟的工作,并开发了众多的交通仿真软件,其中一些软件已经实现了产品化和商业化。从20世纪50年代开始出现交通仿真以来,纵观其整个发展过程,大致经历了3个阶段。

1)起步阶段(20世纪50—60年代)

早在1949年,M. Asimow和D. L. Gerlough便提出了对交通流进行模拟的建议,随后这种建议得到了实施和扩展。20世纪50年代软件"GOODE"问世,标志着交通仿真的真正开端。在美国,第一份关于交通仿真的研究报告发表于1953年,介绍了加利福尼亚大学洛杉矶分校(University of California at Los Angeles)关于交叉口和高速公路的交通仿真模型。随后,密歇根大学(University of Michigan)进行了交叉口及主干道交通仿真;纽约港务局(Port of New York Authority)进行了公交终端站车辆跟车模型仿真;中西部研究所(Midwest Research Institute)应用仿真技术开展了有关高速公路立交桥和匝道汇流交通的研究。

随着计算机技术的发展,至20世纪60年代已开发了大量的计算机模拟程序。交通仿真的可行性和实用性开始被认可,其中,美国TRANSYT交通仿真软件是当时最具代表性的成果。TRANSYT模型是一种宏观仿真模型,用以确定定时交通信号参数的最优值。这一时期的道路交通仿真系统主要以优化城市道路的信号设计为应用目的,多采用宏观模型,模型的灵活性和描述能力较为有限,仿真结果表达也不够理想。

2)发展阶段(20世纪70—80年代)

交通仿真技术在20世纪60年代末至70年代得到了迅速发展,这一期间,相关研究学者发表了大量的论文和专著。在美国,Gerlough 和 Capelle 于 1964 年出版了名为《交通流理论导论》的专题论著,其中一章专门论述了交通仿真,该书于 1975 年修订,其中的交通流仿真一章增加了不少新的内容;1967 年,Fox 和 Lehman 在《交通季刊》上发表了一篇科学技术发展动态的文章,介绍了交通系统仿真的发展情况;1975 年,加利福尼亚大学伯克利分校(University of California at Berkeley)出版了关于运输系统计算机仿真应用的文献汇编,并于 1977 年进行了增补和修订。

在欧洲,这期间有三本重要的专题论著发表。第一本是 Wigan 编著的文献汇编,于 1969 年由英国道路研究实验室出版;第二本文献汇编于 1972 年,由经济合作与发展组织(Organization for Economic Cooperation and Development,OECD)出版;第三本是德国卡尔斯鲁厄理工学院(Karlsruher Institut für Technologie)的 Wiedemann 于 1974 年所著的《道路交通流的计算机仿真》一书,该书系统地介绍了交通流仿真方法及其模型建立。

与此同时,大量的交通仿真应用软件被开发出来,这些软件可以分为两类:一类以宏观交通仿真模型为基础,另一类则以微观交通仿真模型为基础。

20 世纪 60 年代初期,宏观交通仿真模型首先用于交通系统仿真。1963 年,美国 Gerlough 提出随机问题可以用扫描时间可变的时间扫描法解决,并以此出发推出了 TRANS 程序,用以评价道路网的信号配置。美国联邦公路局(Federal Highway Administration,FHWA)在 1965—1966 年间研制的 SIGOP 系统采用了宏观的确定性优化模型,用以研究定时信号参数的最优化问题。其他比较重要的宏观交通仿真软件还有用于信号交叉口的 CAPCAL,用于城市干道网的 SPAN、MAXBAN、SSTOP、DASSER、TRANSYT 以及用于高速公路的 FREQ、FRECON 等。

20 世纪 60 年代末以来,基于微观仿真模型的交通系统仿真开始迅速发展起来。1971 年,Lieberman 提出了以随机时间扫描的方法描述单个车辆的运动,并推出了 UTCS-1,用以评价路网的信号配置。1977 年,他在 UTCS-1 的基础上开发了 NETSIM 系统,并且得到了广泛的应用。这一时期出现的其他比较著名的微观交通仿真软件还包括由美国研发的用于信号交叉口的 TEXAS 和 SIGSIM、用于城市干道网的 NETSIM、用于高速公路的 INTRAS,以及用于乡村道路的由瑞典研发的 VTI 和由澳大利亚研发的 TRARR 等。

这一时期,德国人在微观交通仿真软件的研发方面开展了大量的工作。早在 1968 年,Wiedemann 就推出了 SIM-2,用以进行城市双车道道路定时信号控制仿真实验;1969—1970 年间,Ziegler 对其进行了改进,推出了 SIM-2/S。1974 年 Wiedemann 提出了表征车辆运动相互作用的微观模型 INTAC,并开发了单车道仿真程序 INTAC-1。1975—1978 年间,Willemann 将其扩展至双车道情况,推出了 INTAC-2。1977 年,Hubschneider 对 INTAC-2 进行了重新标定,强化了其功能,开发出 MISSIS,并对德国高速公路推荐车速 130km/h 的情况进行了仿真实验。同年,Brilon 开发出 SIMLA/1,用以研究乡村道路平直路段的交通状况。1981—1983 年间,Brannolte 将其推广至有曲线和纵坡的情况,推出了 SIMLA/2,在此之前的 1980 年,他还提出了丘陵地区高速公路的微观仿真模型 STEIGSIM。1975—1980 年间,Wettering 开发了 SIM-2、3/F,用来分析双车道或三车道公路上的车辆换道规律。

3)成熟阶段(20 世纪 80 年代初至今)

进入 20 世纪 80 年代后,交通工程师们致力于统一标准的软件开发。这一时期具有代表性的软件是 1982 年美国联邦公路局开发的 TRAF 交通仿真系统。该系统包括道路网宏观、微观仿真和高速公路宏观、微观仿真四部分,解决了软件标准化问题,可以表示任意现有道路设施上的交通情况,在交通仿真领域达到了空前水平。进入20世纪90年代,随着计算机运算速度的提高和内存的增加,以及Windows操作系统的出现,计算机仿真程序开始朝着可视化方向发展,用户界面更友好,系统集成性能更高,交通仿真的实用性得到进一步的发展,仿真软件的应用也更为广泛。其中,1998年面世的TSIS系统4.2版,反映了这一时期的软件特点。该系统基于Windows 95或Windows NT平台,采用友好的用户界面,集成CORSIM、TRAFVU、ITRAF系统,能够模拟演示城市道路网、公路网及城乡公路一体化路网交通情况和计算有效度量指标。

20世纪90年代以来,国外对智能交通系统ITS的研究日益深入,世界各国竞相开展以ITS为应用背景的交通仿真软件研发,并达到了道路交通仿真研究前所未有的高潮,出现了一大批评价和分析ITS系统效益的仿真软件系统。如西班牙开发的Aimsum仿真系统,该系统是一个交互式交通仿真模型,主要用于测试和评价新的交通控制系统和交通管理策略,但它同时又能够用于交通状况的预测以及车辆导航系统和其他实时交通信息的应用。该系统可以对不同类型的交通控制建立相应的模型,例如交通信号控制、让路标志、匝道控制等,在同一个仿真试验中能够处理不同的控制方案。动态车辆导航系统微观仿真模型包括:路网几何特性的精确模型、详细的单车行为模型、确定性的交通控制方案等,它需要对模型的参数进行标定,如跟车、可接受间隙、变换车道等,以保证模型能够生成流量、速度、占有率、出行时间、平均排队长度等参数。

1.4.2 国内发展概况

与国外相比,国内在道路交通系统仿真方面的研究起步较晚。直至20世纪90年代以后,国内交通工程界才逐渐意识到道路交通系统仿真研究的重要性并予以重视。同济大学、东南大学、北京工业大学、哈尔滨工业大学、交通运输部公路科学研究所等一批科研机构开始进行探索性的研究并取得了一定的成果,如双车道公路通行能力仿真、高速公路基本路段仿真、高速道路入口匝道范围交通仿真、优先控制型交叉口交通仿真、动态交通仿真、交通诱导仿真等。但总体而言,目前国内道路交通系统仿真研究仍较为零散,往往只局限于解决单一问题,总体上尚处于应用进口软件系统阶段,迄今为止,还未形成普遍接受的真正意义上的商品化仿真软件产品,开发国产化道路交通仿真软件已是必然的趋势。

由于国内的交通构成、交通流特性、交通组织管理方法与国外存在显著不同,国外的仿真模型不一定适合于我国的实际情况。因此,新一代交通流仿真模型的研究与开发是我国目前亟须解决的重要课题。

自20世纪80年代以来,我国交通领域的专家学者逐步开始在智能运输系统方面进行深入研究。经过多年的探索与实践,国内在交通仿真软件的研究方面取得了显著成果。其中,具有代表性的研究成果包括:同济大学先后开发的同济交通仿真系统(Tongji Traffic Simulation System,TJTS)和交通环境仿真系统(Traffic Environment Simulation System,TESS);吉林大学研发的交通网络分布式并行仿真系统(Traffic Parallel Simulation System,TPSS);湖南大学设计的城市交通网络微观仿真系统(Urban Traffic Microscopic Simulation System,Urban Sim);以及北京工业大学构建的智能交通仿真与优化系统(Simulation System for Intelligent Operation,SIMSIO),这些研究成果为我国交通仿真技术的发展奠定了重要的基础。

1.4.3 技术发展趋势

经过半个多世纪的发展,交通仿真作为一项交通系统实验分析技术,已广泛地应用于道路交通设计、智能交通系统方案设计与技术研发、网络交通流理论研究等诸多方面,是系统仿真技术在交通工程领域的重要应用,且随着新的科学技术成果的不断涌现和计算机技术的日新月异,还会伴有更为迅速的发展。总体而言,交通仿真朝着如下方向发展。

1) 可变颗粒度的仿真

交通仿真可分为宏观、中观、微观等不同分辨率的仿真。微观仿真以秒或亚秒的时间分辨率对复杂的驾驶行为(如车辆跟驰和换道行为)进行建模。中观仿真则主要以 1~10s 的时间分辨率进行仿真,宏观仿真则往往忽略时间概念,描述出行者在时间集计层面上的需求分布,以及交通网络在静态维度上的拥堵分布。

在 20 世纪的仿真实践中,宏观、中观、微观交通仿真多通过离线的单向传递方式进行串联。2010 年后,国外商用软件开始主打"混合仿真"的概念,即仿真颗粒度在空间尺度上可进行灵活划分。然而,混合仿真中空间边界是预先定义的,这种刚性的仿真边界无法适应仿真运行时不断变化的交通状态。因此,如何实现不同分辨率模型之间的有机融合,使仿真颗粒度在时空域中连续动态变化成为交通仿真的研究热点。颗粒度之间的切换受不同仿真分辨率和当前交通状态的影响。换言之,仿真颗粒度的时空域分布不应是预先定义或已知的,而应是在仿真运行中实时决定的,这种通用框架可称为可变颗粒度仿真。

另外,随着自动驾驶等前沿技术的兴起,车辆动力学仿真工具开始走进交通从业者的视野。这类仿真工具已深入车辆内部,相较于微观交通仿真模型更为复杂且分辨率更高,将其置于交通仿真的谱系中,可称为纳观仿真模型。在自动驾驶仿真测试领域,将此类纳观仿真模型与传统宏中微观仿真模型进行有机整合,形成宏观-中观-微观-纳观一体的多分辨率仿真模型,是交通仿真的未来发展趋势,也是拓展交通仿真在自动驾驶领域使用场景的重要研究方向。

2) 空地一体交通仿真

随着低空经济的快速发展和城市立体交通的演进,传统的平面道路交通仿真已无法满足未来城市交通系统的需求。空地一体交通仿真作为未来城市多维立体交通系统的数字化映射,其核心在于实现空中交通与地面交通的协同仿真。这一新型仿真系统不仅需要模拟传统的地面交通参与者(如行人、自行车、机动车、公交车等),还需要对低空交通工具如无人机、电动垂直起降航空器(electric Vertical Takeoff and Landing,eVTOL)等进行精确建模。在空地立体交通网络中,垂直起降机场、空中走廊等空地转换节点的设置与运营效率显得尤为重要。该系统面临的技术挑战主要包括多尺度建模(从宏观交通流到单个载具动力学特性)、复杂交互行为模拟(包括空中交通工具的三维避碰、空地交通流耦合等)以及环境因素的综合影响(如气象条件、建筑物遮挡、电磁干扰等)。为了实现精确可靠的仿真,需要融合多源数据(包括实时监测、气象环境、导航定位等),构建智能化仿真引擎,并建立丰富的场景库。这种新型仿真系统的应用价值主要体现在三个方面:支持空地交通设施的规划决策、优化空地协同运营管理、评估系统安全性与应急响应能力。随着相关技术的不断成熟,空地一体交通仿真将在推动城市交通向立体化、智能化方向演进过程中发挥越来越重要的作用,为城市交通管理者提供更全面的决策支持工具。

3）深度集成交通仿真

未来的交通仿真系统将朝向深度集成化和智能化方向发展,这种新一代仿真系统将通过深度学习技术与传统物理模型的有机结合,在多个层面实现突破性提升。

在感知层面,系统将整合深度神经网络和生成对抗网络技术,实现对不同天气、光照条件下的高保真传感器数据仿真。通过物理规则与深度学习的协同,在保证视觉真实感的同时确保数据符合基本物理定律。系统将建立标准化接口,支持灵活集成不同的数据合成算法,增强系统的扩展性。

在动力学层面,系统将建立开放的数据共享平台,汇集来自不同研究机构的真实车辆动力学数据。通过标准化的数据格式和解析工具,确保数据能够无缝整合到仿真环境中。系统还将支持与车企的深度合作,持续获取高质量的测试数据来优化动力学模型。

在场景构建层面,系统将采用神经辐射场等先进算法,实现高效率、高精度的3D场景重建。同时开发面向交通决策的2D结构化地图重建功能,提供丰富的交通语义信息。通过自动化工具链显著减少人工干预,加快场景构建速度。

在计算架构层面,系统将采用优化的软件架构,充分利用现代硬件的并行计算能力。通过支持分布式计算和无头模式仿真,显著提升大规模仿真的效率。系统将建立完善的持续集成工作流,确保代码质量和性能的持续优化。

这种深度集成的智能交通仿真系统将为智慧交通的发展提供强大的技术支撑,推动交通治理能力的现代化。通过持续的技术创新和产学研合作,系统将不断进化,为建设更安全、更高效的未来交通体系贡献力量。

4）硬件在环和软件在环交通仿真

对路网中交通信号控制系统的测试是交通仿真系统的主要功能之一。一般来说,商业仿真系统的标准模块可以实现对定时控制、简单的感应控制的仿真。然而,智能交通背景下往往涉及更为复杂的控制逻辑。尽管通过前述的应用程序接口,可以进一步实现用户自定义的感应控制逻辑。然而,对于更为复杂的控制逻辑,特别是一些具有知识产权、不对外公开的商业化信号控制逻辑,单独依靠交通仿真模型难以描述。因此,合理的做法是把对这一类信号控制逻辑的描述从仿真系统中剥离开,使其作为仿真系统的外部控制机模块,然后通过必要的接口将仿真系统与外部控制机模块连接起来以实现集成仿真。外部控制机模块可以是实体的信号控制机,也可以是在实体信号控制机中确定信号控制逻辑的软件模块。如果是前者,则是硬件在环仿真,或者说是半实物仿真。如果是后者,则是软件在环仿真。

硬件在环交通仿真系统主要由三个模块构成,即数字仿真模块、实体控制机及控制机接口设备(Controller Interface Device,CID)。其中数字仿真模块在计算机上运行,进行路网的交通状态仿真,并根据控制机的需要不断将相关的检测器状态信息通过CID传送给实体控制机,实体控制机在接收到检测器状态信息后按照其内部设定的控制逻辑确定各控制相位下一时刻的灯色状态,并通过CID将灯色状态传送给数字仿真模块,数字仿真模块根据所接受到的信号灯色状态后再继续下一步的仿真。由于信号控制机的性能不仅取决于其内核的控制逻辑,还与相关的硬件性能有关。因此,将实体控制机融入仿真实验,无疑会更好地提高仿真分析的真实性和可靠度。

然而,由于需要实体信号控制机的参与,硬件在环仿真的规模往往受到限制。为适应对商业信号控制机的大规模仿真测试,近年来,作为一种新型的方式,软件在环仿真开始出现。软件在环仿真是由外部模块来描述信号控制逻辑,与硬件在环仿真的运行机制非常相似,只是实体信号控制机由信号控制机制造商提供的控制逻辑软件模块替代,而控制机接口设备则由信号控制机制造商和交通仿真模型开发商共同开发的软件接口替代。以 VISSIM 为例,在原有硬件在环仿真功能的基础上,已分别实现了与 Econolite ASC/3、VS – PLUS、Siemens NextPhase、SCOOT、SCATS、SPOT/Utopia 等各种感应和自适应信号控制机的软件在环仿真功能。

5) 在线交通仿真

智能交通背景下,由于各种先进的信息技术的引入,使得实时的在线交通仿真成为可能。在线交通仿真的主要应用是实时交通状态估计和预测,实现对交通信息和管理方案选择的在线评估,作为实时方案决策支持工具。

在线仿真的运行机制是在计算机内的仿真系统与实际的交通管理系统同步,运行过程中仿真系统不断接收最新采集的交通检测信息,调整计算机内部的仿真系统使其尽可能准确地反映当时的真实道路交通情况,然后在对未来一定时间内动态交通需求预测的基础上,快速测试不同的交通管理方案,并给出性能最好的作为实施方案。在线仿真系统一般包括当前交通状态估计、交通状态预测、交通检测数据处理、动态 OD 估计、动态交通管理方案制定等模块。其中,核心模块为当前交通状态估计和短期交通状态预测,也是仿真模型描述的内容,其他三个模块则是为仿真模型提供输入信息。图 1-6 展示了在线交通仿真系统运行流程。

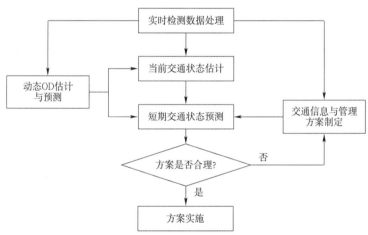

图 1-6　在线交通仿真系统运行流程图

思考题

1. 什么是交通仿真?
2. 简述系统仿真的三要素和基本活动。
3. 请阐述交通仿真的优缺点,并分析交通仿真的适用领域。
4. 简述宏观、中观与微观交通仿真的区别。
5. 简述交通仿真的未来发展趋势。

第 2 章
仿真建模原理与方法

系统仿真是研究复杂系统的重要方法之一。交通系统作为一个典型的复杂大系统,具有多层次结构、多尺度特征和复杂的动态行为。为了有效地分析和研究交通系统,需要深入理解系统仿真的基本原理和方法。本章介绍了系统仿真的基础知识和分类方法,在此基础上对连续系统及离散事件系统仿真的原理进行阐述,并对随机变量的模型及其生成方法和基于智能体的建模仿真进行简要介绍。通过学习本章内容,掌握系统仿真的基本理论和方法,为后续深入研究交通系统仿真奠定坚实的基础。

2.1 系统仿真基础

2.1.1 系统仿真基本概念

仿真是运用系统模型描绘系统从某初始时间状态点开始在整个时间过程中的动态变化过程,从而可以确定系统模型的动态性能。当模型能够有效表达系统时,推断出的系统动态性能信息可辅助决策,如图 2-1 所示。

系统模型是系统的内在联系及它与外界关系的一种描述,主要用于反映实体的主要特征和运动规律,以供系统分析研究,从而有效地控制实际系统。系统模型主要包括物理模型和数学模型两种。物理模型,又称为实体模型,是在实际系统尺寸上缩小或放大后的相似体。如建筑师做缩小比例的房子模型、车辆模型、飞机模型。数学模型,即用符号和数学方程式来表示系统的模型或者用说明文字、框图、流程和资料等形式对实际系统的描述,采用数学方程式等描述方式,这种描述与原系统相比能够保持运动规律、信息传递的一致性和相似性,主要用于系统分析、研究应用。模型的详细程度(即模型的粒度)必须与研究的目标相匹配。

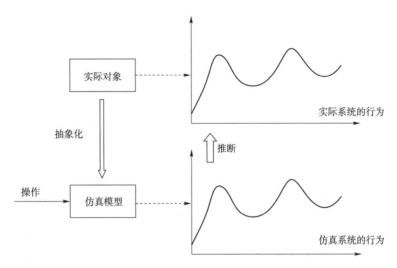

图 2-1　建模与仿真的概念图示

第 1 章对系统仿真的定义进行了概括性的描述,下面将对系统仿真的一些基本概念进行详细阐述。

1)系统

系统(System)是客观世界中有着相互联系、相互作用,具有独立行为规律的实体的有机组合,其被定义为"按照某些规律结合起来,互相作用、互相依存的所有实体的集合或总和"。

系统可以是自然的或人工的、现已存在的或未来计划构建的。尽管世界上的系统千差万别,但均可以总结出描述系统的"三要素",即实体、属性、活动。实体确定了系统的构成,也就确定了系统的边界;属性也称为描述变量,描述每一个实体的特征;活动定义了系统内部实体的行为和相互之间的作用,从而确定系统内部发生变化的过程。如图 2-2 的汽车驾驶控制系统所示,在这个控制系统中,驾驶人将预期的行车路线与实际的行车路线相比较,得到行驶偏差,并通过汽车的动力及传动装置控制驱动轮,来控制汽车的行驶路线。当外界有扰动时,驾驶人会调整行驶路线,即汽车行驶路线将会发生变化。但是由于预期的行驶路线不变,因此,路线偏差将发生变化,驾驶人将根据偏差的变化调整行驶路线,使汽车行驶在预期的路线上。

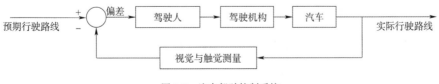

图 2-2　汽车驾驶控制系统

在这个控制系统中,驾驶人、汽车即实体;属性包括汽车的行驶路线、驾驶人的行为等;驾驶人根据路线偏差通过汽车的动力装置来调整行驶路线属于内部活动;其他车辆的靠近属于外部活动等。

在任意给定时间,系统所有实体、属性和活动的情况信息之集合称为系统在该时刻的状态,能够表示系统状态的变量称为状态变量。状态不随时间变化的系统称为静态系统;状态随时间不断变化的系统称为动态系统。

2)模型

在仿真系统中,对模型(Model)的分类有多种提法。目前,比较普遍的一种模型分类方法是将模型分为物理模型、概念模型、数学模型和仿真模型。

物理模型(Physical Model):是一类具有某种实物物理特征的模型,如用于水洞、风洞试验的各种缩比实物模型以及各种物理效应设备,如各种转台、负载模拟器、各种人感系统等。前者采用几何外观相似的原理,通过缩小的物理模型在流场中进行实验,获得物理模型各种性能参数,但不能作为仿真实体接入仿真系统。而各种物理效应设备可以反映某种物理模型的特性,可以接入仿真系统,参与动态运行。

概念模型(Conceptual Model):针对一种已有的或设想的系统,对其组成、原理、要求、实现目标等,用文字、图表、技术规范、工作流程等文档来描述,反映系统中各种事物、实体、过程的相互关系、运行过程和最终结果,以此对这种系统进行非形式化的概念描述,这种描述称为概念模型。它可以作为进行相应仿真系统总体设计的概念描述,反映其系统功能是否具有完整性、相容性、连贯性和正确性;可以作为仿真系统建模开发的向导和开发人员与用户沟通理解的工具。

数学模型(Mathematic Model):采用数学符号与数学关系式对系统或实体内在的运动规律及与外部的作用关系进行抽象和对某些本质特征进行描述。

仿真模型(Simulation Model):是将数学模型通过某种数字仿真算法将其转换成能在计算机上运行的数字模型,是一类面向仿真应用的专用软件。因此仿真模型与计算机操作系统、采用的编程语言和算法具有密切关系。

3)仿真计算机

用于仿真模型解算的计算机称为仿真计算机(Simulation Computer)。它是仿真系统的核心部分,是仿真活动的载体。随着计算机技术的发展,仿真计算机不断更新换代并推动仿真技术的发展。仿真计算机经历了模拟计算机(Analog Computer)、混合计算机(Hybrid Computer)、数字计算机(Digital Computer)的发展历程。相应的,仿真的发展也经历了模拟仿真(Analog Simulation)、混合仿真(Hybrid Simulation)、数字仿真(Digital Simulation)三个阶段。

(1)模拟计算机

模拟计算机是利用具有各种数学模型特征的典型电路,组成各种典型的基本运算部件(如加法器、乘法器、积分器、函数器等),这些基本部件的输入和输出是电压,它们之间连接起来可以进行复杂的数学运算。将一个系统的数学方程按相应的运算部件连接起来,按照一定的排题方法与步骤编制模拟计算机的解题程序并启动运行,就可以进行模拟计算机仿真。模拟计算机是一种并行运算的机器,计算速度很快,输入、输出均为连续的模拟信号。20世纪50年代是模拟计算机的黄金时期,同期数字计算技术开始发展。在数字计算机运算速度还较慢时只能采用模拟计算机仿真。模拟计算机仿真存在复杂函数生成困难、排题、解题不方便和模拟信号受环境影响,运算精度很难提高等缺点。

(2) 数字计算机

数字计算机与模拟计算机不同,它是用 0 和 1 断续变化的电脉冲数码串表示系统状态及数值并进行运算的数字式运算装置,主要由运算器、控制器、存储器、输入设备、输出设备五大部分组成。美国 1978 年研制出全数字仿真机 AD10,1986 年又开发出 SYSTEM100 专用全数字仿真机。中国自行研制的银河系列 YH-F1 及 YH-F2 全数字仿真计算机系统分别于 1985 年和 1993 年通过国家鉴定并在国内航空、航天等部门得到广泛应用。20 世纪 90 年代,通用数字计算机和个人计算机及网络技术迅速发展,采用通用数字计算机和微机联网系统在各个仿真领域得到广泛应用。基于 RISC 技术及并行计算机技术的发展,配有面向问题仿真软件的通用高性能微机、工作站及并行机已成为仿真机的主流。目前,随着高性能计算与网络 HPCN(High Performance Computing and Networking)技术的发展与应用,支持分布建模/仿真的基于网络机群的分布计算机系统正在迅速发展。

(3) 混合计算机

为了解决模拟计算机存在的问题,20 世纪 50 年代末至 70 年代混合计算机经历了从诞生发展到鼎盛时期。混合计算机是将模拟计算技术和数字计算技术灵活结合的一种计算机,它可以分为混合模拟计算机和混合计算机系统两种。前者在模拟计算机中加入大量数字逻辑部件、数控式模拟开关、模拟/数字混合部件;后者是由模拟机、混合模拟计算机、数字机及其接口设备组成的计算机系统。其目的是为了充分利用模拟计算机的并行运算和连续信号处理功能以及数字部件的迭代运算、逻辑运算和复杂函数生成功能。随着数字计算机的发展和性价比的提高,逐渐取代混合计算机,成为仿真计算机的主流机型。

2.1.2 系统仿真分类

系统模型根据不同的分类标准可以得到多种类型。比较典型的分类方法是:根据模型的种类分类、根据仿真采用的计算机类型分类、根据仿真时钟与实际时钟的比例关系分类、根据系统模型的特性分类。其中,根据仿真采用的计算机类型分类在上一小节仿真计算机中已经提及,本节将重点介绍另外三种分类方法。

1) 物理仿真、数学仿真和半实物仿真

在仿真系统中,根据模型的种类对系统仿真进行分类,可以分为物理仿真、数学仿真及半实物仿真。

物理仿真广泛应用于计算机发展之前,此时的仿真称为"模拟",物理仿真具有形象、直观等优点。物理仿真在拥有上述优点的同时,也面临模型改变困难、实验限制多、投资大等实际问题。

数字模型是指对实际问题进行抽象,利用数学关系对问题加以描述得到的系统,对数学模型进行实验的过程称为数学仿真。随着计算机的发展,数学仿真也得到了更广泛的应用,数学仿真相较于物理仿真更加灵活、开销小、使用方便,但数学仿真受限于系统的建模技术,系统的数学模型不易建立。数学模型的仿真主要依靠计算机实现。

半实物仿真是数学模型与物理模型或者实物联合起来的实验。系统中能够建模的部分使用数学模型,不能够建模、系统内部较为复杂、无法理解的部分使用物理模型实现。仿真时,两部分联合得到整个系统。半实物仿真主要应用于航天训练、医疗仿真、交通仿真和军事训练等。

2）实时仿真、亚实时仿真、超实时仿真

实际动态系统的时钟称为实际时钟，而系统仿真模型所采用的时钟称为仿真时钟。根据仿真时钟与实时时钟的比例关系，系统仿真分类如下：

实时仿真，即仿真时钟与实际时钟完全一致，即模型仿真的速度与实际系统运行的速度相同。当被仿真的系统中存在物理模型或实物时，必须进行实时仿真，如各种训练仿真器就是这样，有时也称为在线仿真。

亚实时仿真，即仿真时钟慢于实际时钟，也就是模型仿真的速度慢于实际系统运行的速度。当对仿真速度要求不苛刻的情况下均是亚实时仿真，如大多数系统离线研究与分析，有时也称为离线仿真。

超实时仿真，即仿真时钟快于实际时钟，也就是模型仿真的速度快于实际系统运行的速度。例如，大气环流的仿真、交通系统的仿真等。

3）连续系统仿真和离散事件系统仿真

仿真基于模型，模型的特性对仿真的实现产生直接影响。根据系统模型的特性，可以将系统仿真分为连续系统仿真和离散事件系统仿真。

连续系统是指系统的状态变量随时间变化而发生连续变化。比如高速道路上的交通流，以车辆位移作为状态变量，该系统为连续系统。连续系统的模型按其数学描述可分为：集中参数系统模型，一般用常微分方程描述；分布参数系统模型，一般用偏微分方程描述。离散时间变化模型中的差分模型可归为连续系统仿真范畴，其原因在于，当采用数字仿真技术对连续系统进行仿真时，其原有的连续形式的模型必须进行离散化处理，最终变为差分模型。

离散系统是指系统的状态变量在某些离散的时间点瞬时变化。比如高速道路上的交通流，以车辆是否换道作为状态变量，该系统是离散系统；比如收费站，以等待缴费的车辆数作为状态变量，该系统为离散系统。离散系统发生的状态改变往往由事件驱动，并且事件随机发生，即随机事件，因而称为离散事件系统仿真。

现实中完全是连续或离散的系统较为少见，大多数系统中既有连续的成分也有离散的成分。对于大多数系统而言，在某种变化类型占优时，将其归入该类系统。

2.2 离散事件系统仿真

上一节提到，根据系统模型的特性，可将系统仿真分为连续系统仿真和离散事件系统仿真。本节将围绕离散事件系统仿真展开介绍。离散事件系统通常是指受事件驱动、系统状态跳跃式变化的动态系统，系统的迁移发生在一串离散事件点上。离散系统中的状态在时间上和空间上均是离散的，这种系统往往随机、具有复杂的变化关系，难以采用常规的微分方程、差分方程等方程模型来描述，一般只能采用流程图或网络图来描述，如果应用理论分析方法难以得到解析解，甚至无法解决，因此仿真技术成为解决这类问题的有效手段。本节将重点介绍离散事件系统仿真的组成要素、仿真策略以及仿真步骤。

2.2.1 离散事件系统模型的组成要素

1) 实体

实体是描述系统的三个基本要素之一。离散事件由实体组成,在离散事件系统中的实体可分为临时实体和永久实体。

临时实体是指由系统外部进入系统内,通过系统并最终离开系统,在系统中只存在一段时间的实体。道路交通系统中的行人、非机动车、机动车均为临时实体。永久地驻留在系统中的实体称为永久实体,道路设施、交通管理设施均为永久实体。只要系统处于活动状态,这些实体即存在,或者说,永久实体是系统处于活动的必要条件。临时实体是按照一定的规律不断到达,然后在永久实体的作用下通过系统,最后离开系统。系统状态的变化主要由实体的状态变化而产生。

2) 属性

实体由它的属性来描述,属性用来反映实体的某些性质。例如在收费站服务系统中,到达车辆是一个实体,车辆类型、到达时间和服务时间等是它的属性。

3) 状态

在某一确定时间点,对系统的所有实体属性和活动的描述称为状态。

4) 事件

描述离散事件系统的另一个重要概念是事件。事件是引起系统状态发生变化的行为。在某种意义上,离散系统由事件来驱动。

例如,在收费口中,可以定义"车辆到达"为一类事件,由于车辆到达,系统的状态即收费员的状态可能从闲(如果无车排队)到忙,或者另一系统状态即排队的车辆数发生变化(队列车辆数增加)。一辆车交费完毕后离开收费口也可以定义为一类事件,收费口"状态"由忙变为闲。

在一个系统中,往往有多类事件发生,而事件的发生一般与某一类实体相关联,某一类事件的发生还可能会引起别的事件发生,或者成为另一类事件发生的条件。为了实现对系统中的事件进行管理,在仿真模型中必须建立事件表,表中记录每一发生了的或将要发生的事件类型和发生时间,以及与该事件相关联的实体的有关属性等。仿真模型依靠事件来驱动,除了系统中固有事件(又称为系统事件)外,还有所谓程序事件(又称为计算机控制事件),用于控制仿真进程。

5) 活动

离散事件中的活动,通常用于表示两个可以区分的事件之间的过程,它标志着系统状态之间的转移。把实体所做的或对实体施加的事件称为活动,它是实体在两个事件之间保持某一个状态的持续过程。例如,"车辆到达"事件与"收费员收费"事件之间的过程称为一个活动,该活动使系统的状态发生变化,从车辆驾驶人开始接受收费服务到服务完毕后离去的过程也可以被视为一个活动,它使服务员由忙转闲。

6) 进程

进程由若干个事件及若干个活动组成,它描述了事件及活动之间的相互逻辑关系及时序关系。【例2-1】中的"车辆到达系统-排队-开始接受服务-服务完毕的过程"就构成了一个进程。

【例2-1】 在一个高速公路车辆排队收费系统中,车辆到达收费窗口或原有的车辆完成收费、驶离收费口时,系统的状态发生了改变。将车辆到达、驶离收费口这一类引起系统状态变化的行为称为事件;当车辆尚在服务窗口内而又有新的车辆达时,则新的车辆进入等候的队列(排队的队长加1),将排队过程、车辆通过服务站的过程称为活动;将车辆到达→进入排队队列→进行收费服务→开启站门→驶离收费站这三个事件两项活动称为过站进程。图2-3描述了车辆从到达到离开所发生的事件、活动和进程之间的关系。

图2-3 事件、活动和进程之间的关系示意图

7)仿真时钟

仿真时钟用于表示仿真时间的变化。对任何动态系统进行仿真时,均需要知道仿真过程中仿真时间的当前值。因此,需要一种随着仿真的进程将仿真从一个时刻推进至另一个时刻的机制,即时间推进机制(Time Advance Mechanism)。仿真时钟推进的时间间隔称为仿真步长。离散时间系统仿真有两种基本的时间推进机制:事件步长法和时间步长法。

(1)事件步长法

事件步长法是以事件发生的时间为增量,按照事件的进展进行仿真,直至预定的仿真时间结束为止。事件步长法的主要思路是将系统的仿真过程视为一个事件点序列,根据事件出现的时序,用事件表来调度事件执行的顺序。将当前需要处理的一系列事件列入事件表中,从中取出最接近的事件进行处理,处理完毕后自动退出事件表。在处理当前事件的过程中,往往会产生一个后继事件,因此,必须预测出此后继事件的出现时间,并将其列入事件表中。这样,事件表就像一个记事本,做完一件事后就将其从记事本中勾销,同时将新的要完成的工作再登记到记事本中,使系统的仿真过程有条不紊地进行下去。如图2-4所示为事件步长法流程图。

(2)时间步长法

时间步长法是在进行系统仿真的同时,将整个仿真过程分为许多相等的时间间隔,时间步长的长度可根据实际问题分别取作秒、分、小时等。程序中按此步长前进的时钟即仿真时钟。选取系统的一个初始状态作为仿真时钟的零点,仿真时钟每步进一次,即对系统的所有实体、属性和活动进行一次全面的扫描考察,按照预定的计划和目标进行分析、计算和记录系统状态的变化,这个过程一直进行至仿真时钟结束为止。如图2-5所示为时间步长法流程图。

8)统计计数器

离散时间系统状态变量随事件的不断发生也呈现出动态变化过程,但仿真的主要目的并非得到这些状态变量如何变化。因为这些变化随机,某一次运行得到的状态变化过程只不过是随机过程的一次取样,如果进行另一次独立的仿真运行,则所得到的变化过程可能完全是另外一种情况,所以只有在统计意义下分析才有参考价值。因此,在仿真模型中需要一个统计计数器,以便统计系统中的有关变量。

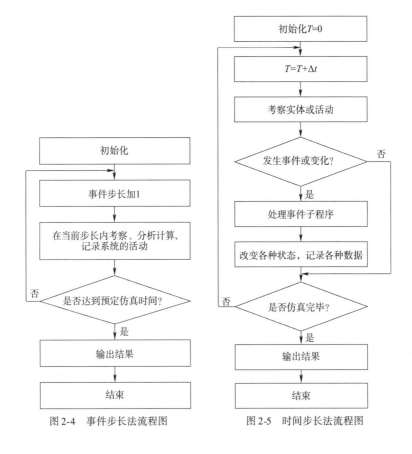

图 2-4 事件步长法流程图   图 2-5 时间步长法流程图

2.2.2 离散事件系统仿真程序结构

离散事件系统仿真的程序,从功能结构的角度来看,通常包含以下几个部分。

(1) 状态变量:用于记录系统在不同时刻的状态。
(2) 时钟变量:用于记录当前时刻的仿真时间值。
(3) 事件表:按时间顺序记录仿真过程中将要发生的事件,即当前时刻后的事件。
(4) 统计计数器:用于记录有关仿真过程中系统性能的统计信息。
(5) 初始化子程序:在仿真运行开始前进行初始化的子程序。
(6) 时钟推进子程序:由事件表确定下一事件,然后将仿真时钟推进至该事件发生时间的子程序。
(7) 调度子程序:将仿真过程中产生的未来事件插入事件表中。
(8) 事件子程序:每一类事件对应一个事件子程序,相应的事件发生时,即转入该事件子程序进行处理,更新系统的状态,产生新的事件。
(9) 统计报告子程序:根据统计计数器的值,计算并输出系统性能的估计值。
(10) 随机数发生器:产生给定分布的随机数的一组子程序。
(11) 主程序:调用时钟推进子程序,然后将控制转移至相应的事件子程序,完成仿真程序的总体控制。

图 2-6 是按事件单位推进仿真时钟时的离散事件系统仿真程序流程图。

2.2.3 离散事件系统仿真策略

在一个较复杂的离散事件系统中,一般存在多个实体,这些实体之间相互联系、相互影响,然而其活动的发生统一在同一时间基准上。采用何种方法推进仿真时钟,建立起各类实体之间的逻辑关系,是离散事件系统仿真建模的重要内容,有时也称为仿真算法或者仿真策略。从事件、活动、进程三个层次来组织事件,即构成了处理离散事件模型的三种典型处理方法:事件调度法、活动描述法、进程交互法。

1) 事件调度法(Event Scheduling)

这种方法有一个时间控制程序,从事件表中选择具有最早发生时间的事件,并将仿真时钟调整至事件发生的时刻,再调用与该事件相应的程序模块,对事件进行处理,该事件处理完毕后,返回时间控制程序。这样,事件的选择与处理不断地交替进行,直至仿真终止的程序事件发生为止。在这种方法中,任何条件的测试均在相应的事件模块中进行,如图 2-7 所示。

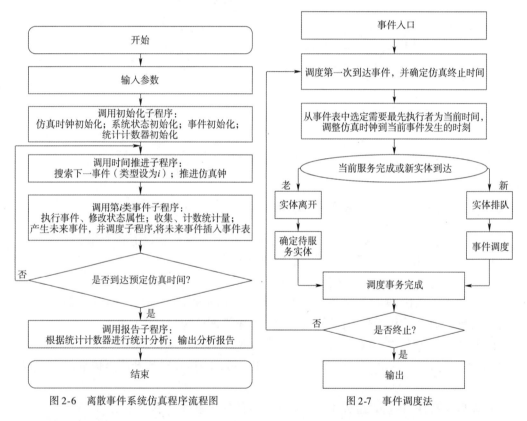

图 2-6　离散事件系统仿真程序流程图　　图 2-7　事件调度法

2) 活动扫描法(Activity Scanning)

在这类仿真中,有一个专门的模块来确定激活条件,系统中的活动是否发生,由规定的条件是否满足决定。若条件满足,则激活相应的部件的活动模块。时间控制程序较之其他的条件具有更高的优先级,即在判断激活条件时首先判断该活动发生的时间是否满足,然后再判断其他条件。若所有的条件均满足,则执行该部件的活动模块,然后再扫描其他部件,对所有的部件扫描一遍后,又按同样顺序进行循环扫描,直至仿真终止,如图 2-8 所示。

3) 进程交互法(Process Interaction)

这类方法综合了时间调度法和活动扫描法的特点,采用两张事件表,即当前事件表(Current Events List,CEL)和未来事件表(Future Events List,FEL)。它首先按一定的分布产生到达实体并置于 FEL 中,实体进入排队等待;然后对 CEL 进行活动扫描,判断各种条件是否满足;再将满足条件的活动进行处理,仿真时钟推进至服务结束并将相应的实体从系统中清除;最后 FEL 中最早发生的当前时间的实体移至 CEL 中,继续推进仿真时钟,对 CEL 进行活动扫描,直至仿真结束,如图 2-9 所示。

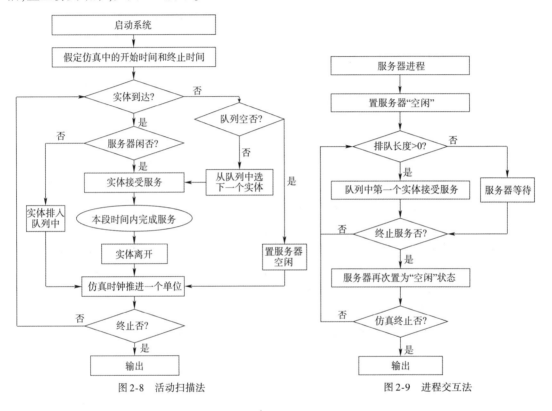

图 2-8　活动扫描法　　　　　　图 2-9　进程交互法

2.3　连续系统仿真

2.3.1　连续系统仿真概述

2.1 节中提到,系统的数学模型包括连续模型和离散模型两种基本模型。计算机执行的基本操作是算术运算、存储和逻辑操作,机器变量表现为离散的形式。为了在计算机上仿真一个诸如动力学系统这样的连续系统,必须解决在计算机上建立或复现这个系统的问题。本节围绕连续系统数字仿真方法进行探讨。

连续系统的状态随时间而连续变化,连续系统仿真的结果为系统变量随时间变化的时间历程。连续系统的数学模型一般具有三种描述方式:用微分方程描述的模型、用传递函数描述的模型以及用状态方程描述的系统模型。连续系统的数字仿真即将实际系统的模型移至数字计算机上进行研究的过程。对连续系统进行仿真的中心问题,是如何选择一个仿真算法将系统模型转换为能在数字计算机上运转的仿真模型,即选择仿真算法,将数学模型转换为能被数字计算机接受的离散化模型。对连续系统的仿真,本质上是对微分方程求数值解。

2.3.2 连续系统数学模型

常用的连续系统数学模型包括以下几种形式:

1) 微分方程

设系统的输入为 $u(t)$,输出为 $y(t)$,它们之间的关系即系统的微分方程:

$$\frac{d^n y(t)}{dt^n} + a_{n-1}\frac{d^{n-1}y(t)}{dt^{n-1}} + \cdots + a_1\frac{dy(t)}{dt} + a_0 y(t) = b_m\frac{d^m u(t)}{dt^m} + b_{m-1}\frac{d^{m-1}u(t)}{dt^{m-1}} + \cdots + b_1\frac{du(t)}{dt} + u(t) \quad (m \leq n) \tag{2-1}$$

式中,$a_i(i=0,1,\cdots,n-1)$,$b_j(j=0,1,\cdots,m)$,为常系数。

2) 传递函数

对公式(2-1)两边取拉普拉斯变换,并假设 $y(t)$ 和 $u(t)$ 及其各阶导数的初值均为零,则可得:

$$s^n Y(s) + a_{n-1}s^{n-1}Y(s) + \cdots + a_1 sY(s) + a_0 Y(s) = b_m s^m U(s) + b_{m-1}s^{m-1}U(s) + \cdots + b_0 U(s) \tag{2-2}$$

设系统的传递函数为:

$$G(s) = \frac{Y(s)}{U(s)} \tag{2-3}$$

则有:

$$G(s) = \frac{b_m s^m + b_{m-1}s^{m-1} + \cdots + b_1 s + b_0}{s^n + a_{n-1}s^{n-1} + \cdots + a_1 s + a_0} \tag{2-4}$$

3) 状态空间表达式

为了描述系统的内部特性,引入状态变量。动态系统的状态是指能够完全描述系统行为的最小一组变量,用向量 X 表示。状态空间表达式由以下状态方程和输出方程组成:

$$\dot{X} = AX + Bu$$
$$y = CX + Du \tag{2-5}$$

式中,X 为 n 维状态向量,$X = [x_1\ x_2\ \cdots\ x_n]^T$;$\dot{X}$ 为向量 X 的导数;u 为 r 维输入向量;y 为 m 维输出向量;A 为系统矩阵;B 为输入矩阵;C 为输出矩阵;D 为直传矩阵。

对于一个连续系统,微分方程和传递函数仅仅描述了它们的外部特性,即仅确定了输入量与输出量之间的关系,称为系统外部模型。状态方程引入了系统的内部变量状态变量,因而状态方程描述了系统的内部特性,称为系统内部模型。以上模型之间可以相互转换。

2.3.3 连续系统仿真算法

仿真算法是将系统数学模型转换为仿真模型的一类算法。对连续系统,有两类数字仿真算法,即数值积分法和离散相似法,本质上均是将连续系统离散化。数值积分法属于一种数值计算方法,已有深入的研究,不仅方法种类众多,而且有较强的理论性;离散相似法是一种模型变换方法,具有明显的物理意义,控制领域的工程技术人员较为常用。本节只介绍数值积分法。

系统仿真过程中,系统的状态均是在离散时刻点上获得。因此对于连续系统仿真而言,首先应将其微分方程模型离散化,继而采用数值积分方法求解。

假设系统模型可由一阶微分方程或状态方程形式表示:

$$\frac{dx_i}{dt} = f_i(x_1, x_2, \cdots, x_n, t) \quad (i = 1, 2, \cdots, n) \tag{2-6}$$

对于线性系统,则有:

$$\dot{X} = FX + GU \tag{2-7}$$

实现对上述微分方程的数值积分,实际上即求解离散方程:

$$X_i(K+1) = f_i(X_1(k), \cdots, X_n(k), KT) \quad (i = 1, 2, \cdots, n) \tag{2-8}$$

其中,$X_i(K)$ 为仿真系统第 i 阶状态变量,$t = KT$ 时的值。

下面明确几个概念:

(1)单步法与多步法

只由前一时刻的数值 X_n 即可求得后一时刻的数值 X_{n+1},称为单步法。它是一种能自动启动的算法。反之,计算 X_{n+1} 需要用到 t_n、t_{n-1}、$t_{n-2}\cdots$ 时刻的数据,则称为多步法。由于多步法计算 X_{n+1} 需要 t_n、t_{n-1}、$t_{n-2}\cdots$ 非同一时刻值,启动时必须使用其他方法计算获得这些值,所以它不是自启动的算法。

(2)显式与隐式

计算 X_{n+1} 时所用数值均已算出来,称为显式公式。反之,在算式中隐含有未知量 X_{n+1},则称为隐式公式。使用隐式公式时,需用另一显式公式估计一个初值,然后再用隐式公式进行迭代运算,此为预估-校正法。显然这种方法也不是自启动的算法。

(3)截断误差

分析数值积分的精度,常用泰勒级数作为工具。假定前一步得到的结果 X_n 精确,则用泰勒级数求得 t_{n+1} 处的精确解为:

$$X(t_n + h) = X(t_n) + h\dot{X}(t_n) + \frac{1}{2!}h^2\ddot{X}(t_n) + \cdots + \frac{1}{r!}h^r X^{(r)}(t_n) + o(h^{r+1}) \tag{2-9}$$

其中,$h = t_{n+1} - t_n$,称为计算步长或计算步距。

若只从以上精确解中取前两项之和来近似计算 X_{n+1},由这种方法引进的附加误差通常称为局部截断误差,它是由该方法给出的值与微分方程的解之间的差,故又称为局部离散误差。不同的数值解法,其局部截断误差也不同。一般若差分公式局部截断误差为 $o(h^{r+1})$,则称它有 r 阶精度,即方法是 r 阶的。所以方法的阶数可作为衡量方法精确度的一个重要参考。

(4)舍入误差

由于计算机的字长有限,数字不能表示得完全精确,在计算过程中不可避免地会产生舍入误差。舍入误差与 h 成反比,若计算步长小,计算次数就多,则舍入误差就大。

仿真中常用的数值积分算法有欧拉法、龙格-库塔法、阿达姆斯法,下面对这三种方法进行介绍。

1)欧拉法

欧拉法又称折线法,是一种最古老的数值积分法。欧拉法有明显的几何意义,用法简单,但精度差。通过它可以了解数值解如何逼近微分方程精确解。

设微分方程：

$$\begin{cases} \dot{X}(t) = f(t, X(t)) \\ X(0) = X_0 \end{cases} \quad (2\text{-}10)$$

所示初值问题的解 $X(t)$ 是一连续变量 t 的函数。现以一系统离散时刻的近似值来代替，这些近似值即要讨论的微分方程的初始问题的数值解。不同近似的方法所得到的数值解的精度不同。

上述微分方程在某一区间 (t_n, t_{n+1}) 上积分可得：

$$X_{n+1} - X_n = \int_{t_n}^{t_{n+1}} f(t, x(t)) \, dt \quad (2\text{-}11)$$

若时间增量 $h = t_{n+1} - t_n$ 比较小，则可认为，该步长内的导数近似于前一时刻 t_n 的导数。

$$\begin{cases} \dot{x}_n = f(t_n, x(t_n)) \\ X_{n+1} = X(t_n + h) \\ X_n = X(t_n) \end{cases} \quad (2\text{-}12)$$

这时积分值若以一近似公式表示，即：

$$\int_{t_n}^{t_{n+1}} f(t, x(t)) = h f_n \quad (2\text{-}13)$$

则可得到以下递推算式：

$$X_{n+1} = X_n + h f_n \quad (2\text{-}14)$$

可见，由前一个采样点 t_n 上得到的 X_n 可求得后一点 t_{n+1} 上的数值 X_{n+1}。这种方法称为单步法。因为可以直接由微分方程的初始值 X_0 作为递推计算的第一步，而不需要其他信息，因此积分运算可独立实现，但对动态过程剧烈的系统而言不够精确。

2) 二阶龙格-库塔法

龙格-库塔（Runge-Kutta）法是用于非线性常微分方程解的一类隐式或显式迭代法。龙格-库塔法对误差采取了抑制措施，其实现原理较为复杂。为了得到较高的精度，龙格与库塔先后提出采用函数值 f 的线性组合代替 f 的高阶导数项，从而既可避免计算高阶导数，又可获得较高的数值积分精度。

精确解 $X(t)$ 在 t_n 附近用泰勒级数展开为：

$$X(t_n + h) = X(t_n) + h \dot{X}(t_n) + \frac{h^2}{2} \ddot{X}(t_n) + \cdots \quad (2\text{-}15)$$

因为：

$$\begin{cases} \dot{X}(t_n) = f_n \\ \ddot{X}(t_n) = \dot{f}_n + \dot{f}_{X_n} f_n + \cdots \end{cases} \quad (2\text{-}16)$$

所以：

$$X_{n+1} = X_n + h f_n + \frac{h^2}{2} (\dot{f}_n + \dot{f}_{X_n} f_n) + \cdots \quad (2\text{-}17)$$

为避免计算 $\dot{f}_n$、$\dot{f}_{X_n}$ 等导数项，X_{n+1} 可用式(2-18)表示：

$$X_{n+1} = X_n + h \sum_{i=1}^{r} b_i k_i \quad (2\text{-}18)$$

式中,r 为阶次;b_i 是待定系数。

$$\begin{cases} k_i = f(t_n + c_i h, x_n + \sum_{j=1}^{i-1} a_{ij} \cdot k_j) & (i = 1, 2, \cdots, r) \\ c_1 = 0 \end{cases} \quad (2\text{-}19)$$

当 $r = 1$ 时,$X_{n+1} = X_n + hX_n$ 为欧拉式。

当 $r = 2$ 时:

$$\begin{cases} k_1 = f(t_n, X_n) = f_n \\ k_2 = f(t_n + c_2 h, X_n + a_{21} k_1 h) \end{cases} \quad (2\text{-}20)$$

即为二阶龙格-库塔法。

因 $f(t_n + c_2 h, X_n + a_{21} k_1 h)$ 在 (t_n, X_n) 点附近采用泰勒级数展开得:

$$f(t_n + c_2 h, X_n + a_{21} k_1 h) \approx f(t_n, X_n) + c_2 f_n h + a_{21} k_1 h \dot{f}_{X_n} h \quad (2\text{-}21)$$

代入并整理得:

$$X_{n+1} = X_n + b_1 h k_1 + b_2 h k_2 = X_n + b_1 h f_n + b_2 h (f_n + c_2 h \dot{f}_n + a_{21} k_1 \dot{f}_{X_n} h) \quad (2\text{-}22)$$

通过 X_{n+1} 式中右端对应项系数相等,可得关系式:

$$\begin{cases} b_1 + b_2 = 1 \\ b_2 c_2 = 1/2 \\ b_2 a_{21} = 1/2 \end{cases}$$

上述方程有四个未知数,为了求解,可先设定一个未知数,常用的有以下几种:

$$c_2 = 1/2 \quad b_1 = 0 \quad b_2 = 1$$
$$c_2 = 1/3 \quad b_1 = 1/4 \quad b_2 = 3/4$$
$$c_2 = 1 \quad b_1 = 1/2 \quad b_2 = 1/2$$

相应的递推公式为:

$$X_{n+1} = X_n + hf\left(t_n + \frac{1}{2}h, X_n + \frac{1}{2}hf_n\right) \quad (2\text{-}23)$$

$$X_{n+1} = X_n + \frac{h}{4}\left[f_n + 3f\left(t_n + \frac{2}{3}h, X_n + \frac{2}{3}hf_n\right)\right] \quad (2\text{-}24)$$

$$X_{n+1} = X_n + \frac{h}{2}[f_n + f(t_n + h, X_n + hf_n)] \quad (2\text{-}25)$$

以上是三个典型的龙格-库塔公式。中间一个也称为改进型欧拉公式,由于它限定了 t_n 及 t_{n+1} 两时刻斜率与步长相乘,因而提高了求解精度。由于泰勒展开式只取了 h 和 h^2 两项,将 h^3 以上的高阶项略去,这种递推算法截断误差正比于步长 h^3。

3)四阶龙格-库塔法

仿真中最常用的是四阶龙格-库塔法,截断误差正比于 h^5,其算法公式为:

$$X_{n+1} = X_n + \frac{h}{6}(k_1 + 2k_2 + 2k_3 + k_4) \quad (2\text{-}26)$$

其中：

$$\begin{cases} k_1 = f(t_n, X_n) \\ k_2 = f\left(t_n + \dfrac{h}{2}, X_n + \dfrac{h}{2}k_1\right) \\ k_3 = f\left(t_n + \dfrac{h}{2}, X_n + \dfrac{h}{2}k_2\right) \\ k_4 = f(t_n + h, X_n + h k_3) \end{cases} \quad (2\text{-}27)$$

该算法已能满足一般的精度要求。若要检查所选步长是否小到足以获得精确的数值解，一般可通过两种不同步长进行计算，即第一次计算后，再用上次步长的一半去计算一次。比较两次计算结果，若其小数点后 4~5 位数字接近，则所选步长已足够小。四阶龙格-库塔法除了可获得较高精度外，还具有以下优点：编程容易，改变步长方便，稳定性较好，具有自启动能力。

4) 阿达姆斯法

为了提高求解精度，采用梯形法来代替欧拉法，因此数值积分式可变为：

$$X_{n+1} = X_n + \frac{h}{2}[f(t_n, X_n) + f(t_{n+1}, X_{n+1})] \quad (2\text{-}28)$$

以上是梯形积分公式，或称二阶显式阿达姆斯法。梯形积分公式取两点导数的平均值，故求解的精度高于欧拉法。显然，若采用更高次的多项式近似，则可进一步提高精度。上式右端含 X_{n+1}，是一种隐式表达形式。为了求 X_{n+1}，计算 f_{n+1}，然后用算式求 X_{n+1} 的新估值，重复迭代，直至两次 X_{n+1} 值之间的误差符合要求的范围为止。多次迭代虽可提高精度，但耗费计算资源。

二阶显式阿达姆斯算式的外推公式为：

$$X_{n+1} = X_n + \frac{h}{2}[3f(t_n, X_n) - f(t_{n-1}, X_{n-1})] \quad (2\text{-}29)$$

进而，当迭代次数为 N 时，阿达姆斯法统一的表达式为：

$$X_{n+1} = X_n + h[B_{-1}f(t_{n+1}, X_{n+1}) + B_0 f(t_n, X_n) + \cdots + B_{n-1}f(t_{n-N+1}, X_{n-N+1})] \quad (2\text{-}30)$$

四阶阿达姆斯内插公式（隐式公式）为：

$$X_{n+1} = X_n + \frac{h}{24}[9f(t_{n+1}, X_{n+1}) + 19f(t_n, X_n) - 5f(t_{n-1}, X_{n-1}) + f(t_{n-2}, X_{n-2})] \quad (2\text{-}31)$$

外推公式（显式方程）为：

$$X_{n+1} = X_n + \frac{h}{24}[55f(t_n, X_n) - 59f(t_{n-1}, X_{n-1}) + 37f(t_{n-2}, X_{n-2}) - 9f(t_{n-3}, X_{n-3})] \quad (2\text{-}32)$$

阿达姆斯法的截断误差与龙格—库塔法相同。每计算一次 X_{n+1}，只要计算一次 $f(t_n, X_n)$，因此计算量少。但启动前要采用其他方法计算前三步，不是自启动算法。由于阿达姆斯每计算一步要用到前几步的结果，也称多步法。

应用以上方法对连续系统进行数字仿真，其精度主要受截断误差、舍入误差和积累误差的影响，这些与数值积分法、仿真步长、计算时间及所用的计算机精度等相关。在步长相同的情况下，积分方法的阶次越高，截断误差越小。在同阶方法中，多步法比单步法精度高，而其中隐式算法的精度又高于显式算法。

因此，选取积分步长时，需要在保证计算稳定性及计算精度的前提下，选择最大步长。对于大多数工程应用而言，一般情况下误差不超过 0.5% 即可满足精度要求，因此通常采用固定步长的方法,即根据经验选择一个步长,然后通过仿真试探确定最终步长。

2.4 随机数和随机变量的生成

仿真任意一个系统或过程时,如果其中存在着某些随机变量,在建立模型进行仿真时,就需要用某种方法产生或得到随机数。离散事件系统中,一般会有一个以上的随机变量。如收费口处车辆的到达时间间隔是随机变量,收费员为车辆服务的时间也是随机变量。对具有随机变量的系统进行仿真,首先必须确定其随机变量的概率分布,以便在仿真模型中对这些分布进行取样,得到需要的随机变量。一旦随机变量的模型确定,在仿真模型中即根据给定的分布类型及参数产生随机变量。

产生随机变量的基础是产生[0,1]区间上均匀分布的随机变量,亦称为随机数发生器。其他各类分布,如正态分布、γ 分布、β 分布及泊松分布等,均可用某种方法对这种均匀平均分布进行某种变换来实现。

2.4.1 随机数的产生

目前,在系统仿真过程中,一般利用数学递推公式在数字机上产生随机序列,但这样的随机数以完全确定的规则产生,并非真正随机。为了与真正的随机数区分,常将这种用数学方法产生的随机数称为伪随机数(Pseudorandom Numbers)。伪随机数从统计性质而言,在相当程度上近似于均匀分布随机数。

利用计算机本身的数字计算功能来产生伪随机数的方法,既不需要占用很多内存又能重复产生,是目前使用较为广泛的方法。能够重复产生并给出完全一致的随机数,至少具有两个好处:首先,使计算机程序的调试和确认更为方便;其次,在不同的仿真中重复使用相同的随机数,可以比较仿真输出的精度。简单起见,本书在后续章节中将伪随机数统一称为随机数。

产生随机数的方法有很多,目前使用较多的是线性同余法,由 Lehmer 于 1951 年提出。线性同余的递推公式如下:

$$X_{i+1} = (aX_i + c)(\mathrm{mod}\, m) \tag{2-33}$$

式中,X_i 是第 i 个随机数,a 为常数,c 为增量,mod 为取模运算(m 为模),X_0 称为随机数源或种子,它们均为非负整数。常数 a,c,m 的选择将会影响所产生的随机数序列的循环周期。由式(2-33)得到的 X_i 满足:

$$0 \leqslant X_i < m$$

当 $c \neq 0$ 时,称为混合同余法;当 $c = 0$ 时,称为乘同余法。目前所用的大多数线性同余发生器均采用乘同余法。

此时递推公式变为:

$$X_{i+1} = aX_i - \mathrm{int}\left(\frac{aX_i + c}{m}\right) \tag{2-34}$$

其中,int 为取整函数。

对于二进制机器,可按以下规则选取 a 和 m:

(1) $m = 2^j$,j 是整数,一般 m 选择在机器所能表示数的范围内,同时,还要考虑公式计算得到的随机数序列的周期为 $m/4$,应大于试验的持续期。

(2) a 一般取与 $a = 2^{\frac{p}{2}}$ 最接近而又满足 $a = 8k \pm 3$ 的数,其中 k 为任意整数,p 为机器字长。

2.4.2 随机变量的产生

产生随机变量的方法很多,按照原理主要分为反变换法、组合法、卷积法和接受-拒绝法。

1) 反变换法

反变换法以概率积分变换定理为基础,是最常用且最直观的方法。由于这种方法是对随机变量的分布函数进行反变换,故取名反变换法。

设随机变量的分布函数为 $F(x)$。为了得到随机变量的抽样值,先产生 $[0,1]$ 区间上均匀分布的独立随机变量 u,由反函数 $F^{-1}(u)$ 得到的值即所需要的随机变量 x:

$$x = F^{-1}(u) \tag{2-35}$$

反变换法的原理可由图 2-10 加以说明。

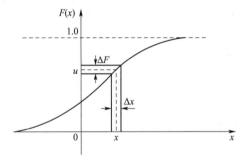

图 2-10 反变换法的原理

随机变量概率分布函数 $F(x)$ 的取值范围为 $[0,1]$。现以在 $[0,1]$ 上均匀分布的独立随机变量作为 $F(x)$ 的取值规律,则落在 Δx 内的样本个数的概率为 ΔF;从而随机变量 x 在区间 Δx 内出现的概率密度函数的平均值为 $\Delta F/\Delta x$;当 Δx 趋于 0 时,其概率密度函数则等于 dF/dx,即符合原来给定的密度分布函数,满足正确性要求。

通常情况下,当变量的概率密度函数 $f(x)$ 可以积分为分布函数 $F(x)$,或 $F(x)$ 是一个经验分布而且 $F(x)$ 很容易求得反函数时,则使用反变换法获取随机变量。

反变换法的一般步骤为:

(1) 通过随机变量的概率密度函数 $f(x)$ 计算其分布函数 $F(x)$;

(2) 令 $F(x) = R$,x 在其取值范围内;

(3) 解方程 $F(x) = R$,获得 $x = F^{-1}(R)$;

(4) 产生 $[0,1]$ 范围内的均匀随机数序列 $R_1, R_2, R_3, \cdots, R_n$,将这些随机数序列带入函数 $x = F^{-1}(R)$,获得随机变量 x 的随机序列:$x_1, x_2, x_3, \cdots, x_n$。

【例 2-2】 设随机变量 x 是 $[a,b]$ 上均匀分布的随机变量,即

$$f(x) = \begin{cases} \dfrac{1}{b-a} & (a \leqslant x \leqslant b) \\ 0 & (其他) \end{cases}$$

试用反变换法产生 x。

解:由 $f(x)$ 得到 x 的分布函数:

$$F(x) = \begin{cases} 0 & (x < a) \\ \dfrac{x-a}{b-a} & (a \leqslant x \leqslant b) \\ 1 & (x > b) \end{cases}$$

采用随机数发生器产生 $U(0,1)$ 随机变量 u，并令：

$$u = F(x) = \frac{x-a}{b-a} \quad (a \leqslant x \leqslant b)$$

从而可得：

$$x = a + (b-a)u$$

当 x 是离散随机变量时，变换形式略有不同。

设离散随机变量 x 分别以概率 $P_1, P_2, \cdots, P_n$ 取值 $x_1, x_2, x_3, \cdots, x_n$，其中，$0 < P_1 < 1$ 且 $\sum_{i=1}^{n} P_i = 1$。

为利用反变换法得到离散的随机变量，现将 $[0,1]$ 区间按 $P_1, P_2, \cdots, P_n$ 的值分成 n 个子区间，然后产生 $[0,1]$ 区间上均匀分布的独立随机变量 u；如果 u 的值落入某个子区间，则相应区间的随机变量即所需要的随机变量 x_i。

在实际实现时，先将 x_i 按从小到大的顺序排列，即 $x_1 < x_2 < \cdots < x_n$，从而得到分布函数子区间：

$$[0, P_1], [P_1, P_1+P_2], \cdots, [\sum_{i=1}^{n-1} P_i, \sum_{i=1}^{n} P_i]$$

若由随机数发生器产生的 $u \leqslant P_1$，则令 $x = x_1$，若 $P_1 \leqslant u \leqslant P_1 + P_2$，则令 $x = x_2 \cdots$，以此类推。

【例 2-3】 设离散随机变量 x 的质量函数及累计积分分布函数如表 2-1 所示。

离散随机变量 x 的质量函数及累计积分分布函数　　　　表 2-1

x_i	0	1	2	3	4	5
P_i	0	0.1	0.51	0.19	0.15	0.15
$F(x_i)$	0	0.1	0.61	0.80	0.95	1.00

试用反变换法产生随机变量 x。

解：先由随机数发生器产生 $[0,1]$ 区间上均匀分布的随机变量 u，不妨设 $u = 0.72$，按反变换法，先判断是否 $u \leqslant F(x_2)$，可见不满足条件；再判断是否 $u \leqslant F(x_3)$，可见满足条件，从而得到 $x = x_3 = 3$。

综上所述，离散随机变量反变换法可描述如下：

(1) 按 x_i 成递增顺序排列 $P_i, i = 0, 1, 2, \cdots, n$；

(2) 产生 $u \sim U(0,1)$；

(3) 求非负整数 j，满足：

$$\sum_{k=1}^{j-1} P_k < u \leqslant \sum_{k=1}^{j} P_k$$

(4) 令 $x = x_j$。

离散随机变量的反变换法的速度主要取决于区间搜索的速度，搜索区间的方法不同，对应的反变换形式也不同。

2) 组合法

反变换法是最直观的方法,但却不一定在任何情况下均为最有效的方法。当一个分布函数可以表示成若干个其他分布函数之和,而这些分布函数又较原来的分布函数更容易取样时,可以采用组合法生成随机变量。

设随机变量 x 的分布函数为 $F(x)$,概率密度分布函数为 $f(x)$,$F(x)$ 或 $f(x)$ 可以分别表示为

$$F(x) = \sum_{j=1}^{m} P_j F_j(x) \tag{2-36}$$

$$f(x) = \sum_{j=1}^{m} P_j f_j(x) \tag{2-37}$$

其中,$P_j \geq 0$,且 $\sum_{j=0}^{m} P_j = 1$,$F_j(x)$ 是一些类型已知的分布函数,$f_j(x)$ 是与 $F_j(x)$ 相应的分布密度函数。则组合法产生随机变量的步骤如下:

(1) 产生一个随机整数 J,满足:

$$P\{J = j\} = p \quad (j = 1, 2, \cdots)$$

(2) 产生具有分布函数 $F_j(x)$ 的随机变量 x_j;

(3) 令 $x = x_j$。

其中,第一步是确定采用哪一个分布函数取样,可采用离散反变换法实现;在确定分布函数后,第二步以该分布函数产生随机变量,如果该分布易于取样,则能够得到所需的随机变量。

【例 2-4】 设密度函数为 $f(x) = 0.5\,\mathrm{e}^{-|x|}$,$-\infty < x < \infty$,试产生分布随机变量 x。

解:$f(x)$ 的形状如图 2-11 所示。

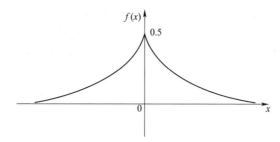

图 2-11 密度函数

可见,它关于纵轴对称。将 $f(x)$ 分解为如下形式:

$$f(x) = P_1 f_1(x) + P_2 f_2(x)$$

其中:

$$f_1(x) = \begin{cases} \mathrm{e}^x & (x < 0) \\ 0 & (x \geq 0) \end{cases}$$

$$f_2(x) = \begin{cases} \mathrm{e}^{-x} & (x \geq 0) \\ 0 & (x < 0) \end{cases}$$

$P_1 = 0.5$,$P_2 = 0.5$,于是得到 $f(x)$ 关于 $f_1(x)$ 和 $f_2(x)$ 的组合形式:

$$f(x) = \sum_{j=1}^{2} P_j f_j(x)$$

则用组合法产生随机变量 x 的方法如下:

(1) 由 $U(0,1)$ 产生随机变量 u_1 及 u_2;

(2) 由 $u_1<0.5$,则 x 由 $f_1(x)$ 分布函数产生,即由反变换法易得:
$$x = \ln u_2$$
(3) 由 $u_1 \geq 0.5$,则 x 由 $f_2(x)$ 分布函数产生,即由反变换法易得:
$$x = -\ln u_2$$

3) 卷积法

设随机变量 x 可以表示为 m 个独立分布的随机变量 $y_1, y_2, \cdots, y_m$ 的和,即

$$x = \sum_{i=1}^{m} y_i \tag{2-38}$$

此时,称 x 的分布为 $y_1, y_2, \cdots, y_m$ 的 m 重卷积。为了生成 x,可以先独立地从相应的分布函数中产生随机变量 $y_1, y_2, \cdots, y_m$,然后利用式(2-38)求得 x,这即为卷积法。

【例 2-5】 试产生均值为 β 的 m 维 Erlang 分布的随机变量。

解:均值为 β 的 m 维 Erlang(m,β) 分布的随机变量可以表示为 m 个均值为 β/m 的独立的负指数变量之和,则利用卷积法产生随机变量 x 的步骤如下:

(1) 独立地产生 m 个 $U(0,1)$ 随机数 $u_i, i=1,2,\cdots,m$。

(2) 用反变换产生 y_i:

$$y_i = -\frac{\beta}{m}\ln u_i \quad (i=1,2,\cdots,m)$$

(3) 令:

$$x = \sum_{i=1}^{m} y_i$$

这较之直接由 Erlang 分布产生 x 要方便得多。当然,上述方法尚可改进。考虑到对数运算速度较慢,将上述第(2)、(3)两步改进为:

(4) 计算:

$$\prod_{i=1}^{m} u_i = u_1 u_2 \cdots u_m$$

(5) 令:

$$x = -\frac{\beta}{m}\ln \prod_{i=1}^{m} u_i$$

4) 接受-拒绝法

以上介绍的三种方法直接面向分布函数,因而称为直接法,这些方法均以反变换法为基础。

当反变换法难以使用时(如随机变量不存在其相应的分布函数的封闭形式),接受-拒绝法是另外一种选择。

设随机变量 x 的密度函数为 $f(x)$,$f(x)$ 的最大值为 C,x 的取值范围为 $[0,1]$。

若独立地产生两个 $[0,1]$ 区间内均匀分布的随机变量 u_1、u_2,则 Cu_1 是在 $[0,C]$ 区间内均匀分布的随机变量,若以 u_2 求 $f(u_2)$,则

$$Cu_1 \leq f(u_2) \tag{2-39}$$

式(2-39)的概率为:

$$P\{Cu_1 \leq f(u_2)\} = \int_0^1 \mathrm{d}x \int_0^{f(x)} \frac{\mathrm{d}y}{C} = \frac{1}{C}$$

接受-拒绝法是指：若式(2-39)成立，则接受 u_2 为所需要的随机变量 x，即 $x = u_2$，否则拒绝 u_2。

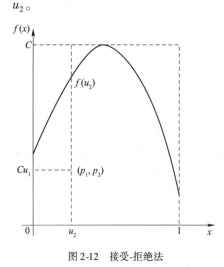

图 2-12　接受-拒绝法

以下，结合图 2-12 解释接受-拒绝法的正确性。在 $1 \times C$ 矩形面积上任设一点 (p_1, p_2)，纵坐标为 Cu_1，横坐标为 u_2，若该点位于 $f(x)$ 曲线下面，则认为抽样成功。成功的概率为 $f(x)$ 下的面积除以总面积 C，$f(x)$ 下的面积的值等于分布函数的值。由于假设随机变量 x 的取值范围为 $[0,1]$，因而该面积的值为 1，则成功的概率为 $1/C$，成功抽样的点符合所需分布。

一般情况下，接受-拒绝法根据 $f(x)$ 的特征定义一个函数 $t(x)$，对 $t(x)$ 的要求为：

(1) $t(x) \geq f(x)$；

(2) $\int_{-\infty}^{\infty} t(x) \mathrm{d}x = C < \infty$；

(3) 易于求得 $t(x)$ 的反变换。

这样，令 $r(x) = \frac{1}{C} t(x)$，则 $\int_{-\infty}^{\infty} r(x) \mathrm{d}x = \int_{-\infty}^{\infty} \frac{1}{C} t(x) \mathrm{d}x = 1$。从而可将 $r(x)$ 视为一个概率密度函数，并用 $r(x)$ 代替 $f(x)$ 取样，以得到所需的随机变量。

由于 $r(x)$ 并非所求的 $f(x)$，就此产生接受与拒绝问题，一般的算法是：

(1) 产生 $u_1 \sim U(0,1)$；

(2) 由 $r(x)$ 独立地产生随机变量 u_2；

(3) 检验如下不等式：

$$u_1 \leq f(u_2)/t(u_2)$$

若不等式成立，则令 $x = u_2$，否则返回(1)。

【例 2-6】　随机变量 x 的密度函数为如下的 β 分布：

$$f(x) = \begin{cases} 60x^3(1-x)^2 & (0 \leq x \leq 1) \\ 0 & (\text{其他}) \end{cases}$$

试用接受-拒绝法产生服从该分布的随机变量。

解：首先求 $f(x)$ 的极值。由 $\mathrm{d}f/\mathrm{d}x = 0$，得 $x = 0.6$，此时 $f(0.6) = 2.0736$，$t(x)$ 的选取原则是简单且易于求反变换，最常用的是令 $t(x)$ 为一常数，可取：

$$t(x) = \begin{cases} 2.0736 & (0 \leq x \leq 1) \\ 0 & (\text{其他}) \end{cases}$$

可见，$t(x) \geq f(x)$，且：

$$\int_{-\infty}^{\infty} t(x) \mathrm{d}x = \int_0^1 2.0376 \mathrm{d}x = 2.0376 = C$$

令

$$r(x) = \frac{1}{C} t(x)$$

即

$$r(x) = \begin{cases} 1 & (0 \leq x \leq 1) \\ 0 & (\text{其他}) \end{cases}$$

所以 $r(x)$ 是 $[0,1]$ 区间上均匀分布的概率密度函数,可用接受-拒绝法产生随机变量 x,算法如下:

(1) 产生 $u_1 \sim U(0,1)$;

(2) 由 $r(x)$ 独立产生 u_2,即 $u_2 \sim U(0,1)$;

(3) 检验不等式,若 $u_1 \leq 60u_2^3(1-u)^2 12.0736$,则令 $x = u_2$,否则返回(1)。

在使用接受-拒绝法时,总是希望:①易于从 $r(x)$ 中产生 u_2;②在(3)中拒绝的概率尽量小。由以上讨论可知,拒绝的概率为 $1-1/C$,要使拒绝的概率小,则要求 C 接近于 1。一般情况下,同时满足以上两方面的要求比较困难。往往是先确定 $r(x)$,$r(x)$ 采用常见的密度函数,如均匀、指数、正态分布等,然后选择 C,使 $t(x) = Cr(x) \geq f(x)$,并尽可能使 C 接近 1。

如果随机变量 x 的取值不在 $[0,1]$ 区间,而是在 $[a,b]$ 区间,则可令:

$$u_2' = a + u_2(b-a)$$

然后,在舍选判断时用 u_2' 代替 u_2。

2.4.3 典型随机变量的产生

对于给定的某种分布,产生随机变量的方法有多种,本节将重点介绍连续型正态分布随机变量和离散型泊松分布随机变量的产生方法。

1) 正态分布随机变量的产生

首先来看标准正态分布随机变量的产生。尽管正态分布随机变量的分布函数没有直接的封闭形式,但若将其变换为极坐标后,即可得到其封闭形式。早期产生正态封闭随机变量采用的是反变换法。

设 x_1 和 x_2 是两个独立的 $N(0,1)$ 随机变量,则其联合密度函数为:

$$f(x_1, x_2) = \frac{1}{2\pi} e^{-(x_1^2 + x_2^2)/2}$$

将其转换为极坐标的形式:

$$x_1 = \rho \cos\theta$$
$$x_2 = \rho \sin\theta$$

则:

$$f(\rho, \theta) = f(x_1, x_2) |J|$$

其中,J 为雅可比行列式,即:

$$|J| = \begin{vmatrix} \dfrac{\partial x_1}{\partial \rho} & \dfrac{\partial x_1}{\partial \theta} \\ \dfrac{\partial x_2}{\partial \rho} & \dfrac{\partial x_2}{\partial \theta} \end{vmatrix} = \begin{vmatrix} \cos\theta & -\rho\sin\theta \\ \sin\theta & \rho\cos\theta \end{vmatrix} = \rho$$

从而可得:

$$f(\rho,\theta) = \frac{1}{2\pi}\rho e^{-\rho^2/2} = f(\theta)f(\rho)$$

其中,$f(\theta)$,$f(\rho)$ 分别为随机变量 θ,ρ 的密度函数,即

$$f(\theta) = \frac{1}{2\pi} \quad (0 \leq \theta \leq 2\pi)$$

$$f(\rho) = \rho e^{-\rho^2/2} \quad (0 < \rho < \infty)$$

它们的分布函数为:

$$F(\theta) = \int_0^\theta \frac{1}{2\pi}\mathrm{d}\theta = \frac{\theta}{2\pi}$$

$$F(\rho) = \int_0^\rho \rho' e^{-\frac{\rho'^2}{2}} \mathrm{d}\rho' = 1 - e^{-\rho^2/2}$$

可见,对随机变量 θ、ρ,它们的分布函数具有封闭形式。因而,可以采用反变换法,即独立产生两个 $[0,1]$ 区间上均匀分布的随机变量 u_1、u_2,分别对 $F(\theta)$、$F(\rho)$ 进行反变换,可得:

$$\begin{cases} \theta = 2\pi u_1 \\ \rho = \sqrt{-2\ln(1-u_2)} \end{cases}$$

或

$$\begin{cases} \theta = 2\pi u_1 \\ \rho = \sqrt{-2\ln u_2} \end{cases}$$

根据 x_1、x_2 与 ρ、θ 之间的变换关系,可得:

$$\begin{cases} x_1 = (-2\ln u_2)^{1/2}\cos 2\pi u_1 \\ x_2 = (-2\ln u_2)^{1/2}\sin 2\pi u_1 \end{cases} \tag{2-40}$$

采用上述变换法,每次产生一对服从正态分布的独立随机变量。这种方法直观、易于理解,但由于需要进行三角函数及对数运算,因而计算速度较慢。后来效率较高的方法被提出,其中基于接受-拒绝法的原理如下:

(1) 独立产生 $u_i \sim U(0,1), i = 1,2$;

(2) 令 $V_1 = 2u_1 - 1, V_2 = 2u_2 - 1, W = V_1^2 + V_2^2$;

(3) 若 $W > 1$,拒绝,返回(1),否则令:

$$x_1 = V_1[(-2\ln W)/W]^{1/2}$$
$$x_2 = V_2[(-2\ln W)/W]^{1/2}$$

这种方法的拒绝概率为 $1 - \pi/4$ 近似为 0.2146。

对于非标准正态分布 $N(\mu,\sigma^2)$ 的随机变量 x,可先产生 $N(0,1)$ 分布的随机变量 y,然后进行如下的线性变化,则可得到 x:

$$x = \mu + \sigma y$$

正态分布是使用最为广泛的分布之一,原因不仅在于它能够代表许多变量的分布,而且它是接受-拒绝法中作为 $t(x)$ 最常选择的分布函数之一。

2) 泊松分布随机变量的产生

泊松分布的密度函数为:

$$p(x) = \begin{cases} \dfrac{e^{-\lambda}\lambda^x}{x!} & (x \in 0,1,\cdots) \\ 0 & (\text{其他}) \end{cases} \tag{2-41}$$

分析 $p(x)$ 的特点,可知:

$$p(i) = \frac{e^{-\lambda}\lambda^i}{i!} = \frac{\lambda}{i} \frac{e^{-\lambda}\lambda^{i-1}}{(i-1)!} = \frac{\lambda}{i}p(i-1) \tag{2-42}$$

则其分布函数 F,可表示为:

$$F_i = F_{i-1} + p(i) \tag{2-43}$$

从而可得到产生泊松随机变量的算法如下:

(1) 令 $i=0, p_i = e^{-\lambda}, F_i = 0, F_{i+1} = p_i$;

(2) 产生 $u_{i+1} \sim U(0,1)$;

(3) 令 $p_{i+1} = \dfrac{\lambda}{i+1}p_i, F_{i+1} = F_i + p_{i+1}$;

(4) 若 $F_i \leqslant u_{i+1} < F_{i+1}$,则 $x = i+1$,否则,$i = i+1$,返回(3)。

2.5 基于智能体的仿真建模

传统系统仿真方法中的建模,其侧重点是对形式化模型进行演绎推理、实验、分析,这显然具有工程技术的特点;而在复杂系统的建模中,其侧重点是解决如何建立系统的形式化模型,建立一种抽象的表示方法以获得对客观世界和自然现象的深刻认识。国内外研究表明,已有的基于数学模型的传统建模方式并不能很好地刻画复杂系统,而采用基于智能体(Agent)的建模方法,通过对复杂系统中的基本元素及其之间的交互进行建模与仿真,可以将复杂系统的微观行为和宏观"涌现"现象有机结合到一起,是一种自顶向下分析、自底向上综合的有效建模方式。

2.5.1 相关技术基础

1) Agent 技术

Agent 是指在一定环境下能够独立自主运行,作用于自身生成的环境,同时也受到外部环境的影响,并能不断地从环境中获取知识以提高自身能力,且将推理与知识结合的智能实体,并且具有自治性、反应性、自适应性、通信性以及自学习性等特征。一般而言,Agent 具有以下部分特征或全部特征:

(1) 反应性。具有选择的感知和行动能力。Agent 能够感知其所处的环境(可能是物理世界、或操作人机界面的用户、或与它进行交互和通信的其他 Agent 等),并及时地做出反应,以适应环境的变化。

(2) 自主性。这是一个 Agent 最本质的特征,其自主性体现在:Agent 的行为应该是主动、自发的(至少有一种行为是这样);Agent 应该有它自己的目标或意图,根据目标、环境等要求,Agent 应该对自己的短期行为做出计划。

(3) 社会性。具有合作行为,能与其他 Agent 协调工作以完成共同的目标。无论是现实世界,还是虚拟世界,均是由多个Agent组成的系统。在该系统内,单个Agent的行为必须遵循和符合Agent社会的规则,并能通过某种Agent交互语言,以它们认为合适的方式与其他Agent进行灵活多样的交互。

(4)智能性。能够在明确的问题边界内根据预先设定的知识进行推理求解,具有根据目标采取行动的分析能力,可以根据经验和学习进行改进。

(5)移动性。可以比较容易地在不同的环境和平台之间移动。

对于Agent有许多种分类方法。根据问题求解能力划分,可以分为反应Agent、意图Agent、社会Agent等。反应Agent的主要特点是可以响应环境的变化或者来自其他Agent的消息。意图Agent则能够针对意图和信念进行推理,建立行为计划,并执行这些计划。社会Agent除具有意图Agent的能力外,还具有关于其他Agent的明确模型。与该分类方法相似,有的系统将Agent分为基于逻辑的Agent模型、反应式Agent模型、信念-愿望-意图Agent模型等。其他的分类还可以根据作用、智能、移动性来划分,也可以根据特性和功能划分,如合作Agent、界面Agent、移动Agent、反应Agent混合Agent等。

Agent通常由五个部分组成:

(1)知识库,用于存储Agent的知识,知识来源有两个途径:一是用户增加;二是通过学习模块获得。

(2)推理机,利用已有的知识控制通信模块、事件处理模块以及学习模块,进行推理和学习。

(3)通信模块,负责Agent与外界(环境或其他Agent)的通信。

(4)事件处理,是Agent实现目标的事件处理方法的集合。

(5)学习模块,从Agent的不断运行过程中总结经验,为知识库增加新的知识。

2)多Agent系统

Agent的活动总是以一定的环境为基础,随着研究的系统变得越来越大,子系统在时空上越来越趋向于分散化,面对这样的复杂系统,用单个Agent来描述显然不合适,必须采用多个Agent来刻画、描述这样的系统。一般而言,将这种由多个Agent组成的系统称为多Agent系统(Multi-Agent System,MAS)。MAS一般具有以下特点:

(1)具有高层次的交互。MAS除了可以描述复杂的社会交互模式,如合作(为了共同目标一起工作)、协调(协调问题求解行为以避免有害的交互或利用有益的交互)、协商(所有的参与交互的各方达成均可以接受的协议)。

(2)Agent之间具有丰富的组织关系。由于Agent可以用来代替多个组织或个人,因此MAS通常反映了一种组织环境,Agent之间的关系可以是来自组织中的各种关系,如同等关系、上下级关系等。MAS的结构可以用来表现组织中的结构,如团队、群组等,而且这种关系和结构可以随着Agent之间的交互而不断演化,如新的Agent加入团队之中,或团队解散。

(3)能够实现数据、控制、资源的分布。MAS适合于需要多个不同的问题求解实体相互作用,共同求解某个共同的问题。而多数情况下,这些实体、数据和资源在物理或逻辑上为分布式,即它们各自拥有自己的数据、知识等。

2.5.2 基于Agent的建模与仿真

基于Agent建模的思想主要源于两个基本原因。首先,随着系统复杂性的日益增长,单一

Agent已难以应对现代应用中的复杂场景。在分布计算、合作工作和智能处理等领域,采用多个具有不同特性的Agent协同工作的方式,能够更好地适应系统特点,有效处理复杂应用。其次,MAS在模拟和分析人类社会交互模式方面具有独特优势。人类社会中的交互是多层次、多维度的,人们会相互观察并建立对方模型,进行信息交换,通过谈判、对抗或讨论来处理分歧,探测并解决冲突,还会根据目标组建或解散组织。MAS的多Agent特性恰好能够模拟这种复杂的社会交互系统,为解决相关问题提供有效途径。

因此,将Agent作为系统的基本抽象单位,赋予其必要的智能,并在多个Agent之间建立适当的交互机制,就能构建出符合实际需求的系统模型。这种基于多Agent的智能交互模式,构成了Agent建模方法的核心思想。

其一,Agent是一个自治的计算实体,它可以通过感应器(物理的或软件的)来感知环境,并通过效应器作用于环境。它是计算实体,以程序的形式物理地存在并运行于某种计算的设备;同时,它是自治的,能够在一定程度上控制自己的行为,并可在没有人或其他系统的干预下采取某种行动。为了满足系统的设计目标,Agent将追求相应的子目标并执行相应的任务,这些子目标和任务可能互为补充,也可能相互冲突。

其二,智能。Agent具有智能,可以在变化的环境中灵活而理性地动作,具有感知和作用的能力,在这一点上与纯粹的人工智能方面的研究有所区别。

其三,交互。交互是指Agent可以被其他的为追求自己的子目标而执行相应任务的Agent所影响。交互可以通过他们之间共享的环境或共享的语言来实现。在合作的情况下,多Agent通过交互,以团队的方式一起工作来共同完成系统的目标;在冲突的情况下,Agent之间通过交流来化解冲突,最终实现系统的目标。

在上述基本思想的指导下,即形成了所谓基于Agent的建模方法。简单而言,基于Agent的建模是一种自底向上的建模方法,它把Agent作为系统的基本抽象单位,采用相关技术,先建立组成系统的每个个体的Agent模型,然后采用合适的MAS体系结构来组装这些个体Agent,最终建立整个系统的系统模型。由于Agent是一种计算实体,所以最终模型就是该系统的程序模型,这极大地便利了研究人员对系统进行仿真研究和开发人员的应用开发。

基于Agent的建模与仿真,是利用Agent思想对复杂系统中各个仿真实体构建模型,通过对Agent个体及其相互之间(包括与环境)的行为进行刻画,描述复杂系统的宏观行为。其特点主要包括以下几个方面:

(1)描述的自然性。由于Agent是描述个体主动性的有效方法,所以可以支持对主动行为的仿真,Agent可以接收其他Agent和外界环境的信息,并且按照自身规则和约束信息进行处理,然后修改自己的规则和内部状态,并发送信息到其他Agent或环境。Agent的这种行为模式适合对主动行为的仿真,可以在一定层次上对目标复杂系统进行自然分类,然后建立一一对应的Agent模型,实现对系统的仿真。

(2)宏观和微观行为有机结合。在建模过程中通过对复杂系统中个体行为的刻画和对个体间通信、合作和交流的表述,试图通过对微观(底层)行为的刻画来获得系统宏观(上层)行为。通常极端的还原论观点将宏观现象的原因简单归结为微观,否认从微观到宏观存在着质的变化;另一种比较普遍的观点是:将统计方法当作从微观向宏观跨越的唯一途径或唯一手段。而基于Agent的建模仿真技术提供了既有别于极端还原论,又有别于单纯统计思想的新方法,将系统宏观和微观行为有机结合起来。

（3）重点在相互作用。各个 Agent 与环境（包括其他 Agent）的相互作用是系统演化的主要动力。以往的建模方法往往把个体的内部属性放在重要地位，而对于环境的相互作用不够重视。事实上，相互作用关系往往是驱动系统运动的主要原因。这些相互作用关系还可以引入随机因素关系，使其具有更强的描述和表达能力。

（4）适合于分布计算。将 Agent 分布到多个节点上，支持复杂系统的分布或并行仿真。

（5）模型具有重用性。基于 Agent 思想建立的复杂系统仿真实体模型，由于其封装性和独立性较强，可以使一些成熟、典型的 Agent 模型得到广泛的应用，以提高建立目标应用系统的效率。

2.5.3 多 Agent 仿真建模的实现

1）MAS 的层次

由于可以将 Agent 视为实体对象，基于 Agent 的建模技术可以通过面向对象的技术来实现。在一般情况下，建立的系统模型是由一群 Agent 组成 MAS，包含以下层次：第一层是个体 Agent 特征模型层，即 Agent 的结构与特征，包括内部状态（即数据，如变量）和行为规则（如函数、方法等）。第二层是 MAS 层，即组成系统的 Agent 群体所采用的体系结构，主要解决的问题是 Agent 之间的通信与协调等问题。

2）基于 Agent 的系统分析

对于给定的系统（特定的系统问题域和系统边界），首先要解决这样的问题：将系统中的实体映射作为 Agent，即对系统进行 Agent 抽象，其基本原则是：从系统的物理结构出发，围绕着系统的目标来对系统进行抽象。将组成系统的每个实体均抽象为一个 Agent，这对自然的分布式系统较为实用。这时，有两个问题需要注意：一是异质 Agent 与同质 Agent 的处理。通常系统由多个实体构成，实体之间可能异质，也可能同质。处理方法是将异质的 Agent 分别形成相应的 Agent 类，而将同质的多 Agent 的抽象归结到 Agent 类。在系统模型运行时，这些 Agent 类可以实例化为相应数目的实例。二是抽象的粒度，根据应用的需要，需要给系统确定一个抽象的层次，须有所为又有所不为，即有所取舍。例如，对社会经济系统进行抽象时，是以单个企业作为 Agent，还是以某一经济部类作为 Agent，要根据所研究的具体问题来确定。

在确定实体 Agent 后，有时为了实现系统的目标，还要设计一些其他的辅助 Agent，通常这类 Agent 被用来记录统计实体 Agent 的状态和行为，并提供其他辅助服务。

3）个体 Agent 的建模

建立系统 Agent 结构之后需建立每个 Agent 的模型。一般将 Agent 视为由感知器、效应器及内部状态三部分组成，即每个 Agent 均有自己的状态；每个 Agent 均拥有一个感知器来感知环境，即根据环境的状态来改变自己状态的方法；每个 Agent 均拥有一个效应器作用于环境，即用来改变环境状态的方法。结合系统的总体 Agent 图，逐个分析每个 Agent 的内部状态、感知器中的方法和效应器中的方法，并根据需要采用相应的处理手段（如逻辑演绎、一般的函数等）。其处理原则是：能简单则尽量简单，而不用过分地追求方法的复杂性或雅致性，应以实用且具操作性为最大的法则。这样就建立了每个实体的 Agent 特征模型，当然，在不同的 Agent 开发平台上实现时（即编程）可能会有所不同。一般在这个阶段可不考虑这个问题，可以认为 Agent 的特征模型与平台无关。

另外，还要确定 Agent 之间采用什么样的通信协议。通常采用的通信方式有共享全局存储器(如黑板机制)、消息传递以及两者的结合。通信协议决定了所建立的 Agent 之间如何交流。一些 Agent 简单地将命令传给其他的 Agent 并希望被接受,如同面向对象中的消息传递方式,而其他的 Agent 根据语法进行表达、谈判或进行更复杂的对话。

建立 Agent 与其相关的其他 Agent 之间的结构。一个 Agent 群体的结构描述多个 Agent 之间由于信息和物料流动等原因而产生的拓扑结构,常见的如分层嵌套结构、网络结构等。这个拓扑结构可以是实现者预先设定好且在系统运行期间保持不变,也可以在运行时 Agent 能够发现新的关系而进行自我重组。

最后还要确定 Agent 之间如何协调行动。Agent 是自治的,它们不需要外界的激励就可以运行。在分层协调中,命令流从高层向下层流动。状态信息则从下向上反馈。在平等的协调中,协调来源于 Agent 交互动力学,它们一般是通过耗散或约束传递这样的机制来实现。

解决好上述几个问题的前提条件是:对应用系统的透彻了解和对系统目标的准确把握。同时,可能会根据需要返回到前两个阶段进行再分析。问题解决后,即建立了一个完整的多 Agent 系统模型,这也可称为目标系统的特征模型。

有了系统的特征模型后,经过程序设计实现就可以进行仿真。运行平台的选择会对开发者或研究者的工作产生巨大影响,一个方便、快捷、实用的基于 Agent 的建模和开发工具十分重要。目前,在 Agent 建模和仿真领域,已经开发出多个成熟的平台工具,主要包括:NetLogo、Swarm、Repast、Mason 和 AnyLogic 等。这些平台各有特色,NetLogo 以其简单易用和教育功能著称;Swarm 作为 pioneer 平台为后续平台发展奠定了基础;Repast 在社会科学领域应用广泛;Mason 则专注于高性能仿真;AnyLogic 作为商业平台提供了全面的解决方案。研究者可以根据项目需求、技术基础和性能要求选择合适的平台,这些工具的不断发展和完善也为 Agent 建模仿真研究提供了有力的技术支持。

思考题

1. 简述离散事件系统仿真与连续系统仿真的主要区别。
2. 请分析收费站服务系统模型的组成要素,简述对该系统进行仿真的步骤。
3. 请分析对收费站服务系统进行仿真时,如何根据事件步长法推进仿真时钟。
4. 简述离散事件系统仿真的仿真策略及各自的特点。
5. 已知 $\dfrac{dx}{dy} = x + y, x = 0$ 时,$y = 1$,取计算步长 $h = 0.1$,试用欧拉法、四阶龙格—库塔法、阿达姆斯法计算 $x = 2h$ 时的 y 值,并将求得的 y 值与精确解 $y(x) = 2e^x - 1 - x$ 比较,说明造成差异的原因。
6. 根据公式(2-34),产生一个 8000 个数的序列。

第 3 章
交通系统仿真方法

本章介绍交通系统仿真方法,按照交通系统仿真流程的先后顺序,主要包括交通仿真任务规划、基础数据采集及处理、交通仿真建模、错误检查、模型校正、结果分析、交通仿真实例分析等。通过本章的学习,深入了解交通系统仿真的方法及应用,掌握从数据采集到结果分析的完整流程,从而具备在实际交通工程和管理中应用仿真方法的能力。

3.1 交通仿真任务规划

交通仿真任务规划的目标是通过计算机模拟现实道路交通对交通系统、交通流量及道路网络等进行研究、分析和改进。交通仿真可为政府、城市规划者、交通工程师、研究人员和其他利益相关者提供应对各类交通问题的决策支持。但是交通基础数据的采集与交通仿真模型的建立需要耗费大量的人力、物力,建模代价不可忽视。凡事"预则立,不预则废",建模人员须把握建模投入与预期成果之间的平衡。维护这一平衡的基础是有效安排交通仿真建模项目的任务规划。任务规划是一个广义的概念,其具体内容包括:任务目标、任务所涉及的时空范围、时间计划及关键节点,这些要素均须在仿真项目开始之初即进行界定,以下逐一进行介绍。

3.1.1 任务目标

仿真建模分析工作的第一步是明确建模分析目标,从而使仿真建模有的放矢。此处所说的"任务目标"是一个广义的概念,涵盖了对仿真研究项目主体的多方面认识。任务目标的明确具有重要作用:第一,明确任务目标可以判断目标是否具有实用价值,是否可行,以确定是否应该采用仿真工具对其进行分析;第二,明确任务目标能够为估计仿真项目实施所需的投入奠定基础;第三,明确任务目标可以保证仿真分析有的放矢,提高效率,使相关工作在可控的状态下进行;第四,明确任务目标实际上也是决策者/业主、项目负责人和项目工程师各方之间达成共识的过程,有利于项目的顺利推进。

任务目标的确定需要参考多方意见,包括:项目委托方、决策部门、参与该项目的其他交通工程师(注意:项目可能不仅包括仿真分析,还包括其他工作内容,如改善方案设计、投资预算等)。在实际操作中,无论项目参与的各方对于划定任务目标有何种分歧,建模人员均应明确坚持任务目标,并将其作为重要的技术文档记录在案,必要时需写进技术服务合同。尤其是在我国,仓促确定项目的研究目标并在项目开始后随意变动或追加研究目标是困扰工程咨询项目顺利进行的痼疾之一,也是导致项目质量下滑的重要原因。

为了帮助建模人员明确任务目标,建模人员须至少能够回答如下问题:

(1)为什么必须对该项目进行仿真分析?其他的交通分析方法为什么不行?
(2)业主关心哪些问题?通过仿真分析,希望解决什么问题?
(3)除了当前方案外,本项目的改善方案准备从哪些方面入手?仿真是否可行?
(4)仿真项目可以利用的资源有哪些?
(5)研究成果的预期接受者是谁?

如果分析人员能够明确地回答上述问题,则可说明分析人员基本明确了任务目标。

3.1.2 仿真研究范围

交通仿真就像一个显微镜,如果研究者将显微镜对准研究对象,显微镜能够提供有用的信息。但显微镜的视角往往有限,这就使得研究者必须聚焦研究的范围。错误的观测范围可能事倍功半,甚至得出错误的结论。

确定仿真空间范围是明确研究对象的重要内容。注意项目的研究范围和仿真研究的空间范围不一定一致,项目的研究范围是指由业主认定的课题分析范围,而仿真的空间范围是指建模分析的区域。仿真空间范围的确定与实际情况紧密关联,并且在很大程度上依赖交通工程师和建模工程师的经验。在确定范围时,需要考虑以下问题:

(1)项目要解决的任务是什么?研究对象其规模和复杂性如何?
(2)项目可能的改善方案是什么?这些方案涉及多大范围?交通影响范围是多大?研究区域要包括改善方案涉及的区域,同时考虑影响范围。
(3)仿真项目计划选取哪些评价指标?精度有何要求?在实际中如何采集?
(4)研究对象的拥堵范围是多大?潜在的拥堵点在哪?研究区域一定要包括这些拥堵点或区域。
(5)仿真的精度要求是多高?假如改善方案与"零方案"(当前交通流运行状态方案)相比,效果明显,则对精度要求相对较低;假如不同改善方案之间差别不大,需要精细化分析,则对精度要求较高。精度高低也与仿真分析范围直接相关。
(6)在整个项目中仿真分析占多大比例?有多少资源可用?

除了以上考虑的问题,在项目中对交叉口或通道进行仿真时,须考虑上下游交通流的相互影响,如果无法在模型中直接考虑这种影响,建议将仿真区域适当扩大。

3.1.3 仿真研究时间

仿真分析时间是指仿真实验所需持续的时间。时间范围由两个部分组成,即预热时间和稳定分析时间。

1) 预热时间

当仿真开始时,车辆逐渐进入路网,在仿真开始后的一定时间内,系统处于非稳定状态,主要表现在系统内的车辆数持续大量增加。在大多数情况下,交通仿真分析选取的时段为高峰时段,对应车辆并非从无到有的完整过程。如果从仿真开始时便着手记录数据并将数据纳入最终的结果分析中,势必导致较大的结果偏差。因此,在交通仿真建模分析过程中,通常在仿真开始后的一段时间内不记录数据,这段时间被称为仿真预热时间(Warm-up Period)。有些仿真软件可能会自动完成这一过程,而另外一些软件则需要人工分析确定预热时间。

对于预热时间的判断,可从以下几个方面入手:

(1)路网中任一时段的车辆数均可用来判断模型是否达到平衡状态,从而可以开始记录路网中性能指标统计数据。一旦路网中车辆数不再显著增加,则可认为预热时间结束。

(2)如果车辆数和平均车速在仿真开始的15min内未达到稳定,则可能是因为设置的交通需求量超出了系统的路网容量限制。在这种情况下,拥堵会一直持续,从而导致拥堵对应的统计数据不够准确。此时应延长仿真的开始和结束时间,使其包含高峰时期前后的低流量阶段。

(3)延长仿真时间使其包括非拥堵时间。如果此做法行不通,分析人员还可以这样确定预热时间,即预热时间至少为自由流条件下车辆通过整个路网时间的2倍。例如,某条高速公路长10km,在自由流车速条件下通过整条道路大概需要5min,则预热时间可以确定为10min。

(4)如果系统中车辆数一直稳步增加,系统不会达到平衡状态。当进入系统的车辆数基本等于离开系统的车辆数时,预热时间结束。

2) 稳定分析时间

当系统经过预热后,仿真模型即进入稳定分析时间。稳定分析时长与分析人员实际希望研究的时间相对应,它具有两个内涵:一是数据采集需要持续多长时间,二是该时段与哪个实际数据采集时段相对应。

确定仿真研究的时间范围需遵循以下原则:

(1)根据研究对象的实际情况确定数据采集时间,需要分别考虑"零方案"和改善方案的不同情况;

(2)如果系统中出现拥堵现象,则仿真时间需要覆盖拥堵形成和消散的全过程;

(3)如果系统中车辆数目一直增加,说明应该延长开始和结束的时间,使仿真时间包含高峰时期前后的低流量阶段。

3.2 基础数据采集及处理

交通仿真建立在各类交通基础数据之上,唯有准确、充分的数据支持,才能获取合理的仿真计算结果。交通仿真通常需要静态和动态两方面的数据，静态数据用来建立交通设施网络并定义其交通属性，动态数据描述实际交通流的运行状态，可用来对仿真模型进行标定与验证。在交通仿真技术应用初期，所需的绝大部分基础数据均通过人工调查获取，并通过人工方法在仿真软件中建立模型。随着交通仿真技术的快速发展与普及应用，所建立的交通仿真模型范围不断扩大，复合度、复杂性也随之显著增加，传统的人工数据收集和建模方法逐渐暴露出周期长、准确性和规范性不足等弊端，已不能充分满足大型交通网络建模的需求。

在静态数据方面，地理信息系统(GIS)在交通领域的发展和应用从根本上改变了交通网络建模的技术路线。主流的交通仿真软件均已实现与GIS矢量图形文件的兼容，可将地理信息系统中的交通网络图形和属性数据导入仿真软件，形成交通网络模型。在动态数据方面，各类先进的交通数据检测系统和数据处理系统逐步在国内城市投入使用，实现广域范围内海量动态交通数据的采集和应用，建立大型的专业交通数据库。目前已有厂商开发了能够与专业数据库系统对接的交通仿真软件，此类软件能够直接从数据库中读取大量的实时交通数据，用于动态交通分配等领域，这也代表了交通仿真从单纯的建模工具向综合交通分析与应用平台发展的趋势。

本节分别从静态数据和动态数据两个方面，介绍地理信息系统和动态交通数据采集系统在交通仿真基础数据准备阶段所发挥的作用，以及各类数据的收集与处理，为交通仿真基础数据准备工作提供思路。

3.2.1 静态数据采集及处理方法

交通仿真所需的静态交通数据主要是基础设施及其属性数据，而这些数据大部分可从城市地理信息系统中获取。目前国内许多城市已建设地理信息系统平台，市域范围内的基础地理数据已相当完善，具备直接应用于交通仿真系统的条件。国家相关行政职能部门也出台了城市地理信息系统建设的要求和标准，促进了城市地理信息系统建设的普及和规范。

交通地理信息系统(GIS-T)是在传统地理信息系统的基础上，针对交通系统的规划设计与管理需求，强化了其中的交通网络建模能力，是一种专业性的地理信息系统，在基本的数据结构技术路线方面与传统GIS没有本质区别。表3-1列出了一个典型交通地理信息系统的数据要素结构。

典型交通地理信息系统基本数据要素 表3-1

要素类别	要素名称		描述
网络要素	路网	道路路段	道路网络中心线及其属性
		节点	路段交叉点、小区连接点等
		拓扑关系	路段的连接、路口转向、车道转向等
	公交	公交站点	公交汽车站点
		公交线路	路线信息
	交通小区	小区连接线	连接小区质心和路段的线
		小区多边形	为交通分析而划分的多边形区域

续上表

要素类别	要素名称	描述
点要素	道路交通测点	道路上的交通检测器测点
	交叉口测点	检测进口道流量及交叉口相位,如 SCATS 系统
	停车点	各类停车场和泊位
	出租汽车扬招点	路段上出租汽车搭载乘客的服务点
	重要地标	省政府及市政府等行政机构
	自行车服务点	路段上提供公共自行车的服务点
	生活服务兴趣点	售票点、加油站、大型商业设施、景点等
线要素	铁路、航运	铁路网络中心线、航运线路等
面要素	行政区域	按行政管理划分的界限
	绿地	公园、大型绿地等
	水系	河流、湖泊等
	重大基础设施地标	公共机构、医院、商厦等

表 3-1 中,交通网络数据是整个 GIS-T 数据的基础和关键,是派生和提取其他各类数据的前提。基础交通网络数据包括道路网、公交网、水运网等,其中道路网由节点和路段构成,同时通过路段编号、道路名称、道路等级、车道数、交叉口转向限制和道路单行等属性数据来完整描述。根据交通仿真数据需求,可从道路网中提取仿真模型路网图形,并附加路段分隔类型、路段通行能力、车道数、交叉口渠化和信号配时及自由流车速等信息。公共交通网络包括常规公交网、快速公交网和轨道网。公交网由线路和站点构成,并通过公交运营计划参数(如时刻表),生成满足交通仿真需求的公交仿真基础数据。公交网络也可作为基础道路网的附加数据信息,通过动态映射投影至基础道路网上。

交通分区是交通地理信息系统中特有的一类数据,供建立交通仿真模型使用。在 GIS-T 数据中,交通分区主要通过多边形边界连杆和形心来描述和存储。交通小区形心由多边形边界自动生成或人工设定,通过形心坐标、交通小区编号、交通小区所属中区编码、交通小区所属大区编码等属性来描述其空间特征。交通小区多边形边界在 GIS-T 中以多边形(Polyline)形式存储。交通小区连杆分为行人连杆和车辆连杆,包括对应的小区和节点编号、允许通行的交通系统集等属性,并通过连杆权重来控制和调节行人与车辆的分配比例。

在基础交通网数据的基础上,建立交通模型还需要附加一些必要的属性数据。以道路路段数据为例,所需的属性数据包括路名、长度、车道数、通行能力等。在交通小区属性中,还包括用于交通生成分析的一些社会经济指标、人口和岗位数据。表 3-2 列出了 GIS-T 系统中道路路段、节点、交通小区等网络要素所附的交通属性数据。

交通网络要素所附的属性数据　　　　　表3-2

网络要素	属性数据	网络要素	属性数据
路段	中心线图形	节点	节点名称
	起始节点编号		节点类型
	终止节点编号		信号控制类型
	长度		进口道车道数及转向车道划分
	路名		进口道通行能力
	起始道路名		车道通行能力
	终止道路名		节点 X 坐标
	交通系统集		节点 Y 坐标
	道路等级	交通小区	小区面积
	断面形式		小区户数
	车道宽度		小区人口数
	单车道通行能力		常住人口数
	延误函数代码		暂住人口数
	路段通行能力		旅游人口数
	车道数		住宅岗位数
	道路宽度		工厂岗位数
	机动车道宽度		医院岗位数
	非机动车道宽度		商业岗位数
	人行道宽度		办公岗位数
	机非分隔带宽度		学校岗位数
	中央分隔带宽度		旅馆岗位数
	红线宽度		特殊吸引点
	所在行政区名称		其他岗位数
	所在行政区编号		小区质心 X 坐标
	路段方向标志		小区质心 Y 坐标

　　除交通网络之外，还可以根据实际需要在 GIS-T 系统中增加一些辅助信息，以便更详细地描述交通网络系统。例如，增加交通检测点信息、道路施工信息、道路交通管理信息等。目前不少城市已建成交通信息服务网站，其数据基础即交通地理信息系统数据库。为了更好地为出行者提供服务，还可以在交通地理信息系统中增加兴趣点信息(POI)，包括地标建筑、学校、宾馆、医院等。

　　GIS-T 数据是在现有地理空间数据基础上加工整理而成。现有的地理空间数据包括精度较高的 1∶500 或 1∶1000 基础测绘地形图以及其他各种现状图和规划图。由于基础数据来源不一、标准不一，因此通常需要对原始数据进行坐标转换，使不同数据源的数据统一至同一个空间参考系下。然后，根据 GIS-T 空间数据模型的具体要求确定需要从数据源提取哪些数据，建立相应图层。在此基础上,对相应图层数据进行图形清理和简单拓扑检查,再录入基本属性。

具体流程可分为资料收集、预处理、数据编辑、数据入库四个主要阶段,如图3-1所示。资料收集阶段的主要工作是尽可能多地收集与数据采集区域相关的基础空间数据和交通要素信息。收集各类资料是数据采集的重要准备工作,一般包括纸质地图、影像各种文档和已有GIS-T数据等。对收集到的数据进行分析,重点是分析数据的完整性、准确度,并对收集到的数据进行分类归档。预处理阶段,需对原始数据进行初步处理与转换,如纸质地图矢量化、影像解译、坐标转换、工作区划分、图层处理、格式转换等。数据编辑阶段,基于预处理后的基础空间数据,生成符合交通仿真和发布的空间数据及交通属性信息。数据入库阶段,根据GIS-T空间数据库模式,将各种空间要素类关系表等载入空间数据库。

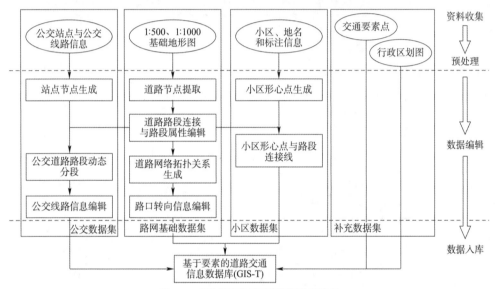

图3-1 交通地理信息系统数据处理流程

3.2.2 动态数据采集及处理方法

交通仿真所需的动态交通数据主要是实时交通流量、速度和车辆行为数据。在智能交通系统快速发展的背景下,传统的人工调查数据已逐步被自动化的动态交通数据取代。许多城市已部署先进的交通监测系统,包括各类先进的定点检测器、视频检测器、浮动车、移动检测设备等,能够实时收集和传输交通数据,并提供给交通仿真系统使用。

对于这些新兴的交通数据采集技术,其显著特点是"广域"和"动态"。"广域"是指覆盖范围大,"动态"是指在时间上具有连续观测能力,具体表现在如下方面。

(1)交通数据采集范围广,通常能够覆盖城市的主要建成区;

(2)具备对交通运行状态连续动态观测的能力,在智能网联环境下甚至能够精确到秒级;

(3)具备对出行行为特征进行分析的能力,不仅在数据采集时间上实现"动态",在空间上也由传统的截面检测扩展至面向出行移动过程的"动态"检测。

广域动态数据的出现和不断积累,意味着城市交通研究人员和技术人员开始具备对城市交通网络多角度、连续性的观察能力,从而形成一种新的交通信息环境。对于城市交通规划、设计与管理而言,将会获得全新的技术支持,具体表现在如下方面。

(1)通过大范围连续观测交通网络运行状态的变化特征,更全面、精细、准确地识别交通问题,掌握交通系统演化规律;

(2)通过对比方案实施前后交通状态的演变过程,可对方案的实施效果及时评估、调整和优化;

(3)新兴交通数据采集技术配套的计算机系统集成技术应用于交通规划领域,从根本上改变了城市交通规划数据收集和处理主要依靠人工的现状,提高了规划方案编制的效率,增强了时效性。

目前在国内各大城市已具备一定应用规模的广域、动态交通数据,主要包括固定型检测数据(如感应线圈检测器、视频图像检测器、气动导管检测器、RFID 技术等)以及移动型检测数据(如移动众包、浮动车检测等)。

1)固定型检测数据

(1)感应线圈检测器:感应线圈探测系统由一个感应线圈(嵌入路面的一卷电线)和一个检测器(通常位于信号控制箱里,通过它把信号机和感应线圈连接起来)。检测器以谐振或稍低的频率驱动交变电流通过线圈。所有的通电导线均会产生磁场,磁通量变化会导致感应电流的产生。车辆的金属壳体和金属框架会为磁场提供一个传导的路径。因此,当一辆汽车进入或者穿过线圈时,会产生一个加载效应,导致线圈的电感降低。电感的减少又会导致谐振频率升高。如果频率的变化量超过了在灵敏度设置中设定的阈值,检测模块就会产生一个检测信号,即"开"状态。否则,检测器不输出信号,即"关"状态。

感应线圈检测器可以监控路面上某个点位置处的信息,并收集具有时间戳记的分类车数、车辆即时速度、车头时距(即前后两辆车的时间间隔)、"开"时段(即检测器处于"开"状态持续的时间)。感应线圈检测器的优点在于能够胜任常年的交通检测,在大部分天气、环境和光线情况下检测器均能正常运行,环境变化对检测器检测精度影响不大。缺点是安装感应线圈检测器会阻碍交通的正常运行(比如必须暂时中断交通才能将检测器的线圈嵌入地面)。除此之外,设置和维护检测器的成本高。感应线圈检测器在某些天气条件下会失效,特别是下雪和路面结冰。

(2)视频图像处理系统:视频图像处理系统由以下三部分组成:①一个图像捕捉系统,如将一个摄像机高架安装在路面上方来抓拍所监控交通流的实时图像或视频流;②一个通信系统,如将抓拍到的图像或视频流传输至图像处理系统的调制解调器和电话线路;③一个图像处理系统,如一台可以从视频剪辑中提取车流数据的计算机。

与感应线圈检测器相似,视频图像处理系统也可监测路面某一点位置处的信息,包括具有时间戳记的分类车数、车辆即时速度、车头时距等。视频图像处理系统的优点在于数据采集自动化,能够对车辆数据进行常年采集,且易于安装和拆卸,便于设备的运行和维护。由于采用高架安装,在系统安装过程中并不会干扰交通运行。另外,可以灵活地设置检测区和数据整合间隔。除了监测交通之外,还能提供实况录像。缺点是视频图像处理系统价格及安装成本略高,受限于诸多因素,如恶劣天气、阴影、采光不好和大风等天气条件的影响。

(3)射频识别(RFID)技术:射频技术利用射电波在读卡器和黏在车中的标签之间进行数据交换,进而对车辆进行识别和跟踪。采用射频识别技术的一个典型案例是电子收费系统,它包含:①在车辆内部的应答器;②每条收费车道上的读卡器天线;③车道控制器,用于控制车道设备和追踪通过的车辆;④一个主机系统。所有的这些控制器均连接至一个中央数据库。当车辆以一定的速度靠近收费口,读卡器便会检测车上的应答器,并记录下它的标识信息、到达时间,还包括其他一些和账户相关的信息,如付费、余额等。

RFID 能够记录那些配备应答器的车辆的标识信息和到达时间。RFID 优点在于其价格便宜,并且不会干扰交通,但 RFID 对车辆装备具有一定要求,它只能检测经过路面某一点且配有应答器的车辆。

固定型检测器布设在城市道路或高速公路的指定位置,检测通过该断面的交通信息。表3-3列出了固定型检测器采集动态数据的基本属性。

固定型检测器采集动态数据的基本属性   表3-3

数据类别	属性	描述
断面检测数据	流量	单位时间内通过某断面(如某一车道或整个路段)的车辆数量
	车道占有率	在给定时间段内,车辆占用检测断面的时间比例
	车头时距	前后两车车头通过断面的时间间隔
	车辆速度	车辆通过检测器时的瞬时速度
	车道流量分布	各车道上交通流量的分布情况
	密度	单位长度道路上的车辆数
	交通状态	流畅、拥堵等交通状况描述
个体检测数据	车牌编号	车牌号或系统检测独立编号
	通过时间	车辆通过检测器的时间
	车辆分类	车辆类型分类,如小轿车、货车、公交汽车等
	车辆几何参数	车辆几何形状、颜色、长、宽等
	车辆速度	车辆通过检测器时的瞬时速度
信号控制数据	相位	信号灯的状态,如红灯、绿灯或黄灯
	相位持续时间	当前相位的持续时间
	信号周期	信号灯完整周期时间
环境数据	道路状态	温度、湿度、能见度、路面湿滑程度等
	天气状态	晴、雨、雪等
	道路工况	路面状况,如坑洼、积水、结冰等
	时间	数据采集的日期和时间

2)移动型数据

(1)移动众包数据:移动众包数据采集方法通过智能手机或车载终端等移动设备实时收集交通信息。智能手机或车载终端利用内置的 GPS 装置、加速度计和陀螺仪等传感器,记录位置、速度和方向等数据,并通过移动网络即时上传至中央服务器。这些数据经过清洗、整合和分析后,可用于交通流量分析、速度分析和路径分析,帮助优化交通管理和导航服务。

移动众包数据的优势在于覆盖范围广、更新速度快和成本较低。当人们采用定位服务时,基站就可以接收移动设备的定位信息,数据收集方便,并且可在任何天气和光线条件下工作,但接收器只能提供具体某一辆车的数据。其劣势在于数据准确性受设备质量和用户行为影响较大,存在一定程度的数据偏移,需要进行数据预处理。另外,移动众包数据在数据隐私和安全方面需要额外保障。

(2)浮动车检测:浮动车一般是指安装了车载 GPS 定位装置,行驶在城市道路上的公交汽车和出租车。浮动车的车载 GPS 系统在车辆行驶过程中定期记录位置、方向和速度等信息,应用地图匹配、路径推测等相关的计算模型和算法进行处理,使浮动车位置数据和城市道路在时间和空间上关联起来,最终得到浮动车所经过道路的车辆行驶速度及行程时间等交通信息。

浮动车通过与交通信息中心进行频繁的信息交换,实现交通信息采集与传输。一般情况下,当浮动车在道路上行驶时,可以及时准确地测得浮动车辆行驶速度和位置坐标等参数,来自路网纵剖面的交通流数据将按照一定的频率被采集。与传统的固定型交通信息采集方式不同的是,浮动车系统运行简便,时空覆盖范围广,具有实时性强、准确性好、安装和维护成本低、投资效率高等特点。但是,浮动车采集的交通数据是交通流全体车辆的随机抽样,渗透率(Penetration rate)通常较低,包含抽样偏差并存在稀疏缺失等异常特征。

移动型检测器通过安装在车辆上的 GPS 设备、智能手机或其他移动设备,实时收集车辆在行驶过程中的交通信息。表 3-4 列出了移动型检测器采集动态数据的基本属性。

移动型检测器采集动态数据的基本属性　　　表 3-4

数据类别	属性	描述
移动众包数据	车牌编号	车牌号或系统检测独立编号
	采样时间	车辆信息采集时间
	车辆分类	车辆类型分类,如小轿车、货车、公交汽车等
	车辆位置	车辆的经纬度信息
	车辆速度	车辆采样的瞬时速度
	车辆加速度	车辆采样的瞬时加速度
浮动车数据	浮动车坐标	浮动车的经纬度信息
	车牌编号	车牌号或系统检测独立编号
	采样时间	车辆信息采集时间
	车辆几何参数	车辆几何形状、颜色、长度、宽度等
	车辆位置	车辆的相对浮动车位置
	车辆速度	车辆的瞬时速度
	航向角	车辆当前的行驶方向
	路段信息	车辆所在路段的编号和类型
	车辆状态	车辆的运行状态(如起动、行驶、停车等)

动态交通数据覆盖范围广、时间连续性强,数据量可以用"海量"来形容,仅依赖传统的人工分析处理方式不能实现对海量数据的有效应用。因此,借助先进的信息技术,寻找高效的数据处理和应用方式是目前迫切需要解决的问题。

建立专业的交通动态数据库系统,是目前存储和处理海量交通数据的有效解决方案。利用Oracle等大型商业数据库系统,国内一些ITS建设先行城市已建成智能交通信息平台数据库,包括静态和动态两类数据,其中动态交通数据是此类平台最主要的数据资源。

动态交通数据在进入数据库存储和处理之前,通常首先需要进行数据清洗,即按照预先设定的逻辑规则对数据进行过滤,清除错误数据和无效数据之后才能进入数据库进行下一步处理。在经过数据清洗之后,必须根据实际的交通应用需求,制定动态交通数据的存储策略和数据结构,这也是动态交通数据库建设最重要的环节。

目前,部分交通仿真软件具备了运用实时交通数据进行动态交通仿真的能力,并能够将仿真结果用于动态交通控制、出行者信息发布等。动态交通仿真技术集数据采集与处理、交通仿真、信息发布等于一体,实质上已成为一种动态交通数据综合利用的平台。图3-2给出了典型的交通动态信息系统数据处理流程:将交通检测器数据、浮动车数据以及其他交通网络数据输入Oracle数据库,在数据库的基础上利用交通仿真模型直接实现对交通运行状态的仿真分析,将交通状态评估和预测结果用于发布,以便应用于动态路径导航、移动交通信息服务和交通规划决策等领域。

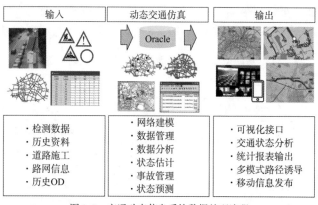

图3-2 交通动态信息系统数据处理流程

3.3 交通仿真建模

交通仿真建模的过程实质上是利用仿真软件所提供的基本模块,对仿真对象进行建模编码的过程。目前几乎所有的交通仿真软件均提供可视化建模功能,使得用户编码的过程更加直观。但是,作为具有专业素养的仿真建模分析人员,应意识到图形化界面只是仿真软件提供的可视化外壳,模型建立的根本内容是生成一个模型编码文件,这也就是很多文献将建模过程称为编码过程的原因。

一个基础模型的建立标志着用户已将仿真所需的数据编入仿真模型,并且仿真模型能够以较为合理的规则运行(这通常依赖于工程师的经验判断)。此时并不表示模型能够表征实际交通运行情况或者能用来进行方案分析,紧随其后还有仿真模型的错误检查和校正,只有经过校正的模型才是可信的模型。

建立一个仿真基础模型的过程可以看作盖房子的过程,首先有设计图纸,然后按照房屋建设过程施工,先后包括地基、结构框架、屋顶、公用设备安装、砌墙、刷涂料,最后进行内部装修。

因此,建立仿真基础模型建议按照如下步骤进行:

(1) 基础路网编码;
(2) 交叉口交通控制方案编码;
(3) 交通管理数据输入;
(4) 交通需求数据输入;
(5) 驾驶人-车辆数据输入;
(6) 交通行为数据输入;
(7) 运行环境数据编码;
(8) 影响因素识别及表达;
(9) 仿真控制参数。

需要注意的是,上述步骤(1)~(7)涉及的数据已在上一节介绍了其采集方法和应注意的要点。步骤(8)表示的是,假如仿真模型不能全部囊括表达仿真对象交通流特征的数据,则需要考虑在建模过程中通过影响因素识别及"代理"的方法来表征这种影响。步骤(9)对应仿真运行和结果输出的控制参数。

3.3.1 基础路网建模

路网模型对应的仿真对象是现实世界中的道路网。路网模型是仿真模型中最基本的交通供给设施,是整个模型的主干。简言之,路网模型即是道路网络的模型抽象,相当于建筑中的设计蓝图。

在仿真模型中,路网模型的表达形式主要有两种:路段-节点(Link-Node)型和路段-连接线(Link-Connector)型。Link-Node 型与经典的网络流理论最为接近,它将路网抽象为两种基本要素:Link 和 Node。Link 对应现实世界中的路段,Node 对应现实世界中路段的交汇点。通过 Link 和 Node 的组合,描述路网的拓扑结构。图 3-3 为 SUMO 仿真器采用的 Link-Node 道路编码模式。

图 3-3　Link-Node 型路网结构

Link-Connector 保留了 Link-Node 结构中的基本结构 Link,而取消了 Node。在 Link-Connector 结构中,路段的交汇采用 Connector 连接不同的 Link 获得。Connector 与 Link 在本质上相同,

在建立路网时,首先建立 Link,再把关联的 Link 采用 Connector 连接起来,如图 3-4 所示。

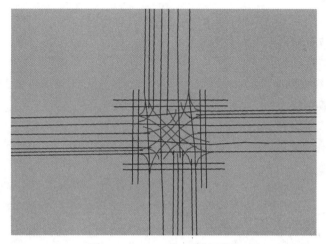

图 3-4　Link-Connector 型路网结构

无论采取上述哪种形式,在进行路网建模时,均需要在路网底图(CAD 图、影像图或地形图等)上以"描摹"的形式建立,以确保在反映路网拓扑结构的同时,能够有效地反映路网的基本几何属性,如走向、转弯等(更加细致的几何属性需在 Link 属性中直接指定)。在建立之初,建模人员需注意底图比例尺的设定。

对于路网节点的输入,有的软件以(X,Y)平面坐标表达,有的以(X,Y,Z)表达,有的无Z坐标,但可以以连接两个节点的路段高度来表达。这样的目的是方便对带有高差的仿真对象建模分析。对不同的软件,用户需注意其表达方式。

在路网建立过程中,通常为每一个 Link 设定唯一的标识符(ID),标识符通常为整数,且并不要求连续。在建模过程中 ID 可根据需求按一定的规则设定。比如,在 Link-Connector 路网中,可以首先为所有的 Link 设定 ID,而 Connector 的 ID 则采用"上游 Link ID + 下游 Link ID + 序号"的规则建立。

同时,可以根据道路属性(如道路等级)对 Link ID 进行分级设置(如主干道为 0 ~ 999,次干道为 1000 ~ 1999 等),这样便于未来对仿真模型进行检查和统计分析。因此,道路网仿真模型的建立也被称为编码工作。

另一方面,微观交通仿真建模中的 Link 通常以有向图作为其基本模型(这一点与宏观交通仿真模型不同),每一个 Link 均有各自的方向,一条双向道路至少需要采用两个 Link 才能表示。

在输入路网拓扑结构之后(或同时,根据采用 Link-Connector 还是 Link-Node 模式而定),需要输入路网几何数据,这些数据包括:车道数、车道宽度、路段长度、坡度、曲率、铺面状况(干、湿等)、视距、公交停靠站、人行横道及其他行人设施、非机动车道、其他等。对于不同的仿真软件,数据的输入形式和条目略有不同(比如,有些软件可能未对铺面情况进行建模),建模人员需要对软件的网络属性有明确的了解。

3.3.2　交通需求数据建模

交通需求数据包括输入流量、组成和路径信息。换言之,交通需求数据的输入能够

表明每个路段上的交通量。机动车交通需求数据的输入形式与仿真软件有关,常用的形式包括:

(1)输入进入路网的流量和车辆的路径;

(2)输入进入路网的流量和交叉口处的转弯比例;

(3)输入OD,通过内置的分配模块计算路径及路径流量;

在此基础之上,还需要输入的数据包括:

(4)公交运行特性(线路走向及车头时距/时刻表);

(5)非机动车及行人需求数据。

值得注意的是在进行交通需求数据调查时,需要明确所应用的仿真软件如何表达公交车的需求。部分软件通过发车频率来计算公交车辆数,在此种情况下,分析人员调查交通量时须扣除公交车。

3.3.3 驾驶人-车辆数据建模

驾驶人-车辆数据包括与车辆性能有关的数据建模和与驾驶人有关的数据建模。车辆性能有关数据包括:车辆类型、宽度、长度、速度、加速度、载客量、转向性能等。驾驶人有关的数据包括:路网熟悉程度、驾驶冒险度、道路设施偏好、时间价值、硬控制遵守率、软控制遵守率等。

微观交通仿真软件一般会提供上述数据的缺省值,在传统的微观仿真分析中,车辆的期望速度及驾驶冒险度参数对仿真结果影响较大;而驾驶人信息偏好数据在传统的微观仿真软件中涉及较少,随着智能交通系统的广泛应用,微观交通仿真软件中需对驾驶人信息偏好数据进行有针对性的标定。

需要注意的是,假如所仿真的对象中含有软件未提供的驾驶人-车辆类型,那么分析人员须自定义这种车辆类型,其所需自定义的数据包括本节所提到的这些参数。例如,仿真不同摩托车混入下的机动车流特性,如果仿真软件中没有摩托车这种车辆类型,那么分析人员必须根据所应用的仿真软件及其驾驶人-车辆参数集自定义摩托车这种车辆类型。

3.3.4 驾驶行为数据建模

交通行为数据是影响道路通行能力的核心因素,行为模型及其参数是因,通行能力是果。在仿真模型中,与这些行为数据直接对应的是仿真底层核心模型的参数。这些参数在仿真模型中一般设有缺省值,具有明确的物理意义,并且可标定。在仿真分析资源有限的情况下,可通过实验优化的方法对这些参数进行校正,主要包括:

(1)平均跟随车头时距;

(2)驾驶人反应时间;

(3)车道变换距离及相关参数;

(4)排队状态下车辆间的最小间隔;

(5)无控制条件下交通冲突的可插车间隙。

交通行为数据的种类由微观交通仿真软件所采用的底层模型决定,在应用具体的仿真软件时,需要参照其技术手册,整理其可能的交通行为参数。这些参数是模型校正的重要对象,将在模型校正一节中进一步讨论。

3.3.5 交通管控措施建模

交通管控措施建模分为交通管理方案建模和交通控制设施建模。

交通管理数据是指交通管理措施在模型中的反映。交通管理数据的种类包括：

(1)警示数据:事故、下坡、建筑物出口等；
(2)限行数据:车速限制、可变车速限制、公交专用道、车道渠化等；
(3)禁行数据:禁止转弯、禁止直行、禁止货车通行、禁止掉头等；
(4)信息诱导数据:动态信息显示器、指路标志等；
(5)检测设备:类型及位置。

路网上的交通控制设施是影响交通流运行的又一重要因素。不同的微观交通仿真软件均提供了预设的模块对现实世界中的交通控制设施进行仿真。这些设施包括：

(1)无控制时的让行区域及让行规则；
(2)停车标志，包括停车信号、停车线、停车区域等；
(3)信号控制，包括定时控制、感应式控制、自适应式控制所需的设施及相关参数；
(4)匝道控制，包括匝道控制设施及相关控制参数。

仿真建模人员需要针对具体的仿真对象将相应的数据编辑进仿真模型，并注意在基础数据采集中提到的要点是否均在仿真模型中得到有效的体现。

3.3.6 运行环境数据建模

运行环境数据包括：

(1)阻塞及交通事故；
(2)车道关闭；
(3)施工区；
(4)路边临时停车；
(5)道路线形变化；
(6)转弯、路段相互干扰等引起的车速变化；
(7)天气因素(温度、风、雨、雪、冰、雾、光)等。

此类数据的实际项目与所建模交通场景的具体情况有关，需要建模人员酌情选择。

3.4 错误检查

错误检查是基础模型建模和仿真参数校正之间的桥梁。在仿真基础模型建立之后，须对仿真模型中可能存在的错误进行系统、全面的检查。所谓错误，是指在建模过程中，由于忽略或简化了关键细节，从而导致模型本身存在错误。在仿真基础模型建立的过程中，已提出若干措施用以避免错误的产生。但是，错误检查过程仍然是必需的，因为基础模型建立过程的侧重点是有效建立模型，而非保障模型的正确性，所以很有可能遗漏某些必要的细节。模型的错误检查能够为仿真校正环节的有效性提供坚实的基础。如果错误检查中未对错误进行有效排除,则会浪费大量时间进行仿真校正工作。错误检查主要包括 3 个步骤:软件检查、建模检查及输出动画检查。

3.4.1 软件检查

分析人员应该清楚目前所使用仿真软件的版本、存在的 Bug 及补丁信息,以避免软件本身的问题对模型效果的影响。通常仿真软件开发商有责任为注册用户提供软件升级服务(这种服务一般需要购买),建模人员需要定期关注相关信息,及时更新软件,以最大限度享受作为正式软件用户应当享有的权益。

这些信息可从仿真软件的服务网站及专业交通论坛获取。如果资金允许的话,建议保持软件的最新版本及购买相应的技术服务。保持与软件开发商及技术服务提供者之间的良性互动有益于软件使用技巧的提高,这些互动包括参加用户会议、邀请进行专业讲座、访问相关软件的论坛以及与之进行相应的邮件和电话沟通等。

3.4.2 建模检查

建模检查是指对建模过程中所有的建模要素进行检查,检查的项目与基础模型建立时所关注的项目对应,检查的内容及步骤与基础模型建立时的步骤对应,主要包括:

1)路网模型及其他交通供给检查
(1)检查基础路网的连贯性,是否有间断处;
(2)检查路段几何线形,是否与底图对应;
(3)检查交叉口控制参数及管理方式的设置;
(4)检查路口及路段中对禁止转弯车道关闭及车道限制等管理方式的设置。

2)交通需求
(1)检查每个车辆进入点的车辆组成比例;
(2)检查产生交通量的来源地及区域(根据软件不同分路段和小区检查);
(3)校核小区的产生吸引量和对应路段的双向流量;
(4)检查不同车辆的期望速度分布;
(5)检查转弯车辆比例;
(6)检查路网中出行 OD 矩阵。

3)出行者行为及车辆特性
(1)在必要的情况下检查并修改车辆类型及动力特性参数;
(2)检查并修改驾驶人行为特性参数。

4)仿真控制参数检查
(1)检查所设定的仿真时段是否符合需求;
(2)检查随机数种子的选择、仿真次数的选择过程是否合理。

5)影响因素识别的确认
影响因素的不同与仿真场景有关(仿真的范围、分析目的等),仿真分析人员须对仿真场景可能的影响因素进行总体把握,然后对重要影响因素逐一确认。

6)输出数据检查
(1)仿真输出数据的设定是否全部完成;

(2)所采集的数据定义是否与预想一致；

(3)数据采集的时间频率。

7)复合检查

仿真模型由多个底层模型交互而发生作用,以上建模检查均是针对单个部分,而复合检查是对仿真软件能否捕捉多个模型相互组合后所表现的交通现象的合理性进行检查。比如,对于"由于路边停车造成通行能力下降的现象",根据交通工程学的基本知识思考可能的行为,确认类似"随着路边停车数量增加,路边停车造成的通行能力的减少幅度会增加"这种能够预想到的现象,模型是否能够表现。复合检查的目标是定性地再现各交通现象；关于定量的再现性,在下一节模型校正中介绍。

再如,对于"由于非机动车干扰造成的左转通行能力下降的现象",在仿真模型内要表现非机动车和车辆的相互干扰情况,如果是作为这个仿真软件所配备多个功能的相互组合,在模型内部通过"代理"方法才能决定通行能力的情景下,即为复合检查的内容。而采用仿真软件内置模型可直接反映非机动车数和通行能力之间的关系时,即不作为复合检查的内容,而是作为模型校正的内容来考虑。

以下建议有助于提高错误检查过程的效率及改善此过程的效果：

(1)在仿真路网下导入高分率航拍图或设计图,能够有效提高路网几何特征准确性检查的效率；

(2)如果模型能够三维显示,可将路网立体显示,快速检查重要路段及节点；

(3)对路段进行有序编号,便于路网检查；

(4)可以利用颜色来区分不同类型的路段,如自由流速度分级、道路等级分级、车道数分级显示等,便于快速查找不匹配的路网结构；

(5)将建模因素列表,通过打勾的方式一一确认各建模要素数据。

3.4.3 输出动画检查

动画检查是指根据仿真输出动画对仿真模型的真实性进行定性检查的过程。动画检查的地位不可替代,建模分析人员须高度重视,它能很好地综合把握问题,体现建模工程师和交通工程师的行业经验。同时,建议动画检查的过程需要模型工程师与熟悉当地环境的交通工程师共同完成,模型工程师需要认真听取交通工程师的意见,并及时作出反馈。特定情况下,模型工程师和交通工程师可以是同一个人,这时建议将含有仿真对象的视频录像数据作为参考。

在动画检查过程中,需要重点关注运行效果的真实性,可从如下几个方面考察：

(1)车辆行为特征,如车辆在交织区的交织特征、车辆的停车特征等；

(2)车流密度在路段上的空间分布；

(3)车辆在路段上的进出是否与预期一致；

(4)路网上产生交通拥挤的地点(或区域)是否与实际情况一致或相似；

(5)排队的严重程度和范围是否与实际情况一致或相似；

(6)让行、冲突等待换道公交停靠混合交通流的相互干扰等与实际情况是否一致。

在检查过程中,可根据如下步骤进行：

(1)在极低交通需求量情况下运行模型(低至不会产生拥堵),跟踪单个车辆通过整个路网的运动状况,观察车辆会在什么地方突然减速。这些地方通常存在微小的路网设计错误,正是这些错误妨碍通过路段及节点的车辆运行。对于不同的 OD 矩阵,这类测试应该重复数次。

(2) 完成上述步骤之后,输入一半的现状交通量再次运行模型。在这种状况下,交通量通常还不足以引起拥堵。一旦拥堵出现,说明存在微小的设计错误,以致影响到车道上车辆的分布及行驶间距。这时需要检查进出交叉口路段上的车流量,保证通过路网的所有车辆已正确加载并行驶正常。

(3) 输入正常的交通需求量,观察前述的真实性考察点的情况。

如果观察到的车辆行为看起来不够真实,分析人员可根据以下方法找出导致动画不真实的潜在因素,这些因素可能来源于以下两个方面:

(1) 分析人员预估中的错误。分析人员应该在判断动画车辆行为是否真实之前,实地调查所模拟区域及时间段内车辆运行的真实状况。在很多情况下,分析人员对车辆运行状况的预估并不符合实际情况。实地调查可能会发现很多影响车辆运行的因素,而这些因素通过道路航拍图片及方案图等构建模型时不易被发现。如果需要模型产生真实的车辆运行效果,这些因素在设计模型时应予以考虑。

(2) 分析人员设置数据的错误。分析人员应该检查设置数据中的错误,这类错误可能导致仿真模型不能真实地反映车辆运行情况。在微观仿真模型中,细小的设置数据错误可能会频繁导致不真实的车辆运行情况。细小的数据设置错误可能表面上不易察觉,但是由于这类设置在模型中的使用方式决定了车辆运行行为,其效应会在运行结果中表现出来。

3.4.4 剩余错误检查

如果分析人员经过上面的错误检查过程,发现建立的模型还不能达到分析人员所期望的效果,则可能说明软件无法达到用户的期望。该缺陷可能是由于软件本身的功能限制或者软件本身的模型错误引起。如果是功能限制引起,建议对用户发现的这些明显的软件功能限制采用上节所提的代理方法来间接表达;如果还不行,则可能需要通过软件的二次开发接口来实现此功能。

如果用户怀疑这是由于软件本身的模型错误引起,则可针对具体功能运用仿真软件构建一个简单路网,将仿真结果同解析计算的结果对比,判断是否是底层模型本身的错误引起了软件运行的错误。

3.4.5 终止判断条件

根据仿真分析流程,在错误检查后接下来的工作是仿真模型参数的校准和验证。该工作是整个仿真分析的重点和难点,需要的时间较多。因此错误检查是否成功完成,需要分析人员慎重决策。判断错误检查是否完成,至少需要经过如下步骤:

(1) 所有建模数据(交通供给管控方式及交通需求)均正确输入;
(2) 交通行为参数、影响因素数据及其代理方法合理;
(3) 仿真动画合理,并经过熟悉当地情况的交通工程师判断或实际录像对照判断。

3.5 模型校正

在错误检查完成后,仿真模型的建立并没有结束,而是进入下一个关键的环节——模型校正(Calibration and Validation,C&V)。模型错误检查过程解决的是模型是否具有明显运行错误的问题(定性判断),在排除明显的运行错误后,还需要定量校准模型参数并根据实际采集数据进行验证,使其可信度达到用户期望(定量判断)。模型校正是通过调整模型的参数以提高仿真模型可信度的过程,校正的质量是决定模型应用能力的关键。

3.5.1 模型校正概述

在系统仿真中,与模型的校正过程密切相关的概念有3个:校核(Verification)、校准(Calibration)和验证(Validation)。

校核是确认仿真系统准确代表开发者的概念描述和设计的过程。校核关心的问题是"是否正确地建立底层核心模型及仿真系统",即设计人员是否将问题的陈述转化成模型的阐述,是否按照仿真系统应用目标和功能需求的要求正确地设计出仿真系统的底层核心模型,仿真软件开发人员是否按照设计人员提供的仿真底层核心模型正确地实现了模型。例如,如果模型开发人员设计:A = B + C,则模型的校核即确定计算机代码是否正确地实现了 A,并且确定 A 是 B 与 C 之和。但是,校核并不关心 A 这个结果是否与现实相符合,模型校核是针对仿真系统的开发而言,对于仿真建模软件的使用者(建模人员或分析人员),该过程不在其工作范围内。

校准是描述仿真系统的使用者通过改变(优化)仿真模型的输入参数,使模型的输出更加准确地接近现实世界的情况。组成交通仿真系统的核心模型中(跟驰、换道、路径变换等)含有许多模型参数,用户可以通过修改模型参数以使其符合当地的驾驶行为。校准就是研究如何逐一寻找最佳反映仿真对象实际情况的交通参数,或利用试验优化方法、启发式方法来手动(自动)寻找最佳的参数组合。需要校准的仿真参数一般包括交通流特性参数、驾驶行为参数等。参数校准的目的是使仿真输出结果与实际测量的数据差异最小。

验证是从仿真系统应用目的出发,确定在一组新的数据条件下仿真系统是否在若干选定指标上,能在一定水平上代表现实世界交通运行特征。验证通常通过研究模型是否正确地再现交通系统的运行特征来实现。验证一般包括如下过程:

(1)获取与模型输出同样格式的实测数据;
(2)利用统计或假设检验等建立验证的评价标准;
(3)设计试验和测试方案;
(4)运行模型,获取模型输出的验证指标;
(5)评价模型结果,解析引起验证失败的原因。

仿真模型的校正是校准与验证的总称。模型的校核和验证通常是模型开发者的任务,而模型的使用者在利用仿真软件建立交通仿真模型时,更为关心如何高效、准确地对仿真系统进行校正,以使模型的输出结果符合现实世界的运行,达到模型验证的标准。

1）模型校正的前提

仿真模型的校正是仿真模型建立的关键环节。在一个交通系统仿真建模分析的过程中，参数校正须在如下工作完成的基础上进行：数据采集及分析、基础模型建立、错误检查。

在完成上述工作后，模型工程师假设模型已基本具备反映实际交通状态的能力，并且得到交通工程师或项目主管的基本认可。值得注意的是，本假设并非要求模型结构在校正过程中完全不能修改。对于一些复杂的模型，在校正过程中对模型进行一定的修改与完善在所难免。

2）校正的对象——仿真参数及其他

仿真参数是指仿真软件（仿真建模工具）中所提供、可由建模工程师修改的模型参数。模型参数的存在是由仿真系统底层核心模型的构造方式决定的，模型参数对于仿真结果起着至关重要的作用。当底层模型相同、仿真模型结构相同时，模型参数的设定成为影响仿真运行结果的关键因素。美国联邦公路管理局（FHWA）的一项研究指出，仿真参数设置上13%的平均差异会导致仿真结果中行程车速69%的差异。因此，调整仿真模型参数，使之能够准确反映建模对象的实际交通行为，是建立仿真模型的关键步骤。

不同的交通仿真软件由于采用的底层模型不同，提供给用户可调整的参数种类也不同。由于可供调整的仿真参数数量众多，使得工程师在模型建立之初必须对这些参数进行分类整理，选择必要的模型参数进行校正。

推荐采用如下的分类方法：

（1）观测参数：是指那些便于通过实际观测或资料分析得到的参数，这一类参数通过对仿真对象的实际观测或者资料分析得到，不需要通过校正过程确定。

（2）校准参数：是指那些难以通过直接测量或者测量成本很高的参数，这些参数的获得需要通过本节介绍的参数校准方法得到。

需要注意的是，观测参数与校准参数均是相对的概念，随着科技水平的提高，当前不便于测量的参数在未来可能成为便于测量的参数。在实际的仿真建模中，应当遵循"观测为主，校准为辅"的原则，尽量扩大观测参数的范围，缩小校准参数的范围，只在必要的情况下采用校准的方法。简言之，观测是采用直接手段获得参数的取值，而校准是通过间接手段获得，所以与观测相比，校准的精度与可靠性较低。但仿真系统与真实世界之间必然存在差距，模型的参数很难全部与实际情况一一对应，而且有些情况下，需要通过修正某些参数的值以弥补一些仿真软件设计中未考虑的因素的影响，因此校准参数不会消失。

3.5.2 模型校正基本方法

1）方法概述

从方法论上划分，仿真模型的校正方法有两类：一类是根据交通工程师的经验和对交通现象机理的把握，通过对实测数据的分析建模，直接设定相关参数（或输入）进行验证，可称为直接法，这类方法等同于输入数据建模的思路；另一类是利用统计工具或计算机，从统计学上对不同参数取值对仿真结果的影响进行分析，以提高仿真结果与实测情况的相似性为目标，对参数取值进行优化，然后再对优化后的参数进行验证，可称为间接法。

校正方法的分类与参数（输入）的分类相对应。在数据条件允许的情况下，首推第一种方法即直接法。因为直接法建立在对交通系统运行规律的分析和再现上，能够从根本上解决问题。但数据的调查和分析建模往往需要大量的时间,且需具有一定的统计分析知识。第二种方法即间接法的优点是对实测数据的依赖较小,原则上只要遵循校正流程操作反复尝试,总能得到满足需求的结果。但这种方法的缺陷在于校正过程关注的是模型的数值特性(而非解析特性或运行机理),所产生的结果只能保证在统计意义上有效,是否符合实际情况则依赖于经验和验证。上述两类方法并非互斥,随着数学工具和计算机工具与工程应用的密切结合,上述两种解决参数校正问题的思想在后续校正步骤中均有涉及。

2)校正指标

模型的校正指标是指在模型运行过程中根据一定规则所采集的数据,这些数据具有其自身的定义及理论意义,可用来代表模型的性能。对仿真结果进行定量分析,首先要确定以什么指标对模型的运行效果进行度量,所选出的指标即校正指标。常用的校正指标分为三类:

(1)交通量

交通量是指测得的路段交通量,主要用于对路网中路径选择行为的校准。该指标是一个综合指标,能够反映模型多方面的性能,对于路径选择行为的影响最为敏感,在使用动态交通分配的仿真模型中尤为重要。在交通仿真模型,尤其是路网仿真模型中(存在 OD 相同但路径不同情况时),路段交通量的再现是模型再现现实情况的基本保证。因此,应当首先保证路段交通量的合理。

(2)通行能力

通行能力是指在一个小时内期望通过某一点或某一单位路段的车辆或人的数量。通行能力是反映一个交通系统特性的综合指标,能够有效反映系统特征,所有待校正参数均对系统的通行能力存在影响。

(3)系统运行指标

系统运行指标是一系列指标的总称,包括行程时间、行程车速、排队长度、平均延误等。这些指标能够从某一个侧面衡量交通仿真模型与实际情况的相似性,实际操作中可根据具体情况选择一项或多项。

在校准和验证过程中,需要根据实际情况选择一定的校正指标进行分析。通常,校准指标需要至少包含交通量或通行能力其中之一,同时通过系统运行指标来判断校准收敛条件;而验证指标则主要在系统运行指标中选择。

3)参数校正流程

参数校正流程如图 3-5 所示,校正由两个部分组成:校准和验证。

校准是调整参数,使模型的运行指标与实测指标一致(满足一定的需求)的过程;验证是指在校准完成后,换用另一组数据或指标对校准后的参数进行确认的过程。另外,图 3-5 中的虚线表示当某判断结果为"否"时,流程所需回到的步骤不确定。例如,当验证结果不令人满意时,有可能仅需回到验证试验步骤、调整验证方法即可解决这个问题,但也可能需要回到校准步骤重新实施校准。

以下将分别从校准和验证两个部分来说明参数校正的过程。

3.5.3 模型校准与验证

1)校准

步骤一:校准目标的制定。

仿真模型不可能百分之百再现现实世界的交通运行情况,校准的目标是尽可能获得仿真输出和现实世界测量值之间的最佳匹配。校准目标的制定主要考虑如下情况:

(1)仿真路网的规模(单个交叉口、一个通道、小区域路网、中等规模路网等);

(2)仿真分析的目的(评价控制效果、交通诱导效果、单行道等交通管理效果、交通渠化设计效果等);

(3)仿真分析的资源(时间节点、数据资源、人力资源等)。

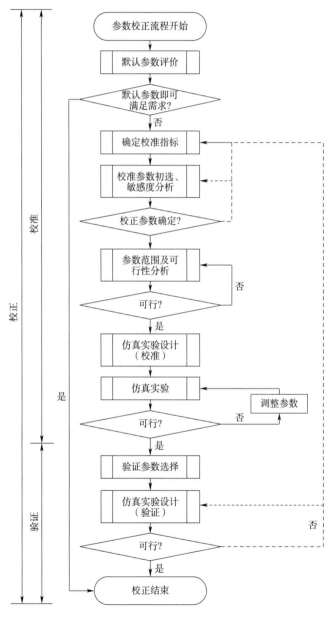

图 3-5 模型校正流程

表 3-5 总结了对于不同规模的路网建议的校准目标。

仿真对象校准标准 表 3-5

仿真对象测量标准		单个或几个交叉口模拟(OD<6*6)	通道模拟(高速公路、快速路、主干道)(OD<15*15)	路网模拟(OD>15*15)
流量	A. 小时流量 VOL(pcu/h)判断标准： (1) 700<VOL<2700，误差在15%以内； (2) VOL<700，绝对差在100以内； (3) VOL>2700，绝对差在400以内； (4) 所有路段流量平均误差	90%以上路段符合此要求 误差在5%以内	85%以上路段符合此要求 误差在5%以内	80%以上路段符合此要求 误差在10%以内
	B. GEH 判断标准： (1) 单个路段 GEH<5； (2) 所有路段平均	90%以上路段符合此要求 GEH<3	85%以上路段符合此要求 GEH<4	80%以上路段符合此要求 GEH<5
行程时间	单个路段/路径误差在 85% 或 1min 以内	90%以上路段符合此要求	85%以上路段符合此要求	80%以上路段符合此要求

注：1. GEH 统计值的计算公式：$GEH = \sqrt{\frac{(E-V)^2}{(E+V)/2}}$，式中，$E$ 为模型计算值，V 为实际测量值。

2. 流量标准 A 和 B 取其一即可。

3. OD 代表起点—终点时，6*6 表示 6 个起点、6 个终点的组合。

步骤二：校准指标的确定。

校准主要是对影响路段流量和通行能力的模型参数进行调校。

路段流量是指在模型实际运行过程中，每个路段上所承载的交通量。路段流量是需求输入、路径选择模型、驾驶行为模型状况的综合体现，是模型校正的根本。如果模型路段流量出现较大的偏差，则对模型的校准将无从谈起。因此，在模型校准过程中，假如存在分配模型导致 OD 一致、路径不一致的情况，往往将路段流量作为首先使用的校准指标。

通行能力是指仿真模型中特定路段的通行能力。通行能力能够有效反映驾驶行为模型的状况。在实际校正过程中，并不需要校正所有路段的通行能力，只需校正若干关键路段的通行能力即可。关键路段的选择需要模型工程师与交通工程师共同判定，一般是路段的瓶颈点、交叉口的冲突区所涵盖的路段、车辆汇入/汇出交织频繁区域以及行车干扰影响大的路段等。

当建模人员对路段流量和通行能力进行校准后，往往会选择一至两项系统运行指标(如行程时间)对校准效果进行判断，确定校准是否收敛。对于简单的模型，也可以在对模型的参数进行标定后直接进入验证环节。

校准指标的选择，首先要考虑路网的特征。例如，对于城市主干道的微观仿真，通行能力校准较为重要，而路段流量校准则相对次要；但如果是对小规模城市路网的仿真，由于同 OD 对之间可能存在不同的路径，因此路段流量校准就显得尤为重要；如果是对快速路交织区模型进行校准，通行能力是最主要的校准指标，路段流量则基本不予考虑(因为没有路径选择行为)。其次要考虑数据调查的可行性和有效性，这一点在数据采集时就要予以考虑，必要情况下可以在校准开始前进行补充调查。

步骤三：待校准参数的选择。

当确定校准指标后，接下来是参数校准的核心工作之一：确定影响这些校准指标的模型参数。待校准参数选择的目标是：通过仿真对象及仿真目的，确定待校准参数及其范围，并尽可能减少待校准参数的数量。实践证实，随着待校准参数数量的增加，参数校准步骤的计算量将会成几何级数增加。因此，待校准参数的选择对于校准过程的可行性起着重要的作用。

微观交通仿真校正涉及的仿真参数主要有两类来源：驾驶行为参数和路径选择行为参数。驾驶行为参数影响车辆跟驰、换道、交织等行为，路径选择行为参数影响交通参与者的路径选择行为，进而影响路段的交通量分配。通常，由于影响路径选择行为的主要因素是运行费用（如路段行程时间等），而驾驶行为参数通常对路段费用具有直接的影响，因此在微观交通仿真系统中驾驶行为参数具有较高的重要性。其次，在微观交通仿真的实际运用场景中，相当数量的情况是模型工程师直接将路段流量作为输入数据，这时不需要对路径选择行为参数进行校准。再次，假如由分配模型来确定路段交通量，则交通量的确定不仅与路径分配模型及选择行为参数有关，而且与输入的 OD 相关。一般而言，在确保 OD 基本准确的前提下，进行路径选择行为参数校准。假如仿真对象存在 OD 相同、路径不同的情况，需对驾驶行为参数和路径选择参数同时校准。

待校准参数的选择是一个结合经验分析和统计分析的过程，包括以下 3 个步骤：①参数初选；②参数敏感性分析；③参数范围确定和可行性验证。

参数初选是指借助模型工程师对仿真软件的了解和交通工程师对建模对象的了解，依据经验划定待校准参数的选择范围。通常，可对所应用的软件底层模型参数列表，列出它们的物理意义，然后对影响程度进行分级。针对不同的仿真对象，根据仿真对象的影响因素来确定初选参数。根据仿真底层核心模型的介绍，这些参数主要包括跟驰模型类参数（车头时距/间距、静止时的车辆间距、驾驶人反应时间、冲突让行参数、驾驶冒险性参数等），换道模型类参数（可插车间隙、换道起始距离、协作性换道参数等），路径选择类参数（路径选择参数、驾驶人对周围环境熟悉程度等）。

参数初选结束后，可能存在两个问题：①参数个数仍然大于期望的待校准参数个数；②这些参数的取舍很难根据经验判断。为了解决这个问题，引入参数敏感性分析。

参数敏感性分析是在系统工程研究应用中广泛采用的分析过程。其目的在于确定在备选的若干参数中，哪些参数的变化对系统运行结果的影响更大。根据参数敏感性分析结果，工程师可以选择若干敏感性较大的参数作为待校准参数。同时，敏感性分析也是校准试验开始前的试探性试验，给出参数变化对结果影响程度等初步信息。

参数敏感性分析的方法有很多，主要思路均是进行两两比较：首先是与随机误差比较，判断由参数变化引起的结果变动是否显著；其次是不同参数的敏感度如何排序。

关于单参数的敏感性分析方法，其核心思想是逐个比较参数变化和随机数变化对仿真结果的影响程度大小。如果某参数的变化还不如随机数变化对仿真结果的影响程度大，那么这个参数可认为对仿真对象不敏感。首先，对每个待选参数均取默认值，选取 10 个不同的随机数种子进行仿真，记录仿真结果（如平均行程车速），见表 3-6。

不同随机数种子的仿真结果 表3-6

仿真次数	随机数种子	平均速度(km/h)
1	8871	58.1
2	7918	58.2
3	3641	58.3
4	8351	58.2
5	8151	57.2
6	1151	58.4
7	6487	58.3
8	2887	57.9
9	6723	57.6
10	1467	58.4
标准差		0.4
极差		1.2

然后,对每一个待校正参数,选取其各个等级值进行仿真,期间其他参数的值保持不变。记录每个参数变化所引起的行程车速的变化,如表3-7所示。

指标变动引起的极差对比 表3-7

测试参数	平均速度极差
随机数	1.2
参数 A	0.3
参数 B	0.2
参数 C	27.1
参数 D	5.8

比较单一参数变化所产生的指标变化范围与仿真种子变化所引起的指标变化范围,如果前者大于后者,则该项指标需要校准(如参数 C、D);如果前者小于后者,则该项指标不列入待校准参数集合(如参数 A、B)。

上述方法较为简单,容易忽略了一个关键因素,即不同参数间的交互作用。所谓交互作用具有两层含义:一是指在研究参数 A 的变动效应的过程中,参数 B 的取值是否会对变动效应的大小产生影响;二是参数 A 与参数 B 的组合变动是否会比参数 A 或参数 B 的单独变动具有更为显著的效应。为了克服这个缺陷,可以采取实验统计分析的方法来确定多个因素的交互作用,这些分析方法包括拉丁正交设计、因子设计、均匀设计等,已被集成至各类统计(数学)软件中,如 Minitab、SPSS、Matlab 等。如果分析人员需要进行较为复杂的分析(如考虑不同参数间的相互作用关系),建议直接采用统计软件的相应功能。

在确定待校准参数之后,需对待校准参数进行范围确定和分级。参数的范围确定是指根据实际对象的交通运行情况,确定各个待校准参数可能达到的最大值和最小值。该范围的确定需要依赖仿真软件用户手册中对相应参数的建议取值范围和工程师的经验。同时,可辅之以相应的可行性测试,以证实参数范围的可行性。当参数范围的可行性得到确认后,分析人员需要根据参数的敏感性和可行性测试确定参数的取值空间和分级水平,以便于进行校准试验。

步骤四:校准试验。

校准试验的目的是在已经确定的待校准参数、取值范围及其分级水平的基础上,通过试验,调整待校准参数的取值,使仿真模型输出的校准指标值最大限度地与实际情况吻合。在校准实验中面临的最大问题是参数组合多。如果对每个组合均进行仿真实验,显然时间可能不允许。例如,如果仿真模型经过初选和敏感性分析后有8个待校准参数,每个参数取值分为5个水平,则需要进行的仿真试验排列组合有5^8(390625)次。为了实现快速寻找符合实测结果的参数组合,需要设计有效的仿真试验方案。目前流行的方法通常有两类:①试验优化方法;②启发式优化法。

试验优化方法是指利用统计学中试验优化设计的方法,有计划地寻找最优的待校准参数值,使仿真校准指标与实际情况尽可能符合。试验优化设计的方法有很多,其目标是提高试验效率,减少试验次数。在多参数敏感性分析的论述中提到的实验设计方法均可以用作仿真参数校准实验优化,包括拉丁正交设计、因子设计、均匀设计等。

启发式优化法是指考虑到参数校准过程与数学优化过程的相似性,以模型运行指标与实测指标间的差异作为目标函数,而模型参数作为目标函数的自变量,仿真模型为非线性函数,采用启发式算法对其进行优化,从而得到满足要求的参数值。随着启发式优化算法的发展,对于非线性目标函数的优化理论取得了突破性进展。越来越多的研究者采用启发式算法对仿真模型的参数进行校准,如基于NGSA-Ⅱ的多目标优化算法等。

模型校准的核心任务是针对不同的仿真对象,从影响模型运行的大量参数中选择对模型运行结果影响程度较大的参数,并对其值进行标定。对仿真参数校准建议如下:

(1)在数据资源允许的条件下,首推直接法进行参数校准,其方法类似于对输入数据建模的方法;无此条件下才推荐用间接法。

(2)参数初选过程中的多参数敏感性分析和基于统计分析的参数校准实验其思路和方法基本一致,均是统计分析中的实验优化方法。具体采用哪一种方法取决于研究对象的要求和方法特点,一般情况下正交实验即可满足要求。

(3)由于基于启发式算法的方法容易编程实现,因此通过每次仿真运行后改变模型参数进行自动化的迭代优化是目前较为流行的方法。但这种方法可能出现某个参数校准值和实际相差较大的情况,需要在验证阶段慎重选择。

(4)假如分析人员将统计实验优化方案作为解空间放入程序中,或根据实验优化的原理自动生成实验优化方案,也可实现参数的自动化校正。

(5)有经验的工程师可直接跳过参数初选及敏感性分析过程,即直接选择待校准参数(根据仿真对象和目的不同,一般选择5~11个),并根据经验确定其范围和分级水平,采用试验优化方法或启发式优化法进行参数校准。

2)验证

不论是路径流量、通行能力还是系统运行状态指标,它们与系统本身不存在等价关系。严格意义上讲,虽然模型参数经过上述指标的校准,但仍不能完全保证所得的参数可行。类似采用一组数据训练了一个模型,但还需一组新的数据来验证模型的可信度,因此需要经过模型验证这一步骤才算完成模型校正工作。验证主要基于以下几个方面的考虑：

(1)今天的一组数据可行不代表明天类似的一组数据也可行。因此,建议在验证时应用一组新的输入数据来验证经校准的仿真模型是否真正反映仿真对象的真实情况。

(2)如果没有新的输入数据,特殊情况下需重新选择一组或几组新的系统性能评价指标,验证仿真模型是否还能取得较可信的结果。

(3)同时,还有一种非常可能的情况是:经过参数校准环节后,得到若干组在校准过程中具有良好表现的参数值,在这种情况下,究竟选择哪一组参数值作为最终的校准结果,也需要工程师通过验证来选择。

模型验证即利用一组新的数据对模型的可信度进行评价的过程。验证过程分为两个步骤:统计验证和动画验证。

统计验证:与校准过程一样,验证过程也需要采用合适的评价指标。指标的选择可以是在校准过程中使用过的,也可以是其他的(包含在前述的校正指标选择范围内),通常考虑仿真的目的、指标独立性以及可能的误差来源等选择系统运行状态指标。验证指标的数量不必多,选择2~3个即可。对于模型有效性的验证方法包括:①拟合优度检验;②假设检验和置信区间;③仿真结果分布结构检验。通常拟合优度检验即可满足,如果需要进行精细化分析,可再进行假设检验和分布结构检验。

动画验证:动画验证是模型校正过程的最后一步。经过校准和统计验证后,仿真模型依然有可能不能反映现实情况(当然,这种可能性已经被逐渐缩小)。特别是当采用启发式方法对模型参数进行校准时,也许模型给出了数值上的合理解,但参数的实际物理意义和真实情况可能相差较大,这可能导致模型运行出现有违"常规"的情况。此时,需要对模型运行效果进行直接的观察,以检查模型运行情况是否与实际情况存在较大的出入。

动画验证主要依赖交通工程师对建模对象的观察和理解。在动画验证开始时,交通工程师需要根据实际情况列出检查表,清楚地列出需要观察的特征。在特征情况列表的辅助下,工程师需逐个验证特征情况的再现。这个过程类似于错误检查中的动画检查,动画验证的关注点包括:①瓶颈点的位置和数量;②拥挤处的排队和消散情况;③冲突区域和严重程度;④重点路段的速度-流量关系;⑤车辆汇入汇出区域交通行为。

3.6 结果分析

交通仿真分析评价用以考察仿真方案对设计目标的实现程度及效果,包括对交通现状及备选交通设计方案的评价、分析及比选等,为方案优选提供依据。交通设计评价阶段可分为方案实施前评价、设计中评价以及实施后评价,实施后评价可通过现场调查以及观测获取各项指标进行评价,因而仿真分析评价一般多用于前两个阶段,在方案实施前期以及设计中通过仿真实验进行评价可有效预估其实施后效果并及时调整优化。本节主要介绍交通仿真的评价指标选择和仿真方案评价方法。

3.6.1 选择评价指标

评价指标是指能够较好地描述基础方案及替代方案系统性能指标的交通统计量(分析目

标在确定分析范围时即已确定)。合适的评价指标由仿真对象的分析目标和交通工程学中通用的系统性能描述标准共同确定。由于仿真具有对所有交通参与者进行详细分析的能力,仿真模型理论上能够直接或通过二次开发输出分析人员想要的所有评价指标,问题的关键转变为如何构建相应的评价指标体系。

需要注意的是,在数据采集及处理中调查的验证指标(如延误排队、行程时间等)也可以是仿真对象的评价指标,但仿真对象的性能评价指标不局限于这些验证指标,可从系统整体及局部(瓶颈点、敏感点等)的角度对方案进行综合评价。系统整体性能的许多评价指标可直接或间接地通过以下3个基本指标计算:①车辆总出行距离(Vehicle kiloMeters Traveled,VMT);②车辆总行驶时间(Vehicle Hours Traveled,VHT);③系统平均车速(System Mean Speed,SMS)。

1)车辆总出行距离(VMT)

VMT表示系统总的出行需求(包括出行次数和出行距离两个方面)。VMT增加,出行需求也会增加(表现为小汽车、公共汽车和自行车出行量的增加)。VMT的计算方法是,先将经过某个路段的车辆数与该路段的长度相乘,再对所有路段的乘积求和。由于计算VMT时结合了系统中的车辆数和每辆车的出行距离,如果在仿真期内,系统中的车辆数和每辆车的出行距离发生变化,均将影响VMT。下列因素会影响VMT的变化:

(1)出行需求发生变化;

(2)拥堵情况发生变化,这会导致车辆选择其他路径(拥堵增加可能会使得仿真期内能够走完全程的车辆数减少,从而降低VMT);

(3)在仿真时期内,模型未能将已编码的出行需求加载至路网中(拥堵增加,车辆加载点处出现瓶颈,这将导致一些车辆无法进入路网,从而减少交通量的生成)。

2)车辆总行驶时间(VHT)

VHT表示对系统中总的行驶时间的估计。VHT减小表示系统性能指标得到改善,公众的出行成本降低。VHT的计算方法是先将各个路段上的流量和路段上的行程时间相乘,再对所有路段的乘积求和。由于计算VHT时结合了系统中的车辆数和每辆车的行程时间,如果出行需求(出行车辆数)和拥堵情况(行程时间)发生变化,均将影响VHT。

3)系统平均车速(SMS)

SMS是一个表征系统总体性能的指标。车速较快表示公众的出行成本会降低,平均系统车速可以由行驶车×公里数(VMT)和行驶车×小时数(VHT)根据式(3-1)计算:

$$\text{SMS} = \frac{\text{VMT}}{\text{VHT}} \quad (3\text{-}1)$$

下列因素会引起平均系统车速发生变化:

(1)某个替代方案和另一个替代方案之间的随机变化;

(2)路段上的车速发生变化以及由于发生拥堵而造成延误;

(3)拥堵导致车辆行驶路径发生变化;

(4)出行需求变动;

(5)车辆加载点处过度拥堵,致使被阻滞在路网外的车辆数发生变化。

除了评价系统的整体性能,建模人员通常还需要对局部(点或者路段)进行评价。无论是局部还是瓶颈点评价,分析人员须注意表示交通量和拥堵状况的两类指标。交通量是必须包含的指标,但如果仅采用交通量评价交通运行情况,某个断面的交通量低,是因为交通需求少还是因为前方拥堵造成流量低,无法仅靠交通量的数据进行判别。除交通量外,对于路段,常见的评价指标是行程时间、车流密度及排队长度等;对于交叉口,常见的评价指标是延误、排队长度、二次停车率等。对于以上评价指标,需要注意:

(1)这些指标一般也是验证指标,因此指标的定义需要和基础数据采集时的定义一致,并确认能够通过统计检验。

(2)为了对比评价方便,这些指标一般应包括度量仿真对象服务水平的指标,如交叉口延误、公路密度等。

(3)排队长度一般通过现场调查得出,车辆处于什么状态属于排队?最大排队长度如何定义?除了要和软件中的定义一致外,还需对调查人员进行一定的培训。

(4)上述指标带有集计的性质,一般是小时或者半小时计的平均量,假如进行精细化分析,建议采集其分布特征,并和不同方案进行比较。如每个周期交通量、排队长度的变化曲线和另一个方案的对比。

除了上述"常规"的评价指标,分析人员有时须挖掘瓶颈点处的交通流运行特征,因此还需评估瓶颈点的位置、瓶颈点处的排队长度、瓶颈前后的通行能力、车辆延误、消散时间、出现瓶颈的原因等。路段拥堵是评估瓶颈点重要的指标,一批排满了路段并阻塞了上游交叉口的车队,会对系统性能指标产生显著的影响。在仿真期内,当计算的排队车辆数等于(实际上可能超过)路段容量时,可以通过产生一份路段排队溢出报告来判断产生排队溢出的路段和次数。另外,信号相位失效,如提供的绿灯时间不足以清空排队车辆,如果几个信号周期后排队仍在增加,则说明可能存在运行瓶颈问题。分析人员应当形成一份信号相位失效报告,指出何时何地绿灯时间不足以清空所有的排队车辆。同时,速度/密度累计图及车辆时空图是较好的评价手段,可以帮助分析人员或者决策人员迅速地找到瓶颈出现的位置及其演化的情况。

3.6.2 仿真方案评价

道路网络模型的基本组成部分主要包括节点和路段,因而仿真分析评价可以从节点、路段、路网三个层面展开,三个不同层面对应的评价指标和评价方法具有差异性。

1)节点评价

节点是指车道特征发生改变的地区,如交叉口、车道增加或减少的变化点、行人过街设施、弯道起终点等。节点是道路通行能力的瓶颈,往往制约了整条道路乃至整个路网的服务水平,因而节点评价相较于整个路网较为重要。在交叉口,除了受前车驾驶人驾驶行为的约束外,驾驶人还受到交叉口交通控制和管理设施或措施的影响,此时交叉口车辆的行驶状态与路段车辆的行驶状态既有共同点又存在很大的差别,因而通常需要单独分析评价。

节点评价多用于对交叉口几何设计及信号配时方案的评价分析,以及多种交叉口设计方案比选。节点评价通常采用延误、停车、排队、饱和度等指标对交叉口效率进行评价,相应需设置车辆检测器,检测车道流量,并通过检测车辆的到达与离开获取部分效率评价指标。节点评价是对路网中的用户定义区域进行自动数据采集,主要是为了收集交叉口的特定数据而设计,无须手动设置各个交叉部分的数据采集器。

2)路段评价

路段是把节点连接起来形成可供车辆行驶的车道。通过路段评价可对路段横断面、道路线形等设计合理性、沿线进出交通影响及路段安全性进行评价分析。通过平均速度、平均车头时距、饱和度、通行能力等指标可对路段通行效率进行评估分析,通过车辆加减速特性、速度分布特征可考察路段的安全性以及行驶平顺性。

3) 路网性能评价

路网性能评价则从范围相对较广的区域层面,对路网形态结构、各等级道路配比、用地分配合理性以及路网效率等进行评估分析。路网性能评价计算整个仿真运行的一些参数,一般无须进行定义;如果需获取更多信息的输出数据,则须对路网性能评价配置相关参数。

思考题

1. 什么情况下须对项目进行交通仿真分析?
2. 简述交通仿真基本步骤。
3. 请阐述静态数据和动态数据采集的异同,并说明各自适用于哪些类型问题的仿真。
4. 简述模型校正、校准、验证概念的区别。
5. 绘制交通仿真的流程图。

第 4 章

交通系统仿真模型

　　交通仿真模型是仿真的灵魂,是决定交通仿真是否真实的关键。本章将介绍交通生成模型、车辆跟驰模型和车辆换道模型、城市交叉口信号控制模型与高速匝道控制模型,这些模型是微观交通仿真中不可或缺的核心组件。交通生成模型用于模拟交通流的起点和流量,确定车辆进入交通网络的时机和位置;车辆跟驰模型描述车辆在车道内的纵向行为,包括加速、减速和保持车距等;车辆换道模型则模拟车辆在多车道环境下的横向行为,涉及车辆换道决策和执行的复杂过程。交叉口信号控制模型基于交通信号配时方案,采用优化算法(如线性规划或强化学习)建立以最小化延误或最大化通行效率为目标的控制模型;通过分析主线交通流与匝道交通流的动态特性,高速匝道控制模型结合元胞自动机、微分方程或排队论模型,构建以控制匝道车辆输入率、优化主线通行能力和减少拥堵为目标的模型。通过对这些模型的深入理解和应用,有助于掌握交通仿真的内核,为进一步建立逼真的交通仿真系统提供坚实的基础。

4.1 交通生成模型

　　在进行交通系统仿真时,需要考虑的是道路上交通流的输入问题,交通生成模型是交通系统仿真中最基本的模型。在现实的交通流中,车辆到达具有随机性,必须确定车辆到达分布与相应的车头时距分布情况。本节重点描述车辆的到达分布模型和车头时距分布模型。

4.1.1 车辆到达分布模型

在建立交通仿真模型时,必须考虑道路上车辆到达的分布情况,这一情况往往是离散型分布。因此,离散型分布常用于对一定的时间间隔内随机到达的车辆数情况进行描述,同时也可用于描述一定的路段上分布的车辆数。常见的离散型分布包括泊松分布、二项分布、负二项分布,其中以泊松分布最简单,使用最为广泛。

1)泊松分布

(1)适用条件

车流密度不大,车辆间相互影响较微弱,其他外界干扰因素基本不存在,即车流到达随机。

(2)基本公式

$$P(x) = \frac{(\lambda t)^x}{x!} e^{-\lambda t} \quad (x = 0,1,2,\cdots) \qquad (4\text{-}1)$$

式中,$P(x)$ 为在计数间隔 t 内到达 x 辆车的概率;λ 为车辆平均到达率(辆/s);t 为每个计数间隔持续的时间(s);e 为自然对数的底。

若令 $m = \lambda t$(m 指在计数间隔 t 内平均到达的车辆数,则又称为泊松分布的参数),则利用基本公式可得递推公式:

$$P_0 = e^{-m}$$
$$P_{x+1} = \frac{m}{x+1} P_x \qquad (4\text{-}2)$$

(3)参数估计

采用泊松分布拟合观测数据时,参数 m 可按下式计算:

$$m = \frac{\sum_{i=1}^{n} x_i f_i}{\sum_{i=1}^{n} f_i} = \frac{1}{N} \sum_{i=1}^{n} x_i f_i \qquad (4\text{-}3)$$

式中,n 为观测数据的分组数;f_i 为观测周期 t 内到达 i 辆车发生的频率;N 为观测的总周期数。

方差可按下式计算:

$$s^2 = \frac{1}{N-1} \sum_{i=1}^{n} (x_i - m)^2 \qquad (4\text{-}4)$$

由概率论可知,泊松分布的均值 M 与方差 D 均等于 λt,即 $\frac{D}{M} = 1$。当观测数据表明 $\frac{D}{M}$ 显著地不等于 1 时,表明泊松分布不适用。

2)二项分布

(1)适用条件

适用于描述高流量,即车流处于拥挤状态,车辆行驶的自由度小,较为均匀地通过的交通流。

(2)基本公式

$$P(x) = C_n^x \left(\frac{\lambda t}{n}\right)^x \left(1 - \frac{\lambda t}{n}\right)^{n-x} \quad (x = 0,1,2,\cdots,n) \quad (4-5)$$

式中,$P(x)$为在计数间隔 t 内到达 x 辆车的概率;λ 为车辆平均到达率(辆/s);t 为每个计数间隔持续的时间或距离;n 为正整数。

其中,通常记 $p = \dfrac{\lambda t}{n}$,则二项分布可表示为:

$$P(x) = C_n^x p^x (1-p)^{n-x} \quad (x = 0,1,2,\cdots,n) \quad (4-6)$$

式中,$0 < p < 1$,n,p 常称为分布参数。

式(4-6)可计算在计数间隔 t 内恰好到达 x 辆车的概率。此外,还可计算:

车辆到达数小于 x 的概率:

$$P(X < x) = \sum_{i=0}^{x-1} C_n^i p^i (1-p)^{n-i} \quad (4-7)$$

车辆到达数大于 x 的概率:

$$P(X > x) = 1 - \sum_{i=0}^{x-1} C_n^i p^i (1-p)^{n-i} \quad (4-8)$$

其余类推,递推公式为:

$$P_{i+1} = \frac{n-i}{i+1} \cdot \frac{1-P}{P} \cdot P_i \quad (4-9)$$

(3)参数估计

采用二项分布进行拟合时,参数 p 和 n 值可按下式计算:

$$\begin{cases} p = \dfrac{m - s^2}{m} \\ n = \dfrac{m^2}{p} = \dfrac{m^2}{m - s^2} \end{cases} \quad (n \text{ 取正整数}) \quad (4-10)$$

式中,m 和 s^2 分别为样本的均值与方差。

由此可得,二项分布的均值 $M = np$,方差 $D = np(1-p)$。显然 $D < M$,即 $D/M < 1$,这是二项分布与泊松分布的显著区别,表征二项分布到达的均匀程度高于泊松分布。当观测数据表明 D/M 显著大于 1 时,表示二项分布不适用。

3)负二项分布

(1)适用条件

当到达的车流波动性很大,或当以一定的计算间隔观测到达的车辆数,而其间隔长度一直延续到高峰期间与非高峰期间两个时段时,观测数据则可能会具有较大的方差,此时应使用负二项分布拟合观测数据。

(2)基本公式

$$P(x) = C_{x+k-1}^{k-1} p^k (1-p)^x \quad (x = 0,1,2,\cdots) \quad (4-11)$$

式中,p、k 为负二项分布参数;$0 < p < 1$,k 为正整数;其余符号意义同前。

式(4-11)可计算在计数间隔 t 内恰好到达 x 辆车的概率。车辆到达数大于 x 的概率可由下式计算:

$$P(X>x) = 1 - \sum_{i=0}^{x} C_{x+k-1}^{k-1} p^k (1-p)^x \tag{4-12}$$

其余类推,递推公式为:

$$\begin{cases} P(0) = p^k \\ P(x) = \dfrac{x+k-1}{x}(1-p)P(x-1) \quad (x \geq 1) \end{cases} \tag{4-13}$$

(3)参数估计

采用负二项分布拟合观测数据时,参数 p、k 可由下列关系式估算(k 值计算结果取整):

$$\begin{cases} p = \dfrac{m}{s^2} \\ k = \dfrac{m^2}{s^2 - m} \end{cases} \tag{4-14}$$

式中,m 和 s^2 分别为样本的均值与方差。

由概率论可知,负二项分布的均值 $M = k(1-p)$,方差 $D = k(1-p)/p^2$,因此 $M < D$,即 $D/M > 1$。因此,当 $\dfrac{s^2}{m}$ 显著小于 1 时,表示负二项分布不适用。

4.1.2 车头时距分布模型

车流到达的统计规律除了可用离散型分布描述外,还可用车头时距分布来描述,这种分布属于连续型分布。常见的车头时距连续型分布包括负指数分布、移位负指数分布、爱尔朗分布及韦伯分布。

1)负指数分布

(1)适用条件

负指数分布用于描述有充分超车机会的单列车流和密度不大的多列车流的车头时距分布。它常与泊松分布相对应,即当道路上的车辆达到服从泊松分布时,车辆的车头时距服从负指数分布。

(2)基本公式

$$P(h > t) = e^{-\lambda t} \tag{4-15}$$

式中,$P_{h>t}$ 为到达的车头时距 h 大于 t 秒的概率;λ 为车流的平均到达率(辆/s)。

负指数分布的基本公式可由泊松分布公式推导。设车流对于任意的间隔时间 T,其到达分布均服从泊松分布,则对任意 t,如果在 t 内无车辆到达,则连续到达两辆车之间的时差必大于 t,换言之:

$$P_0 = e^{-\lambda t} = P(h > t) \tag{4-16}$$

设车流的流量为 Q(辆/h),则 $\lambda = Q/3600$,于是上式可改写为:

$$P(h > t) = \exp\left(-\dfrac{Q}{3600}\right) \tag{4-17}$$

负指数分布的概率密度函数为:

$$P(t) = \dfrac{\mathrm{d}}{\mathrm{d}t}[1 - P(h > t)] = \lambda e^{-\lambda t} \tag{4-18}$$

(3) 参数计算

负指数分布的总体均值：

$$m = T = \frac{1}{\lambda} \tag{4-19}$$

负指数分布的总体方差：

$$s^2 = t^2 = \frac{1}{\lambda^2} \tag{4-20}$$

2) 移位负指数分布

(1) 适用条件

移位负指数分布用于描述不能超车的单列车流和车流量低的车流的车头时距分布。

(2) 基本公式

$$P(h>t) = e^{-\lambda(t-\tau)} \quad (t \geq \tau) \tag{4-21}$$

其概率密度函数为

$$p(t) = \begin{cases} \dfrac{1}{T-\tau} e^{-\frac{t-\tau}{T-\tau}} & (t \geq \tau) \\ 0 & (t < \tau) \end{cases} \tag{4-22}$$

其中：

$$T = 1/\lambda$$

移位负指数分布的期望值和方差分别为：

$$M = \frac{1}{\lambda} + \tau \tag{4-23}$$

$$D = \frac{1}{\lambda^2} \tag{4-24}$$

(3) 参数估计

采用移位负指数分布拟合观测数据时，参数 λ 估计的计算与负指数分布中的方法相同。参数 τ 估值取实测数据中最小的车头时距值，通常 $\tau = 1.0 \sim 1.5s$。

服从移位负指数分布的车头时距，越接近 T，其出现的可能性越大，如图4-1所示。这在一般情况下并不符合驾驶人的心理习惯和行车特点。在统计意义上，具有中等反应灵敏度的驾驶人占大多数，他们在安全条件下行车时倾向于保持较短的车间距离，只有小部分反应特别灵敏或较冒失的驾驶人才会不顾安全地去追求更短的车间距离。因此，车头时距分布的概率密度曲线一般是先升后降。为了克服移位负指数分布的这种局限性，可采用其他更为通用的连续型分布，如韦布尔分布、爱尔朗分布等。

3) 韦布尔分布

(1) 适用条件

韦布尔分布适用范围广泛，当负指数分布、移位负指数分布不能拟合实测的车头时距时可选用韦布尔分布。另外，速度的分布也可用韦布尔分布来描述。

(2) 基本公式

$$P(h \geq t) = \exp\left[-\left(\frac{t-\gamma}{\beta-\gamma}\right)^\alpha\right] \quad (\gamma \leq t < \infty) \tag{4-25}$$

式中，β、γ、α 为分布参数，取正值，且 $\beta < \gamma$；γ 为起点参数；α 为形状参数；β 为尺度参数。显然，负指数分布和移位负指数分布是韦布尔分布的特例，韦布尔分布曲线如图4-2所示。

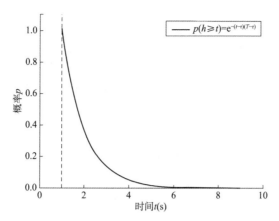

图 4-1 移位负指数分布

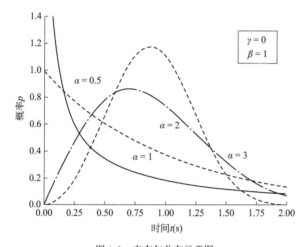

图 4-2 韦布尔分布示意图

韦布尔分布的概率密度函数为：

$$\begin{cases} p(t) = \dfrac{\mathrm{d}[1-P(h \geq t)]}{\mathrm{d}t} = \dfrac{1}{\beta-\gamma}\left(\dfrac{t-\gamma}{\beta-\gamma}\right)^{\alpha-1} \exp\left[-\left(\dfrac{t-\gamma}{\beta-\gamma}\right)^{\alpha}\right] \\ C_s = \dfrac{\sum\limits_{i=1}^{n}(t_i-m)^3}{(n-3)S^3} = \dfrac{\sum\limits_{i=1}^{g}(t_i-m)^3 f_i}{(n-3)S^3} \end{cases} \quad (4\text{-}26)$$

(3) 参数估计

① 计算所观测车头时距 t 的样本均值 m 和方差 S^2，并计算样本分布的偏倚系数 C_S；
② 由 C_S 查韦布尔分布拟合用表，得 $1/\alpha$、$B_{(\alpha)}$、$A_{(\alpha)}$，可计算出 α；
③ 由 $\beta = m + S \cdot A_{(\alpha)}$，$\gamma = \beta - S \cdot B_{(\alpha)}$，得出 β、γ 估计值，即可建立韦布尔分布。

韦布尔分布适用范围较广，交通流中的车头时距分布、速度分布等一般均可用韦布尔分布描述。实践也表明，对具有连续型分布的交通流参数进行拟合，韦布尔分布常常具有与皮尔逊Ⅲ型分布、复合指数分布、对数正态分布和正态分布同样的效力。韦布尔分布拟合步骤不复杂，分布函数也比较简单，因此，当使用最简单的负指数分布或移位负指数分布不能拟合实测数据时，选用韦布尔分布拟合是较好的选择之一。

4)爱尔朗分布

(1)适用条件

爱尔朗分布也是较为通用的描述车头时距、速度等交通流参数分布的概率分布模型,分布系数中参数"l"可反映自由车流和拥挤车流之间的各种车流情况。l 值越大,车流越拥挤,驾驶人自由行车越困难。因此,l 值是非随机性度的粗略表示,即车流的非随机性程度随 l 值的增加而增加。

(2)基本公式

根据 l 值的不同,分布函数具有不同的形式,分布曲线如图4-3所示,累积的爱尔朗分布可表示为如下形式:

$$P(h \geq t) = \sum_{i=0}^{l-1}(\lambda l t)^i \frac{e^{-\lambda l t}}{i!} \tag{4-27}$$

当 $l=1$,简化为负指数分布;

当 $l=2$,$P(h \geq t) = \left[1 + \left(\frac{lt}{T}\right)\right] e^{-klt}$;

当 $l=3$,$P(h \geq t) = \left[1 + \left(\frac{lt}{T}\right) + \left(\frac{lt}{T}\right)^2 \frac{1}{2!}\right] + e^{-klt}$;

当 $l=4$,$P(h \geq t) = \left[1 + \left(\frac{lt}{T}\right) + \left(\frac{lt}{T}\right)^2 \frac{1}{2!} + \left(\frac{lt}{T}\right) \frac{1}{3!}\right] + e^{-klt}$。

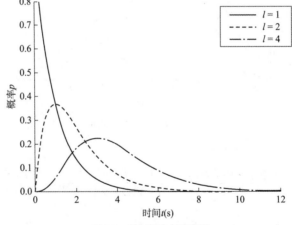

图4-3 爱尔朗分布示意图

爱尔朗分布的概率密度函数为:

$$p(t) = \lambda e^{-\lambda t} \frac{(\lambda t)^{l-1}}{(l-1)!} \quad (l=1,2,3,\cdots) \tag{4-28}$$

若 $l \to \infty$,表示车流均匀到达,车头时距相同,此时说明车辆间相互制约程度增大,处于饱和边缘。因此,l 的取值大小可反映从畅行车流到拥挤车流的各种车流运行状态。

(3)参数估计

参数 l 由观测数据的均值 m 和方差 s^2 估计得出:

$$l = \frac{m^2}{s^2} \tag{4-29}$$

注:四舍五入取正整数。

4.2 车辆跟驰模型

车辆跟驰模型是交通系统仿真中最重要的动态模型,用以描述无法超车的同一车道中相邻车辆间(主要指相邻的前后两车)的相互作用。在微观交通流条件下,车辆的纵向行为研究聚焦于前后两车之间,后车的跟驰行为取决于前车行为的变化。

4.2.1 车辆跟驰特性分析

1)适用范围

车辆跟驰模型是从交通流的基本元素——人车单元的运动和相互作用的层次上分析单车道交通流的特性。通过求解跟驰模型,不仅可以得到任意时刻车队中各辆车的速度、加速度和位置等参数,描述交通流的微观特性,还可以进一步推导得到平均速度、密度、流率等参数,描述交通流的宏观特性。通过了解和认识交通流宏、微观特性,可对交通设施规划设计、管理控制等方案进行决策优化,有效解决各类交通问题。

例如,基于车辆跟驰模型的单车道交通流分析,可剖析隧道和瓶颈路段车流特性;可从机理上分析通行能力,定量给出反映驾驶人行驶自由性的指标,定量描述服务水平;可用于检验通信技术和车辆辅助驾驶控制策略[如自适应巡航控制(Adaptive Cruise Control,ACC),协同自适应巡航控制(Cooperative Adaptive Cruise Control,CACC)等],减少追尾碰撞事故,分析交通流稳定性。自20世纪80年代后期以来,车辆跟驰模型的研究基本上均是基于开发交通流仿真模型或模拟驾驶行为。

2)基本假设

车辆跟驰模型的基本假设是:

(1)在不允许超车的单一车道上,道路平直,无交叉口或匝道。

(2)在前方车辆较远时,驾驶人采取自由驾驶,并尽可能达到所允许的最大行驶速度,该最大速度由道路约束、车辆动力学约束和法律法规等综合决定;当车头间距在100~150m以内时,车辆间存在相互影响,驾驶人采取跟驰驾驶。

(3)跟驰驾驶时,驾驶人观测前方临近车辆的运行来调整本车的运动,特别是观察本车车辆的速度、加速度乃至加速度的变化速率,前车与本车的车辆间距、相对速度、相对加速度等。从控制论的角度而言,单个车辆的跟驰模型是一个不可分解的持续调整反馈控制系统(Feedback-Control System),如图4-4所示,而整个车队的跟驰模型是一个可以分解为单个车辆跟驰模型的序贯级联系统(Cascade System)。

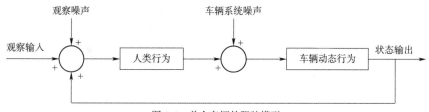

图4-4 单个车辆的跟驰模型

(4)驾驶人根据以往和当前的信息进行判断,不能采取违反因果律的行为。

(5)驾驶人可以有不同的驾驶习惯,驾驶人的驾驶行为并未总是及时、正确。

3)跟驰特性

车辆跟驰特性主要包括:

(1)制约性。车辆在跟驰过程中需要遵守一定的速度和间距规则,这些规则来源于交通法规、驾驶人的驾驶习惯及车辆的性能限制。例如,在高速公路上,车辆需要保持安全车距,以避免紧急情况下的碰撞。此外,车辆的加速和减速能力也会影响其跟驰行为。

(2)延迟性。驾驶人对前车状态变化的反应存在一定的延迟,这种延迟可能由于驾驶人的注意力分散、反应时间的个体差异或车辆的制动性能等因素造成。延迟性的存在可能导致交通流的波动和拥堵,因此,研究驾驶人的反应特性对于优化交通流管理具有重要意义。

(3)传递性。交通流中的车辆相互影响,第 n 辆车的运行状态制约着第 $n+1$ 辆车的运行状态,状态改变可传递至整个车队。这种传递效应可能导致交通流的连锁反应,如拥堵波的传播。研究传递性可以帮助理解交通流的动态特性,设计有效的控制策略,如交通信号协调控制、车辆编队控制等。

4.2.2 车辆跟驰模型

根据研究车辆跟驰行为的动机,可把车辆跟驰模型分为基于交通工程的跟驰模型与基于统计物理的跟驰模型,具体分类如图4-5所示。

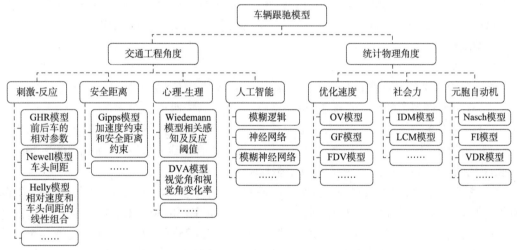

图4-5 车辆跟驰模型分类

一般而言,从交通工程角度分析,跟驰模型侧重于对驾驶人微观行为的描述;从统计物理角度分析,跟驰模型侧重于描述宏观交通特性。以下对几类典型的车辆跟驰模型进行介绍。

1)刺激-反应类模型

刺激-反应类模型是最早被提出的跟驰模型,它试图构建交通环境中因为前车运行状态的改变而对驾驶人产生的影响与驾驶人采取的举动之间的关系。前者被认为是交通环境对驾驶人产生的一种刺激(Stimulus),后者则被称为驾驶人面对刺激做出的反应(Response)。刺激-反应类模型使用敏感系数(Sensitivity)来连接刺激和响应,构建起驾驶人受到的刺激和做出的反应之间的关系。该类模型形象表征了跟驰行为的本质特征,后续的大多数同类模型均是以此为基础从不同角度进行了补充和扩展。其中,GM 模型作为最早的刺激-反应类模型,是该类模型的典型代表。

(1) GM 模型

GM(General Model)模型最早由美国通用汽车公司汽车研究实验室的 Chandler、Herman 和 Montroll 等人于 1958 年提出,是一类经典的跟驰模型(图 4-6),其表达式如式(4-30)所示:

$$a_i(t+\tau) = \lambda [v_{i-1}(t) - v_i(t)] \tag{4-30}$$

式中,$a_i(t+\tau)$ 为后车 i 的加速度;τ 为驾驶人反应时间;$v_{i-1}(t)$ 为前车 $i-1$ 在 t 时刻的速度;$v_i(t)$ 为后车 i 在 t 时刻的速度;λ 为反应灵敏系数,$\lambda > 0$。

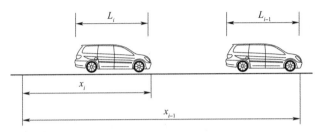

图 4-6 GM 跟驰模型

该模型假设后车当前时刻的加速度取值源自对反应时间 τ 前,后车和前车之间速度差的响应,并认为加速度的取值与速度差成正比。对于该模型,前车速度大于后车速度时,后车会采取加速决策,反之会减速。只有当两车速度相等时,后车的速度才会稳定。该模型能够体现后车跟驰响应的延迟性以及后车驾驶人在主观上希望与前车保持相对不变的驾驶速度的考虑。该模型作为线性模型,具有模型结构简单、求解速度快、标定参数少的特点。

(2) GM 模型的改进和 GHR 模型

GM 模型能够在一定程度上对跟驰行为进行简单的刻画,但由于建模过于简化,存在很多不符合驾驶行为常规之处。例如,在跟驰车辆距离前车较远时,其对前车速度变化的响应会比近距离时弱,加速度的变化也会相对较小;此外,当跟驰车辆行驶速度较快时,车辆对前车速度变化的响应也会更大。因此,灵敏系数 λ 不应为常数,而应和跟驰车辆自身的速度以及与前车的距离之差有关。综合以上两个因素,最初的 GM 模型被改进为式(4-31):

$$a_i(t+\tau) = \lambda \frac{v_i(t+\tau)}{x_{i-1}(t) - x_i(t)} [v_{i-1}(t) - v_i(t)] \tag{4-31}$$

式中,$v_i(t+\tau)$ 为后车 i 在 $t+\tau$ 时刻的速度;$x_{i-1}(t)$ 和 $x_i(t)$ 分别表示前车 $i-1$ 和后车 i 在 t 时刻的位置。

改进后的 GM 模型考虑了更多的因素,将反应灵敏度视为两车间距和跟驰车辆速度的函数。然而,没有证据和理论能够支撑改进后的 GM 模型中的灵敏系数恰好与跟驰车辆速度和车间距为线性相关。Gazis 等在式(4-31)的基础上给出了更具一般性的 GHR 模型,如式(4-32)所示:

$$a_i(t+\tau) = \lambda \frac{[v_i(t+\tau)]^m}{[x_{i-1}(t) - x_i(t)]^l} [v_{i-1}(t) - v_i(t)] \tag{4-32}$$

式中,m 和 l 为待定系数($m,l \geq 0$),可根据实际的车辆跟驰数据进行标定。

该模型为 GM 模型最一般的形式,该模型在交通流理论和交通仿真中得到了广泛应用。

GHR 模型除了能够反映车辆跟驰行为的基本特征,还能通过积分变化构造出不同的交通流基本图模型,从而连接起宏观交通流平衡态特性和微观车辆动力学特性,是交通流理论的重要组成部分。然而,GHR 模型也存在局限性,例如前方没有车辆时,该模型无法工作,无法模拟路口红灯相位结束时车辆的启动行为。此外,该模型没有考虑驾驶人对保持适当车间距的需求,这也导致该模型在仿真过程中无法将车间距调整到驾驶人期望的状态。

2)间距类模型

除了从驾驶人反应特性和期望与前车达成相对不变的驾驶状态的角度之外,另一些研究者希望从驾驶安全性的角度来描述跟驰行为,建模的核心在于驾驶人总是试图与前方车辆保持一个安全的行车距离,这个行车距离能够保证无论前车采取什么样的行为,跟驰车辆总能通过减速确保安全。该类模型的代表为由 Gipps 等于 1981 年提出的安全距离类跟驰模型。

(1) Gipps 模型

Gipps 综合考虑车辆加速度和安全车头距离的约束,通过计算跟驰车辆的速度来模拟跟驰行为。其建模思想来源于驾驶安全准则:"后车驾驶人任何时刻必须与前车保持充足车距,确保当前车突然停止时跟驰车辆能够安全停止,从而避免碰撞。"Gipps 模型的表达式如式(4-33)所示:

$$v_i(t+\tau) = \min \begin{cases} v_i(t) + 2.5 A_i \tau \left[1 - \dfrac{v_i(t)}{v_f}\right]\sqrt{0.025 + \dfrac{v_i(t)}{v_f}} \\ B_i\tau + \sqrt{(B_i\tau)^2 + B_i\left[v_i(t)\tau + \dfrac{v_{i-1}^2(t)}{B_{i-1}} + 2 l_{i-1} - 2s_i(t)\right]} \end{cases} \quad (4\text{-}33)$$

式中,对于车辆 i,A_i 为最大加速度,v_f 为期望速度,B_i 为制动减速度,l_i 为车身长度,$s_i(t)$ 为与前车质心之间的间距,即 $s_i(t) = x_{i-1}(t) - x_i(t)$,式(4-33)中比较的两项分别为自由流状态下的速度和跟驰状态下的速度。

Gipps 模型直接计算速度来实现对车辆跟驰状态的模拟,通过对最不利的极端场景分析,得到跟驰间距和行驶速度之间的绝对安全条件,能够覆盖各种复杂跟驰场景的跟驰行为。

Gipps 模型也存在一些不足,例如该模型包含两个方程,模型结构过于复杂,不利于解析分析;此外,该模型对跟驰行为的建模过于消极,最不利的极端场景在实际中发生的概率较低,不符合一般驾驶人的特性,导致实际跟驰距离远小于 Gipps 模型计算的距离,这也使得 Gipps 模型对车辆跟驰行为的表征过于保守。

(2) Krauss 模型

与 Gipps 模型类似,Krauss 与 1998 年也提出了基于安全距离的跟驰模型。该模型基于牛顿运动定理,相对于 Gipps 模型,Krauss 模型公式结构相对简单,而且能够避免车辆碰撞,其模型表达式为:

$$\begin{cases} v_{\text{safe}}(t) = -B_i\tau + \sqrt{(B_i\tau)^2 + v_{i-1}^2(t) + 2(s_i(t) - l_{i-1})} \\ v_{i0}(t) = \min[v_i(t) + A_i\Delta t, v_{\text{limit}}, v_{\text{safe}}(t)] \\ v_i(t) = \max[0, v_{i0}(t) - \text{rand}(0, \epsilon A_i)] \end{cases} \quad (4\text{-}34)$$

式中，v_{limit} 为道路限速；ϵ 为随机因子（Imperfection Parameter）。每辆车会因为自车性能、驾驶方式等因素并不一定按照上述速度行驶，因此，引入随机因子对跟驰车辆的速度进行随机化调整。该模型应用于 SUMO 仿真软件，刻画交通流中车辆的跟驰行为。

3）优化速度类模型

除了从驾驶人面对刺激产生的反应和安全驾驶的角度对跟驰行为进行建模之外，部分学者认为跟驰行为的本质是驾驶人对最佳驾驶状态的追求，以这类思想建立的模型统称为优化速度类模型。模型中最佳驾驶状态被假设为一个特定的速度-间距函数关系，在这样的前提下跟驰车辆的加速度与当前状态和最佳状态的差异相关。

（1）Newell 模型

最早的优化速度类模型由 Newell 于 1961 年提出，该模型认为：驾驶人对于各种跟驰距离均存在与之唯一对应的优化速度，在此基础上构建的优化速度与跟驰距离之间的函数关系如下：

$$V(s_i(t)) = v_f(1 - e^{-\frac{L}{v_f}(s_i(t) - l)}) \tag{4-35}$$

式中，$V(\cdot)$ 为优化速度函数；v_f 为期望速度或自由流速度；l 为优化速度函数在速度为 0 时关于车间距的倒数。

因为实际车辆速度与优化速度往往并不一致，Newell 模型假设驾驶人总是向优化速度逼近。事实上，当前时刻的速度很难达到优化速度，但该模型认为改变存在滞后性，因此，只需在给定 τ^* 时刻后达到当前时刻的优化速度即可，车速调整方程如下：

$$v_i(t + \tau^*) = v_f(1 - e^{-\frac{L}{v_f}(s_i(t) - l)}) \tag{4-36}$$

Newell 模型的本质是调整当前速度和最优速度之间的关系，当跟驰车辆和前车速度一致、间距也不发生变化时，跟驰车辆的速度也不会发生改变。然而，由于 τ^* 是人为设定，且最优速度一般相对当前速度较大，该模型容易返回一个较大的车辆加速度，在车辆运动的平滑性和真实性上存在一定缺陷。

（2）OV 模型

OV（Optimal Velocity）模型由 Bando 于 1995 年提出，与 Newell 模型不同的是，OV 模型会根据当前车速和优化速度的差值来直接调整加速度值，通过这样的方式来改进原有 Newell 模型加速度可能取值过大的问题。OV 模型公式如下：

$$\begin{cases} a_i(t) = \alpha(V(s_i(t)) - v_i(t)) \\ V(s_i(t)) = \dfrac{v_f}{2}[\tanh(s_i(t) - h_c) + \tanh(h_c)] \end{cases} \tag{4-37}$$

式中，α 为敏感系数；h_c 为形态系数。

h_c 的取值会影响由 OV 模型积分得出的宏观交通基本图形态。OV 模型在大多数场景下的表现均优于 Newell 模型，运动更加平滑。但需要指出的是，OV 模型并不能确保跟驰车辆以安全距离停止在前车后方，存在一定的碰撞风险。

（3）FVD 模型

FVD（Full Velocity Difference）模型，又称为全速差模型，由 Jiang 于 2001 年提出。通过融合 OV 模型和 GM 模型，该模型旨在解决跟驰状态中车辆存在的两个问题，一个是如何将车间距调整至合适状态的问题，另一个是如何保证车间距之间的相对稳定问题。FVD 模型表达式如下所示：

$$\begin{cases} a_i(t) = \alpha[V(s_i(t)) - v_i(t)] + \lambda[v_{i-1}(t) - v_i(t)] \\ V(s_i(t)) = V_1 + V_2 \tanh[C_1(s_i(t) - d) - C_2] \end{cases} \quad (4\text{-}38)$$

式中，$s_i(t)$ 为前、后两车车头间距；$V(s_i(t))$ 为最优速度函数；$v_i(t)$ 为后车 i 在时刻 t 的速度；$v_{i-1}(t)$ 为前车 $i-1$ 在时刻 t 的速度；α、λ 分别表示前后车间距和前后车速度差发生变化时后车驾驶人反应时间的倒数，均为定值；V_1、V_2、C_1、C_2、d 为函数参数。

FVD 模型相比 OV 模型增加了速度差项，对前车速度变化更加敏感。在应用时，优化速度函数还可以根据实际需求进行变换，因此，模型能够覆盖更多的场景。但与 OV 模型类似，FVD 模型亦不能保证跟驰车辆能安全地停止在前车后方。

4）社会力模型

以上模型对跟驰行为的描述从运动学出发，通过加速度方程表达。而从牛顿力学定律出发，物体的加速度变化来源于作用于该物体上合力的变化。社会力模型的建模思想即在于认为跟驰行为是车辆在环境中多种力的作用下产生的运动，通过分析，由每一项不同大小和方向的分力形成的合力来表征加速度。

（1）IDM 模型

IDM（Intelligent Driver Model）模型又称为智能驾驶人模型，由 Treiber 等人于 2000 年提出。该模型的核心思想是将车辆跟驰视为在多种社会力作用下产生的运动结果，这些力大致可分为驱动力和阻力，与优化速度类模型一样，驱动力源自车辆对达到期望速度的主观渴望，而阻力则源自与前车保持安全距离的客观需求。IDM 模型表达式如下所示：

$$a_i(t) = A_i \left\{ 1 - \left[\frac{v_i(t)}{v_f}\right]^\delta - \left[\frac{s_i^*(t)}{s_i(t)}\right]^2 \right\} \quad (4\text{-}39)$$

$$s_i^*(t) = s_0 + \max\left\{0, v_i(t)\tau + \frac{v_i(t)[v_{i-1}(t) - v_i(t)]}{2\sqrt{A_i b_i}}\right\} \quad (4\text{-}40)$$

式中，s_0 为跟驰车辆与前车的静止安全间距；δ 为加速度系数；b_i 为车辆舒适减速度。

可将式（4-40）分为两部分，第一部分 $A_i\left\{1 - \left[\frac{v_i(t)}{v_f}\right]^\delta\right\}$ 是车辆运行的驱动力，当前车速和期望车速相差越大，驱动力越大；第二部分 $-A_i\left[\frac{s_i^*(t)}{s_i(t)}\right]^2$ 表示前车对跟驰车辆的运动约束，是车辆运行的阻力。与优化速度类模型不同，IDM 模型允许前后两车之间存在速度差。该模型采用统一的模型形式描述自由流和拥堵流情况下的各种车流行驶状态的跟驰行为，是跟驰模型研究的重要分支，应用于国产 TESS NG 仿真软件中。

（2）LCM 模型

LCM 模型的全称为纵向控制模型（Longitudinal Control Model），由 Ni 于 2015 年提出。其建模思想源于场论，即将道路环境刻画为一个交通场，车辆在道路中行驶会受到场中的吸引力和排斥力作用，其中吸引力原理与 IDM 模型中的驱动力项相同，是驾驶人对期望速度的主观追求，而场阻力则细化为两个方面，除了由于和前车间距过近对跟驰车辆产生斥力之外，车辆的速度也会产生阻力。车辆在交通场中行驶的加速度可以视为吸引力和斥力共同作用的结

果,LCM 模型表达式为:

$$a_i(t+\tau^*) = A_i\left[1 - \frac{v_i(t)}{v_f} - e^{1-\frac{s_i(t)}{s_i^*(t)}}\right] \quad (4\text{-}41)$$

$$s_i^*(t) = \gamma v_i^2(t) - \tau v_i(t) + l \quad (4\text{-}42)$$

式中,γ 为比例系数,由于 LCM 模型和 IDM 模型均属于社会力模型,因而有着相似的模型结构和模型性质。

5) 心理-生理型模型

不同于其他模型侧重于对"车"的建模,心理-生理类模型侧重于关注驾驶人对车辆行驶时的影响,即对"人"的思考过程和思考方式进行建模。对于该类模型,跟驰行为本质上是驾驶人在特定驾驶环境下的驾驶行为,从而导致前后两车运动状态的变化。相较于基于动力学的跟驰模型,心理-生理类模型是一种基于心理学的决策模型。

(1) Michaels 感知界限模型

Michaels 首次将心理学与跟驰模型理论相结合,提出心理-生理模型假设:即在跟驰行为中,驾驶人根据前车运动状态的变化来改变后车的状态。与传统跟驰模型不同的是,Michaels 认为驾驶人作为人类无法直观的感受速度和加速度的变化,而是通过视觉来感知视野中前车尾部的大小变化,从而判断前车的状态。基于以上原理,提出了基于感知界限的模型,如下式所示:

$$\frac{d\theta}{dt} = \frac{-w[v_{i-1}(t) - v_i(t)]}{s_i^2(t)} \quad (4\text{-}43)$$

式中,θ 是驾驶人观察的视角;w 是观察目标的宽度。

Michaels 将车辆的跟驰分为三个阶段:第一个阶段中,两车速度差很小,低于感知阈值,前车在驾驶人的视野中不发生变化,此时驾驶人仅通过感知距离的变化来确定自身对前车是否处于逼近状态;在第二个阶段中,速度差超过感知阈值,视角变化率增大,此时驾驶人会采取减速策略,调整速度差使其视角变化率处于其感知阈值附近;长此以往,便进入第三个阶段,即两车间的速度差为 0,此时驾驶人视野中前方车辆位置不再改变,车辆进入稳定的跟驰阶段。需要注意的是,每个驾驶人的感知阈值不同,会导致采取不同的跟驰行为策略。例如,有的驾驶人对视野内车辆的变化比较敏感,其感知阈值较低,将采取更快的减速来让视野内车辆的大小保持不变。

(2) Wiedemann 行为阈值模型

Wiedemann 模型由 Wiedemann 于 1974 年提出,并在之后有若干改进的版本。以 Wiedemann74 模型为例,该模型根据跟驰车辆与前车的速度差和距离差计算出多个行为阈值,并根据阈值划分四个行为区间,如图 4-7 所示,四个行为区间从上到下分别为自由驾驶(Free Driving)、接近(Approaching)、跟驰(Following)和制动(Braking)。在使用该模型时,需要提前计算各个阈值,根据实时的速度差和车间距选择不同的驾驶行为。

该类模型能够较好地反映驾驶人的心理活动,刻画交通环境的变化对驾驶人行为判断的影响,而且通过引入阈值的概念,能够更全面体现驾驶人的反应特性。然而,该类模型普遍存在参数标定困难、阈值计算复杂等问题,另外,如何正确表征阈值附近的行为,从而确保驾驶人采取的行为连续而不产生跳跃,也是需要解决的问题。

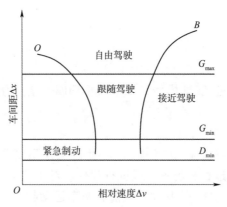

图 4-7 Wiedemann 模型四个行为区间

4.3 车辆换道模型

一般而言,车辆由当前车道变换至相邻车道的行为称为换道行为。该行为是驾驶人根据自身驾驶特性、周围交通流的实时信息(如车速、位置等)以及道路环境信息(如限速、交通管制等)等,调整并完成自身驾驶目标策略的综合过程。

根据微观仿真机制,对车辆行驶行为的描述可分为事件扫描法和时间扫描法两类。事件扫描法以预定事件的出现作为建立仿真程序的依据,用来建立仿真程序的事件必须是对仿真具有重要意义的事件,如车辆换道。时间扫描法将仿真时段分隔为若干个时间间隔,车辆行驶行为的微观仿真模型则描述每辆车在每个时间间隔内根据自车行车状态、周围车辆的行驶状态以及其他道路交通约束条件来决定其下一时刻的行驶行为,也由此确定其在下一时间间隔内的行车状态。现代微观交通仿真系统多采用时间扫描法,该方法更能反映路网车辆连续动态变化的特性。

车辆的行车状态通过车辆的属性变量反映,如车速、加速度、位置等。一般情况下,由车辆行驶行为仿真模型确定车辆在下一时刻的加速度,再根据当前时刻车辆的车速和位置即可确定车辆在下一时刻的速度和位置。基于车道描述车辆的位置,即由车道编号及沿车道行车方向的纵向距离表示。如果车辆进行车道变换后,车辆位置的变化既包括纵向距离的变化,也包括车道编号的变化。

4.3.1 换道行为

换道模型描述的内容为车辆换道行为的整个过程。换道模型一般将换道行为细分为三步:换道意图的产生、车道的选择和换道的实施。车道的选择过程亦是对车道变换的可行性分析的过程。车道选择行为产生两个结果:换至目标车道或维持在原车道。交通仿真软件模拟换道行为的有效性主要取决于车辆换道模型的质量,一般的换道流程如图 4-8 所示。

1) 换道意图的产生

由于换道车辆的行驶速度达不到或者超出了驾驶人的心理期望值,也可能由于当前车道发生交通事故,或遇到车道使用的限制,或即将驶入、驶出交织区段(匝道)等情况,因而产生了变换车道的意图。

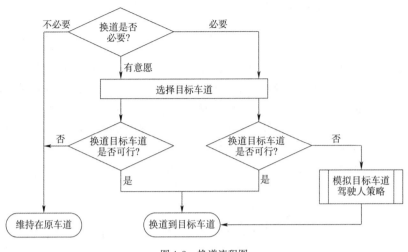

图 4-8 换道流程图

2) 车道的选择

车辆汇入(Lane Merging)或穿越(Lane Passing)时,驾驶人须首先观察目标车道上前、后车的位置和速度,判断它们之间是否存在足够的间隙来实行换道。因此,如何描述驾驶人的接受行为是换道行为研究的重点。驾驶人的接受行为模型主要包括间隙接受模型和加/减速度接受模型。

(1) 间隙接受模型

这里"间隙"是指换道车辆能够安全汇入两车之间的间距或时距,如图 4-9 所示。"相邻间隙"是指换道车辆相邻车道上的前车和后车之间的间距或时距。假如车辆汇入后,形成的两个新的间隙能够满足安全要求,则这个"相邻间隙"可接受,可以实行换道操作。完成换道操作所需要的间隙被称为"可接受间隙"。间隙接受模型(Gap Acceptance Model)从 20 世纪60 年代发展起来,用来描述车辆如何根据间隙做出是否换道的判断决策。这种间隙可以是时间间隔,也可以是空间间隔,根据经验,对处于自由流情况的道路主要考虑其时间间隔,而对于缓慢移动或者排队的车流主要考虑其空间间隔。

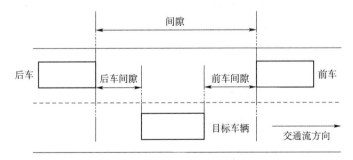

图 4-9 "可接受间隙"示意图

最简单的间隙接受模型为二值选择模型,即先设好固定的最小间隙(Critical Gap),然后将目标车道的前后车与本车的间隙与最小间隙比较,确定接受或拒绝该间隙,直接判定是否能够安全汇入或是穿越。二值选择模型的表达式如下所示:

$$D = D^0 + \xi \tag{4-44}$$

式中，D 为最小间隙，即临界距离；D^0 是常数值，ξ 是正态分布的随机变量。D^0、ξ 可通过实地观测得到，具体的观测方法是记录不同换道情形下车辆在不受相邻车道上车辆干扰时发生变道的位置与相应关键点的距离。

这种间隙接受模型将间隙判断和换道操作隔离开来，并未考虑实际中驾驶人之间相互竞争或协作的关系，即缺乏机动性、灵活性。因此，只有在路段上车辆较少、存在很多较大车间距时换道行为才可能发生；而密度较大或拥挤情况下，换道将永远不会发生。

另一种更为常用的间隙接受模型为间隙概率选择模型，即假设不同驾驶人对于临界间隙的心理选择符合某种分布。在仿真中，对于每名驾驶人根据给定的分布产生对应的特定临界间隙，然后根据当前间隙与临界间隙的对比，选择接受或拒绝该间隙。当需要强制换道时，可令换道概率为 1，以避免换道永不发生的情况。

概率选择模型有助于对驾驶人判断的不确定性和非一致性进行建模。Herman 和 Weiss 认为临界间隙呈指数分布，Drew 等认为临界间隙呈对数正态分布，Miller 则认为临界间隙呈现均匀分布。HCM 1985 将临界间隙设为所有观测到的被接受间隙的中位数，而 HCM 2000 对此进行了修改，将临界间隙设为所有观测到的被接受间隙的最小值。Mahmassani 和 Sheffi 认为最小间隙的均值受到其他因素的影响，包括驾驶人的等待时间、行人干扰等。Daganzo 提出最小间隙分布由两部分相加而成：一部分是对于不同驾驶人符合正态分布的平均最小间隙；另一部分是对于同一驾驶人符合正态分布的个人最小间隙。

还有模型引入"拒绝间隙"的概念，即换道车辆不能汇入相邻车道的间隙。而"最小拒绝间隙"是指所有车辆拒绝间隙中的最大值。如果当前间隙大于"可接受间隙"，则允许换道；如果当前间隙小于"最大拒绝间隙"，则禁止换道；而当前间隙小于"可接受间隙"且大于"最大拒绝间隙"时，驾驶人按一定概率换道。

Ahmed 于 1996 年提出了分层树状间隙接受模型，如图 4-10 所示，其中在决策树第一层，第 n 辆车在 t 时刻选择强制换道(Mandatory Lane Change, MLC)的概率计算公式为：

$$P_t(\text{MLC}|v_n) = \frac{1}{1 + \exp[-X_n^{\text{MLC}}(t)\beta^{\text{MLC}} + \alpha^{\text{MLC}} v_n]} \tag{4-45}$$

式中，$X_n^{\text{MLC}}(t)$ 为行向量，该行向量的每个元素表征一个影响强制换道的因素，包括距离道路关键点的距离、一次性所需转换的车道数等；β^{MLC} 表示对应的参数列向量；v_n 是标准正态分布的随机数；α^{MLC} 是控制参数；$\alpha^{\text{MLC}} v_n$ 表征驾驶人的观测/判断误差，α^{MLC}、v_n 越大，则选择强制换道的时间越早。

类似地，在决策树的第二层，第 n 辆车在 t 时刻因不满意当前行驶状态(Driving Conditions Not Satisfactory)而选择换道的概率计算公式为：

$$P_t(\text{DCNS}|v_n) = \frac{1}{1 + \exp[-X_n^{\text{DCNS}}(t)\beta^{\text{DCNS}} + \alpha^{\text{DCNS}} v_n]} \tag{4-46}$$

式中，$X_n^{\text{DCNS}}(t)$ 是影响不满意当前状态换道的因素；β^{DCNS}、α^{DCNS} 代表相应参数。

而在决策树第四层(图 4-10)，间隙接受模型为：

$$\begin{aligned}P_t(\text{Accept Gap}|v_n) &= P_t(\text{AcceptLead Gap}|v_n) P_t(\text{AcceptLag Gap}|v_n) \\ &= Pr(G_n^{\text{lead}}(t) > G_n^{\text{critical,lead}}(t)|v_n) Pr(G_n^{\text{lag}}(t) > G_n^{\text{critical,lag}}(t)|v_n)\end{aligned} \tag{4-47}$$

式中,$G_n^{\text{lead}}(t)$和$G_n^{\text{lag}}(t)$分别代表t时刻的前车间隙和后车间隙;前、后向临界间隙$G_n^{\text{critical,lead}}(t)$和$G_n^{\text{critical,lag}}(t)$的计算公式分别为:

$$G_n^{\text{critical,lead}}(t) = \exp[X_n^{\text{lead}}(t)\beta^{\text{lead}} + \alpha^{\text{lead}}v_n + \varepsilon_n^{\text{lead}}(t)] \tag{4-48}$$

$$G_n^{\text{critical,lag}}(t) = \exp[X_n^{\text{lag}}(t)\beta^{\text{lag}} + \alpha^{\text{lag}}v_n + \varepsilon_n^{\text{lag}}(t)] \tag{4-49}$$

依次计算该决策树每个叶节点的概率,然后逐层连乘即可得到总的换道决策概率。

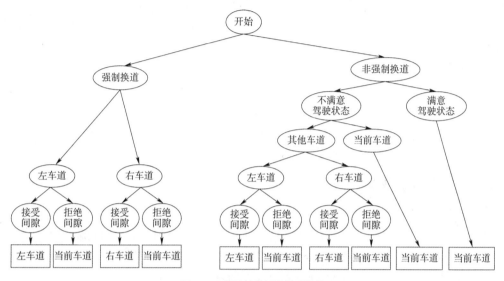

图4-10 分层树状间隙接受模型

(2)加/减速接受模型

Gipps于1986年提出了一种加/减速度接受模型来判断换道的可行性。这一模型要求后车与前车应保留足够的间隙,即使前车以最大减速度减速至停止,后车也有足够的反应时间跟着减速至停止而不发生碰撞。

Gipps换道模型将分别计算以下两个减速度:

①换道车辆进入新车道,开始对目标车道前车的正常跟驰所需的减速度d_1;

②换道车辆进入新的目标车道后,目标车道后车进入对该完成换道车辆的正常跟驰所需的减速度d_2。

如果d_1和d_2小于最大可行减速度$d_{\max}$(制动减速度),且d_1小于另外计算得到的换道风险减速度d_n,则接受换道。

Gipps换道模型计算量较大且对于驾驶人的行为分析过于保守,计算得到的接受换道的可能性低于实际情况,其后的模型较少直接采用这种加/速度接受模型。后续研究对于Gipps换道模型的换道风险减速度d_n进行了不同程度的改进,如将强制换道时的换道风险减速度公式更改为:

$$d_n = \left[2 - \frac{D - x_n(t)}{10V_n}\right]d_{\text{LC}}\theta_n \tag{4-50}$$

式中,D是道路关键点(车道封闭起始点、车道终点、道路拐弯点、前车车尾等)的位置;$x_n(t)$是第n辆车在t时刻的位置;V_n是第n辆车的期望速度;d_{LC}是车辆换道时的平均减速度;θ_n是第n辆车的换道主动性参数,仿真中常假设θ_n符合正态分布来模拟不同驾驶人的主动性差异。

综上,间隙接受模型的缺陷是间距并未考虑车辆的速度,车辆速度不同时可接受的最小间距值应是不同,如高速流时可接受的最小值明显大于低速流时的可接受值。加/减速接受模型的缺陷在于车流处于饱和且较为稳定的状况时,前后车辆的加速度和速度几乎一致,这就容易存在加速度大于给定临界值但间距很小而发生了换道的不合理情况。另外,以上换道模型分析的多为一种理想的换道情况,即满足条件就换,不满足条件就保持原来的跟驰行为,并未充分考虑前后间隙不足时,车辆间可能会先减速以拉大间隙,再寻找机会实施换道的情况。

3) 换道的实施

对车道变换的可行性分析后,驾驶人发出换道实施的指令,开始变换车道。否则,维持在原车道行驶或者停车等待,直至有机会完成换道行为。

换道模型按照意图产生的情况可分为强制性换道(Mandatory Lane Change, MLC)和判断性换道(Discretionary Lane Change, DLC),以下介绍这两种模型。

4.3.2 强制性换道模型

1) 换道特性分析

强制性换道是指车辆由于当前车道发生交通事故,或者遇到车道使用的限制,或者即将驶入、驶出交织区段(匝道)而必须换道的情况;当驾驶人产生强制换道意图后,首先将减速并选择目标车道,在确定目标车道后,再判断向目标车道换道的可行性。若换道可行则实施换道,否则,继续在原车道行驶,直至有机会完成换道。因此,在换道行为仿真中,不仅需了解附近车辆的信息,还需了解相关道路的信息。图4-11显示了几种常见的强制换道场景。

强制换道包括:

(1) 通往下一目的地路径所需要的换道;

(2) 避免进入下一拥堵/封锁车道所需要的换道;

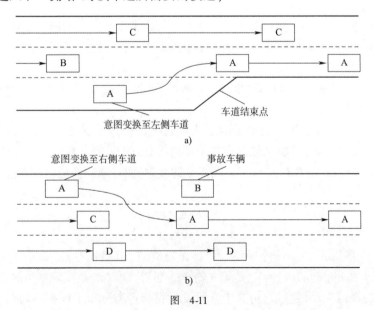

图 4-11

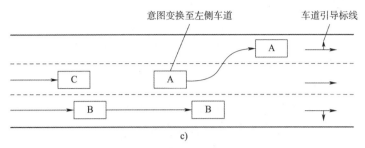

图 4-11 常见的强制换道场景

(3) 避免进入某一限制车道所需要的换道;
(4) 响应可变信息板(Variable Message Sign,VMS)所需要的换道。

不难看出,强制换道过程中车辆必须在道路某一关键点之前完成车道变换行为,而决定是否产生换道意图的最直接因素是车辆与关键点之间的距离。驾驶人特性、车辆机械特性等因素决定了该临界距离的大小。

强制性换道行为分为强制请求和判断请求两种。

(1) 强制请求:车辆初始化时即具有换道需求,并不停地检测目标车道的车辆接受间隙,从而尝试完成换道。若此时刻接受间隙不满足条件,则下一时刻继续发送请求,直至条件满足完成换道,如图 4-12 所示。

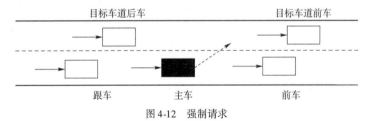

图 4-12 强制请求

(2) 判断请求:换道车辆在每一仿真步长对相邻的数个间隙同时进行检测,选择满意度最大的间隙作为目标间隙,并调整自车的驾驶行为方式,如图 4-13 所示。

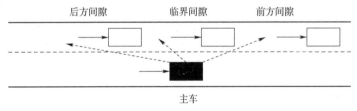

图 4-13 判断请求

2) 经典强制换道模型——Gipps 模型

Gipps 模型是最早提出的换道决策模型,该模型充分考虑了各类城市道路交通场景,如交通信号控制、障碍物的阻滞、前方大车等影响驾驶人的换道决策和目标车道选择。模型中换道行为分为产生意图、探测条件、动作实施三个部分。在模型中驾驶人遵守两个行为准则:能够提高驾驶速度和行驶在正确的转向车道上。在远离交叉口的路段上,驾驶人只考虑换道能否提高行驶速度;在接近交叉口时,需考虑换道至正确的转向车道上。当存在两个目标车道时,驾驶人需考虑前方大车、障碍物等因素,在换道实施过程中采用制动减速的行为。

在该模型中,换道决策被概括为如下详细过程:
①选择目标车道;
②估计目标车道的换道可行性,此处只简单检查目标车道是否可用,同时避免遭遇阻碍;
③决定换道行为的临近程度,当确定临近程度较高时,在保障安全的情况下立即执行换道行为;
④决定换道行为的紧急程度,与驾驶人制动力度相适应;
⑤分析目标车道的车辆和道路类型(是否公交专用道);
⑥分析目标车道对计划换道行为的可接受性;
⑦分析目标车道相较于当前车道的优势;
⑧考虑目标车道和当前车道存在的重型车辆的影响;
⑨考虑目标车道前车相较于当前车道前车的速度优势;
⑩估计换道行为的安全性,这里是指对间隙的分析;
⑪如果上述条件均满足,则最终换入目标车道。

Gipps 模型假定驾驶人行为是理性的,据此重点分析了潜在冲突影响下的换道决策过程。该模型认为车辆是否换道主要取决于以下 6 个因素:①确认换道是否安全、可行,能否避免碰撞发生;②障碍物位置;③专用车道的出现;④驾驶人预定的转向运动;⑤重型车的出现;⑥当前车道和目标车道的相对速度优势。换道是否安全可行由换道所需的减速度($[V_n(t+T) - V_n(t)]/T$)是否大于可接受的减速度(一般假定为 -4m/s^2)进行判断。$V_n(t)$ 为车辆 n 在 t 时刻的速度,$V_n(t+T)$ 由下式决定:

$$V_n(t+T) = b_n T + b_n^2 T^2 - b_n[2x_{n-1}(t) - 2x_n(t) - 2s_{n-1} - V_n(t)T - V_{N-1/\lambda b}^2]^{1/2} \quad (4\text{-}51)$$

式中,$V_n(t+T)$ 是车辆 n 在 $t+T$ 时刻的速度;b_n 是车辆 n 能接受的减速度,$b_n < 0$;T 是位移和速度的计算步长,$x_n(t)$ 是车辆 n 在 t 时刻的位置,$2s_{n-1}$ 是车辆 $n-1$ 的有效长度,λb 是 b_{n-1} 的估计值。

显然 Gipps 模型只考虑了有障碍情况下的换道行为,在实际换道行为中除了有障碍的情况,还有无障碍的情况下驾驶人也会实施换道行为。同时,Gipps 模型在换道需求判断之前就先进行可行性检测,这与现实逻辑不符,且存在计算量庞大、计算效率低等缺陷;另外,Gipps 模型并未得到实测数据的验证。尽管如此,Gipps 模型作为早期工作,首次建立了换道决策的结构框架,具有开创意义,许多后期的模型(如 AIMSUN2、MITSIM、SITRAS 等)均源自这一思想框架。

4.3.3 判断性换道模型

1) 换道特性分析

判断性换道,又称随意性换道、自由换道、任意性车道变换,是指换道车辆在遇到前方同一车道内速度较慢车辆时,为了追求更快的车速、更自由的驾驶空间(或者因为保持正常驾驶避开快速接近的后车)而发生的变换车道行为。这是由于换道车辆的行驶速度达不到或者超出了驾驶人的心理期望值而进行换道。换道车辆在不变换车道的情况下也能在原车道上完成其行驶任务,因此变道并非强制。

每一名驾驶人在特定交通流密度下均有一定期望车速,该期望车速与车辆机械性能、驾驶人特性、道路的限速措施等相关。当车辆在当前车道行驶时,由于受到前方慢车的影响而使其车速低于其期望车速的一定数值范围内,车辆会产生判断性换道意图。而当车辆产生换道意图后,会确定目标车道并判断换道的可行性。若换道可行则实施换道,否则,将继续在原车道行驶。

2)模型建立

(1)需求产生。换道概率法(Probability of Lane Changing,PLC)作为一种典型的需求产生算法,表征的是换道概率的概念。这种方法应用简单的驾驶满意状态的评判指标,对处于不满意状态的车辆,由概率分布的方式初始化具有换道需求的车辆。部分研究者进而提出了基于效用选择的换道模型,在对 PLC 应用局限性分析的基础上,从车辆的微观行为特征入手,将相邻车道中存在的间隙作为产生换道需求的影响因子,评价车辆分别在本车道、相邻车道行驶的满意程度进而产生换道需求,建立起基于效用选择的换道模型。

(2)间隙检测。评价相邻车道是否有合适的间隙允许安全地执行换道行为。

(3)换道执行。一般有两种方法,一种是初始化一个换道偏角,另一种是定义完成换道行为所需要的时间 T,一般取 $2\sim3\mathrm{s}$。

3)经典判断性换道模型

MITSIM(MIcroscopic Traffic SIMulator)作为经典的判断性换道模型,由 Yang 和 Koutsopoulos 于 1996 年在 Gipps 模型的基础上拓展提出。该模型首次将换道行为分为强制性换道和判断性换道。强制性换道定义为由于当前车道发生交通事故,或遇到车道使用的限制,或即将驶入、驶出交织区段(匝道)等情况而发生的换道行为。该模型中强制性换道采用的是 Gipps 模型的方法,而判断性换道模型将换道过程分为三大步骤:

(1)判断是否有必要换道并确定换道的类型。在 MITSIM 换道模型中,其换道需求由当前车道和目标车道的交通状况共同决定。对于强制性换道类型,则为当前车道发生交通事故,或遇到车道使用的限制,或即将驶入、驶出交织区段(匝道),车辆将强制变道,否则停车等待,直至有机会完成换道。对于判断性换道类型,该车道前方车辆运行速度低于期望速度或车道的最大速度,忍耐因子等参数被用来确定当前速度是否足够低,据此判断是否有换道需求。

(2)检测间隙并选择换道方向。通常车道是否可换入需要考虑诸如速度差、车头间距、换道规则、车道使用权、车道间的连接、信号状态、事故、交通状况、驾驶人的期望速度和车道的最大速度等因素。确定可换入的车道后,将检测目标车道的前后间隙是否充足。判断性换道的最小间距可表示为:

$$g_n^i = g^i + \xi_n, i = \mathrm{lead}, \mathrm{lag} \tag{4-52}$$

式中,g_n^i 是车辆 n 在判断性换道时能接受的最小间距;g^i 是平均可接受间距;ξ_n 是随机误差项。

(3)确认最小间距,进行二值对比,从而判断变道与否。

MITSIM 模型继承了 Gipps 模型的思想,提出的换道行为的分类具有一定的合理性,给出了较为详细的判断性换道和强制性换道的规则,并把 Gipps 模型归类为强制性换道模型。至今,对换道行为的分类大多仍沿用此思想,但在最小间距中引入的随机误差项须考虑间隙不足时车辆间竞争合作下的减速让行行为。

4.4 基于数据驱动的仿真模型

传统的基于规则的车辆微观行为模型在应用中面临诸多挑战,如模型与实际情况之间误差较大、参数标定复杂以及驾驶行为刻板等问题。这些限制使其难以满足当前智能交通系统对高泛化性和高真实性的要求。为了应对这些挑战,研究者提出了数据驱动的仿真方法。通过利用智能交通检测系统采集的大量交通数据,使仿真环境中的背景车辆行为尽可能接近真实驾驶人的行为,显著提升仿真的精确性和灵活性。

与传统的基于规则的方法相比,数据驱动方法具有诸多显著优势。首先,它能够通过大规模数据集自动发现潜在模式,而不需要依赖人工的模式识别。其次,数据驱动方法可以生成更为丰富多样的驾驶行为,展现更大的行为多样性,从而使仿真环境更接近真实交通场景。此外,数据驱动方法在模拟真实驾驶行为方面表现出色,尤其在复杂的场景中,如追尾碰撞等危险情况下,能够更准确地反映实际驾驶人的决策和反应。

因此,基于数据驱动的仿真模型正逐渐成为微观交通仿真中车辆行为建模的重要发展方向,其高效性与真实性将为智能交通系统的发展提供强有力的支持。

4.4.1 交通仿真的马尔可夫决策过程

交通仿真包括地图和智能体两个部分。基于数据驱动的交通仿真模型被定义为马尔可夫决策过程(Markov Decision Process,MDP),给定一个映射 M 和交通参与者的初始动态状态 S,目标是模拟他们的动作向前。地图由两个部分组成:静态语义地图 M_s 代表车道和十字路口等可驾驶区域,动态环境 M_d 主要指交通信号控制系统和可变交通设施。N 个交通参与者在时间 t 的状态 S 表示为 $S_t = \{s_t^1, s_t^2, \cdots, s_t^N\}$。时间 t 的 N 个交通参与者动作集合由 $a_t = \{a_t^1, a_t^2, \cdots, a_t^N\}$ 表示,并且是从 A 的操作空间内的离散或连续范围内选择。动作空间 A 可以包含高级命令("直行""右转""减速"等)、车辆要跟踪的中级航路点轨迹,或低级控制动作,如加速、制动和转向。因此,交通仿真的关键要素用元组 $\{M, S, A\}$ 来描述。基于上述概念,交通仿真模型可由下式表达:

$$a_T \Leftarrow f(M, S_{1:T}, A; \theta) \tag{4-53}$$

式中:f——参与者的行为模型,它采用环境信息、历史和当前状态和动作空间作为交通场景中所有交通参与者未来动作的输入和输出;

θ——基于学习的模型中的参数。

解决 MDP 问题的目标是找到一个最佳策略,即从状态到行动的映射,随着时间的推移,该策略可以最大化预期的累积奖励。每个交通参与者都是一个智能体,通过策略 π 进行观察并选择适当的操作(例如转向和纵向加速)来与环境交互。此策略可帮助代理在不确定的环境中做出导致最佳结果的决策。在 MDP 问题中,车辆被描述为可以感知环境、处理信息并采取行动以实现预定义目标的代理。除了上述动作空间 A 和状态空间 S 等元素外,还包括转换概率函数 P 和奖励函数 R 等元素。因此,MDP 问题可以表示为:

$$M = \{S, A, P_a, R_a, \gamma\} \tag{4-54}$$

式中:P_a——描述在采取特定动作 a 时从状态 s_t 转换为 s_{t+1} 的概率;

γ——折扣因子,考虑到交通系统随时间演变,同时考虑行动和不确定性的影响;

R_a——基于动作 a,在从状态 s_t 过渡到 s_{t+1} 后分配的奖励或成本。

它量化了特定交通状况和行动的可取性或不可取性,例如最大限度地减少拥堵、保持驾驶安全或减少出行时间。由于观察范围的限制,智能体在每个时间步接收到的都是周围交通参与者与周围路况的不完整信息。该问题可以表示为部分可观察的马尔可夫决策过程(Partially Observable Markov Decision Process,POMDP)。

目前,基于数据驱动的交通仿真模型主要包括两种类型:模仿学习和强化学习模型。以下分别介绍如何采用基于强化学习和基于模仿学习的方式解决 POMDP 问题。

4.4.2 基于模仿学习的交通仿真

模仿学习(Imitation Learning,IL)在机器人学习任务中已展现出显著的能力,其核心思想是通过带有专家数据的监督学习,模拟演示者的行为。基于模仿学习的智能体能够有效从专家的轨迹中学习,以尽可能接近专家的方式完成任务,展现出在行为可重复性方面的突出优势。

在自动驾驶领域,近年来的研究越来越多地采用模仿学习,使自动驾驶车辆的行为更加接近专业的人类驾驶员。这种趋势主要得益于真实交通数据的快速发展与规模化应用,这些数据为学习提供了大量的高质量演示。基于此思路,使仿真环境中的智能体行为更加接近人类驾驶员成为可能。

模仿学习的基本流程如下:

(1)专家演示:收集专家(例如人类驾驶员)在不同交通场景下的驾驶行为数据。

(2)训练优化:训练模型去模仿专家的行为,通过不断优化模型,提高仿真结果的准确度与可预测性。

(3)模型应用:将模型部署在实际的仿真器中,完成仿真任务。

以下将逐一介绍前两个步骤,模型应用在第 7 章和第 8 章具体展开介绍。

1)数据收集与专家行为获取

在基于模仿学习的交通仿真模型中,数据收集是至关重要的第一步。它为模型的训练提供了基础数据,并决定了模型学习的质量和效果。数据收集的主要任务是获取专家行为的数据,这些数据通常包括交通环境中的各种状态信息(如车速、交通信号、道路状况等)以及相应的驾驶人决策(如加速、刹车、变道等)。

数据的主要来源有三类:

(1)实车路采数据:通过在真实的交通环境中收集数据,能够获得实际驾驶员在多种交通情境下的行为。这类数据最接近现实,能够为模型提供有价值的训练信息。主要的收集方式包括:车载传感器、行车记录仪、车辆控制系统数据,具体数据采集和处理方式同 3.2.2 节。

(2)模拟器数据:在交通仿真软件和模拟器中,模拟驾驶员的行为可以有效地收集专家数据。这种方法不依赖于实际交通环境,适合在控制的环境下进行数据收集。常见的交通仿真平台包括:SUMO、VISSIM、CarSim、Carla 等,具体有关仿真软件的内容见第 6 章。

(3)开放数据集:一些组织和研究机构公开了真实世界的交通数据集,这些数据集能够为模仿学习提供丰富的训练数据。常见的开放数据集包括:NGSIM、Waymo Open Dataset 等,包含已标注的地图和运动轨迹信息。

在基于模仿学习的交通仿真模型中,模型主要关注以下数据特征:

(1)状态信息:描述了车辆所在的交通环境以及周围的动态情况,通常包括:车辆状态,如车速、加速度、转向角度、车道位置等;交通信号,如红绿灯的状态;周围环境信息,如其他车辆的速度、距离、相对位置,行人等;路况信息,如道路类型(主干道或次干道)、是否有障碍物、天气状况等。

(2)行动信息:指专家在特定状态下所采取的决策,通常包括:油门,车辆的加速和减速动作;转向,车辆是否进行变道或转弯,以及转向角度。

(3)时间戳信息:每个动作和状态均附带时间戳信息,确保在训练过程中,模型能够了解专家行为的时间序列特性。这对于处理动态交通环境中的决策非常重要,因为交通状况和驾驶人的决策通常与时间相关。

(4)标签信息:通过专家行为数据的标注,可以根据轨迹生成难度将每个状态-动作对标记为"简单"到"困难"多种级别,也可以根据轨迹运动方向将每个状态-动作对标记为"左转""右转""直行"等,从而帮助模型在训练过程中区分正确的行为模式。这些标签可以通过人工标注或者自动标注系统生成。

2)模仿学习模型的设计与训练

在基于模仿学习的交通仿真模型中,设计和训练模型是核心步骤。模仿学习通过模仿专家的行为来学习如何在给定的环境中做出决策。因此,模仿学习模型的设计不仅需要理解专家的行为模式,还需要能够在多变的交通环境中做出高效且精准的决策。在交通仿真建模中,模仿学习主要包括两种常见方法:行为克隆(Behavior Cloning,BC)和生成对抗模仿学习(Generative Adversarial Imitation Learning,GAIL)。

行为克隆的目标是以监督学习的方式,复现接近专家演示的行为。通过专家演示数据,行为克隆学习状态到动作的映射,将其作为行为预测器。这种方法无须智能体与环境交互,直接通过训练数据集 D 来估计策略 π_θ。该策略通过预测车辆的下一步动作或轨迹,来完成特定任务。经典的估计方法是最大似然估计(Maximum Likelihood Estimation,MLE),通过以下公式优化参数集 θ:

$$\max_\theta \sum_{(s,a)\in D} \log(\pi_\theta(a|s)) \tag{4-55}$$

式中:s、a——状态和动作对。

模型架构通常采用深度神经网络作为行为克隆模型的基础,使用多个全连接层或卷积层来处理输入状态并输出控制动作。常用的架构包括多层感知机、卷积神经网络、Transformer、图神经网络等。

在行为克隆中,训练过程通过最小化预测动作与专家行为的误差来实现,通常采用均方误差作为损失函数:

$$L = \frac{1}{N}\sum_{i=1}^{N} \|a_i - a_i^{\text{expert}}\|^2 \tag{4-56}$$

式中:a_i——模型预测的动作;

a_i^{expert}——专家实际动作;

N——数据样本的总数。

基于生成对抗模仿学习的方法旨在揭示人类驾驶行为中隐藏的奖励函数,并通过最大化学习到的奖励来获取驾驶策略。生成对抗模仿学习使智能体能够在训练期间与环境交互,理论上可以解决单智能体环境行为克隆中的协变量偏移。

生成器和判别器通常均使用深度神经网络,生成器根据当前的交通状态(如车速、交通信号、周围环境)生成动作决策,判别器则评估生成的动作是否符合专家行为。生成对抗网络通过博弈过程训练,生成器通过不断优化生成策略,使得其生成的行为越来越接近专家行为;同时,判别器不断学习如何识别生成行为与专家行为之间的差异。优化过程遵循对抗训练原则,生成器和判别器之间进行博弈,直到生成器能够生成高度逼真的专家行为,如图4-14所示。

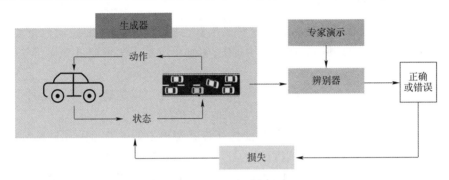

图4-14 生成对抗模仿学习

4.4.3 基于强化学习的交通仿真

强化学习的核心目标是通过与环境的交互,不断优化长期累积的奖励。在这一过程中,网络通过评估其动作的效果来生成驾驶决策,以获取奖励或避免受到惩罚。然而,模仿学习在面对与训练数据集显著不同的场景时往往表现出局限性,难以应对这些未见过的新情况。

相比之下,强化学习在这一方面展现出了强大的适应性,因为它在训练过程中会主动探索所有可能的相关情景,从而学习到更具鲁棒性的策略。近年来,研究的重点逐渐转向在交通仿真中应用深度强化学习(Deep Reinforcement Learning, DRL)和逆强化学习(Inverse Reinforcement Learning, IRL)方法,如图4-15所示这些方法不仅能够更好地处理复杂的驾驶场景,还为智能体的决策提供了更灵活和高效的解决方案。

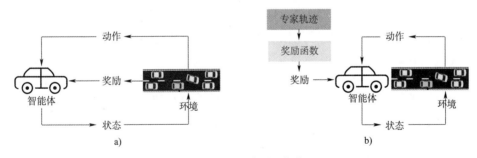

图4-15 强化学习与逆强化学习

强化学习的核心在于智能体通过与环境进行交互,不断学习如何通过一系列行动获得最大化的奖励。强化学习可以用以下七个要素来描述:

(1)智能体:智能体是通过不断学习来优化决策策略的主体。在交通仿真中,智能体指的是受控的车辆。智能体根据环境的反馈不断调整其行为策略,以实现任务目标,如减少交通拥堵、提高交通安全、提高通行效率等。

(2) 环境：代表交通系统中的一切动态因素，包括道路网络、交通信号、车辆、行人、天气状况等。环境不断根据智能体的行为变化并返回反馈信号(奖励)给智能体。

(3) 状态：代表环境的当前情况。在交通仿真中，状态通常包括车辆位置、速度、周围交通状况、交通信号、路面信息等。

(4) 行动：智能体可以选择的行为或动作。在交通仿真中，行动包括加速、减速、制动、变道、超车、停车等。

(5) 奖励：智能体在执行某个行动后从环境中获得的反馈信号。奖励函数设计的好坏直接决定了模型训练的效果。例如，在交通仿真中，奖励可以基于车辆通过交通信号的速度、交通事故发生率、燃油消耗等。

(6) 策略：智能体在每个状态下采取行动的策略。策略可以是确定性的(即每个状态只采取一种行动)或随机的(即在每个状态下可能采取不同的行动)。

(7) 价值函数：描述在某个状态下，智能体从该状态出发能够获得的预期奖励的累积量。它帮助智能体评估在某个状态下采取行动的好坏。

近年来，多种方法将强化学习(Reinforcement Learning, RL)应用于模拟学习问题，旨在生成多样化且真实的场景或学习逼真的驾驶技能。

具体而言，根据上述提到的七要素，基于强化学习的交通仿真模型的训练流程一般包括以下几个步骤：

第一步：环境建模。首先需要构建一个模拟的交通环境，通常使用交通仿真软件来建模交通系统的环境。在该环境中，模拟道路网络、交通信号、车辆行为和交通流动，并定义状态和动作的空间。

第二步：状态定义。在交通仿真中，状态的定义至关重要，它决定了强化学习模型的输入信息。在交通环境中，状态包括：车辆状态(速度、加速度、位置、所处车道信息等)，环境状态(交通信号的颜色、其他交通参与者的位置、交通拥堵信息、天气等)。

第三步：奖励函数设计。奖励函数的设计是强化学习中的一个关键环节。在交通仿真中，奖励函数应该根据智能体的目标来设计。一般包括：通过奖励(根据车辆是否按交通信号指示行驶来设置奖励，鼓励车辆遵守交通规则)，安全奖励(智能体接近事故或潜在冲突时，应该受到负奖励，避免发生碰撞)，效率奖励(根据车辆通行时间给予奖励)等。

第四步：学习与训练。强化学习模型的核心是通过与环境的交互，不断优化策略。在强化学习中，有几种常见的算法可用于训练交通仿真模型：

Q学习(Q-Learning)：Q学习是一种基于值迭代的方法，智能体通过不断更新Q值(状态-动作值函数)来优化策略。Q学习通过最大化每个状态的Q值来选择最佳动作。

深度Q网络(Deep Q-Network, DQN)：DQN结合了深度学习与Q学习的方法，使用深度神经网络来逼近Q值函数，适用于高维的状态空间。它能够处理复杂的交通环境，在较大的状态空间下表现出色。

策略梯度方法(Policy Gradient Methods)：策略梯度方法直接优化策略的参数，通过梯度上升的方法最大化长期累积奖励。它可以处理连续的动作空间和复杂的交通情境。

然而，强化学习方法遇到的挑战在于奖励设计复杂，难以通过数学模型明确表达奖励函数的目标。因此，逆强化学习被引入学习最优的奖励函数。

逆强化学习是一种与传统强化学习相对立的方法。与强化学习中的智能体通过最大化奖励来优化策略不同,逆强化学习的核心思想是通过观察专家(或演示者)的行为,推断出专家的奖励函数,从而指导智能体学习最优策略。

逆强化学习与强化学习不同之处在于:逆强化学习的目标是通过观察专家的行为,推断出专家的奖励函数,而不是直接从环境中获得奖励信号。同时,逆强化学习不直接学习策略,而是通过专家的行为推断奖励函数。一旦奖励函数被确定,逆强化学习转化为一个常规的强化学习问题,智能体可以通过标准的强化学习方法(如 Q 学习、策略梯度等)来优化策略。

4.5 交叉口信号控制模型

在设定车辆的基本行为后,需要考虑的是道路上交通信号控制的问题,以模拟实际城市道路的交通运行情况。在现实的交通系统中,交通信号控制根据交通流量的变化和道路渠化设计进行信号控制方案的制定。本节简要介绍目前城市交通系统中常用的信号控制方案。

4.5.1 基于控制区域的信控方案

按照控制的区域对信控方案进行划分,主要有三类基本方案:一是基于单点交叉口的信号控制方案,二是基于干线的信号控制方案,三是基于区域的信号控制方案。

1)单个交叉口的交通控制

每个交叉口的交通控制信号只按照该交叉口的交通情况独立运行,不与邻近交叉口的控制信号具有联系,称为单个交叉口交通控制,也称为单点信号控制,俗称"点控制"。这是交叉口交通信号控制的最基本形式。这种控制方式适用于交通流量较小、交叉口之间距离较远的区域,交通需求相对稳定的情况下较为有效。单点信号控制因其简单、易于实施的特点,广泛应用于交通状况较为简单的场景中。

单点信号控制的工作原理基于对本交叉口交通流的分析,并通过制定信号配时方案来分配不同方向的通行权利。信号配时方案主要包括信号周期、绿灯时长、红灯时长和黄灯时长的设置。例如,在低流量情况下,可以设置较长的信号周期以减少信号切换的频率,而在高流量情况下则可能需要较短的周期以提高通行效率。根据控制技术的不同,单点信号控制可以分为固定时间控制、感应控制及自适应控制三种模式。

固定时间控制是最简单的一种方式,其信号配时按照预设方案运行,不随交通流的变化调整,适用于流量稳定的交叉口。而感应控制则通过路面检测器采集车辆到达信息,根据实时的交通流情况动态调整绿灯时长,从而减少不必要的等待时间。相比之下,自适应控制进一步结合历史数据与实时流量预测,利用优化算法对信号配时进行调整,能够更灵活地应对复杂的交通状况。

单点信号控制的优点在于其系统相对独立,运行简单且维护成本较低。由于不依赖其他交叉口的信息,每个交叉口可以快速响应自身的交通需求。此外,对于低密度的城市郊区或乡村道路上的交叉口,单点信号控制能够在保证交通安全的前提下满足通行需求。然而,这种控制方式也存在一些局限性,例如缺乏与相邻交叉口的协调能力。在城市中心或高密度交叉口区域,这种缺乏协调性的特点可能导致车辆在短距离内频繁停车,降低通行效率。同时,由其难以实时应对交通流的剧烈波动,在交通流量较大的场景下,其整体控制效果较为有限。

尽管单点信号控制在复杂交通场景中可能表现不足,但作为一种基础的交通信号控制方式,其在特定场景中仍然有重要的应用价值。在交通流较少的区域,它的简单性和独立性可以为道路管理提供可靠的解决方案。

2)干道交叉口信号联动控制

把干道上若干连续交叉口的交通信号通过一定的方式联结起来,同时对各交叉口设计一种相互协调的配时方案,各交叉口的信号灯按此协调方案联合运行,使车辆通过这些交叉口时,不致经常遇上红灯,称为干道信号联动控制,也叫"绿波"信号控制,俗称"线控制",如图 4-16 所示。这种控制的原始思路是:希望使车辆通过第一个交叉口后,按一定的车速行驶,到达下游各交叉口时不再遇上红灯。但实际中,由于各车在路上行驶时车速不一,且随时变化,交叉口存在左、右转弯车辆进出等因素的干扰,很难有一路均是绿灯的巧遇,但使沿路车辆少遇几次红灯,减少大量车辆的停车次数与延误则能够做到。

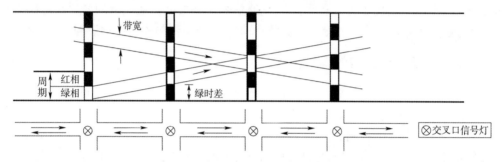

图 4-16　干线信号控制示意图

干道信号联动控制可以通过不同的技术方式实现,根据信号灯的连接方式,主要分为有电缆线控和无电缆线控两种。有电缆线控是指通过主控制机或计算机系统,以传输线路为媒介,协调和控制各交叉口信号灯的运行。这种方法具备实时性和高精度,能够根据交通流量的动态变化灵活调整配时,适用于流量较大、需要精细化管理的城市干道。相比之下,无电缆线控则利用信号灯的电源频率以及控制机内置的计时装置来协调运行。这种方式无须额外的通信线路,技术实现较为简单,适合于交通量较小或设备条件有限的区域。

绿波控制的优势主要体现在优化交通流方面。通过减少沿干道的停车次数和延误时间,不仅能够提高干道的通行能力,还能改善驾驶体验,降低车辆燃油消耗和尾气排放,具有显著的经济和环境效益。然而,其局限性同样明显。由于车辆速度和流量的不可预测性,以及交叉口之间复杂的干扰因素,完全实现车辆"全程绿灯"的效果通常较为困难。在高峰时段或特殊路段,侧向交通流可能对绿波效果造成显著影响,使其效率下降。

尽管如此,干道信号联动控制作为城市交通管理的重要工具,已被广泛应用于优化交通流量、缓解交通拥堵的实际场景。随着智能交通技术的不断发展,现代绿波控制系统逐渐引入感应控制、自适应控制和大数据分析等技术,使其能够更精准地响应实时交通状况,为城市交通管理提供更灵活、高效的解决方案。

3)区域交通信号控制

区域交通信号控制系统是一种以一个区域内所有信号控制交叉口为整体,进行协调优化的交通管理方式。这种控制方式将区域内的所有交通信号灯纳入一个集中控制体系,通过区域交通控制中心的统一管理,实现整个区域内交通流的协调分配和高效运行。由于其覆盖范围广泛、控制对象众多,因此被形象地称为"面控制"。

区域交通信号控制系统的核心在于通过集中式管理,对整个区域的交通流进行综合优化。这与单点信号控制和干道信号联动控制不同,区域控制系统不仅考虑单个交叉口的交通状况或干道的线性交通流,而是以一个更广阔的视角来平衡区域内各条道路的通行需求。在区域控制中,交通控制中心通过实时监测区域内的交通流量、速度和车辆排队情况,动态调整各交叉口的信号配时和相位组合,力求使区域内交通流的整体运行达到最优。

区域交通信号控制系统的控制范围和方式可以根据实际需求进行灵活调整。对于范围较小的区域,可以采用整区集中控制的方式,将区域内所有交叉口的信号灯配时统一设计,以确保区域内交通流的顺畅性。而对于范围较大的区域,则通常采用分区分级控制的方式。分区是指将一个大区域划分为若干较小的子区域,每个子区域内实施集中控制,各子区域之间通过协调运行形成更高层次的区域控制体系。

分区分级控制的结果通常会使区域控制演变为由多个线控系统组成的分级集中控制系统。在这种情况下,每条线控系统被视为区域控制中的一个单元,相互之间进行协调以实现更大范围内的交通优化。此外,在某些复杂区域中,可能进一步形成点、线、面综合性的分级控制模式。例如,在一些大型城市中,市中心区域可能采用整区集中控制,外围干道以线控为主,分散的交叉口则以点控为辅,从而构建一个多层次、多模式的综合控制网络。

区域交通信号控制系统的优点主要体现在全局优化和高效管理上。通过对整个区域的信号控制进行统一规划和实时调节,能够有效缓解区域内的交通拥堵,提升道路通行能力。此外,区域控制能够兼顾多条道路和不同方向交通流的需求,避免单点或单线控制带来的局部优化但整体效率低下的问题。它还可以结合交通诱导系统,通过动态调整信号配时和发布交通信息,引导车辆流向分布更为均衡的道路,从而降低高峰时段的拥堵压力。

4.5.2 基于控制方法的信控方案

交通信号控制技术是城市交通管理的重要手段,随着技术的不断发展,其控制方式逐渐由简单到复杂,从固定的预设模式发展到可以根据实时交通情况动态调整的智能控制方式。以下是三种主要的交通信号控制方式的详细描述与扩展。

1)定时控制

定时控制是交通信号控制中最基础、最早期的控制方式。其核心思想是按照事先设定的信号配时方案运行,不随交通流量的变化而调整,也被称为"定周期控制"。根据配时方案的设置方式,定时控制可以进一步分为单段式和多段式两种类型。单段式定时控制在一天中只采用一个固定的配时方案,适用于交通流量较稳定的区域;而多段式定时控制则根据一天中不同时段的交通量变化,设置多个配时方案,分别适用于早高峰、平峰和晚高峰等时段。这种灵活的方案切换能够在一定程度上提高通行效率。

定时控制的最基本应用是单个交叉口的信号控制,这种方式简单可靠,适用于交通需求较为单一的场景。在更大范围内,定时控制可以扩展到线控制和面控制,即在干道或区域内通过统一的信号配时方案进行静态协调运行,因此也被称为"静态线控系统"或"静态面控系统"。然而,由于定时控制无法实时响应交通流的变化,其在交通流动态性较大的场景中表现较为有限。

2）感应控制

感应控制是定时控制的改进形式，通过在交叉口进口道上设置车辆检测器，实时采集车流信息，并将数据传输至控制机或计算机进行分析处理。根据车辆检测器检测到的实时交通情况，信号灯的配时方案会随之动态调整，从而更灵活地适应交通流的变化。感应控制通常以单个交叉口为基础，称为"单点感应控制"，而在线控制或面控制中结合感应控制技术，则构成更高级的交通信号自动控制系统。

根据检测器的设置范围，单点感应控制又可分为半感应控制和全感应控制两种方式。半感应控制是在交叉口部分进口道上安装检测器，用于监测特定方向的车流情况，并对信号配时进行局部优化。全感应控制则是在所有进口道上安装检测器，实现对整个交叉口交通状况的全面监测和动态调整。感应控制的优点在于能够显著减少不必要的等待时间，提高交叉口的通行效率，但其实施成本较高，且受检测器精度和耐用性的限制。

3）自适应控制

自适应控制是目前最为先进的一种交通信号控制方式。与感应控制不同，自适应控制将交通系统视为一个不确定性系统，能够对其状态进行连续测量和分析，例如车流量、停车次数、延误时间和排队长度等关键参数。通过对这些参数的动态监测和评估，自适应控制可以逐渐掌握交通流的特性，并将当前状态与预期目标进行比较，计算差值并以此调整系统的控制参数。

自适应控制的核心是优化算法，通过对实时数据的处理，生成新的信号配时方案，确保在不同交通环境下均能接近最优控制效果。无论是高峰期的密集交通流，还是平峰期的稀疏交通流，自适应控制均能灵活适应，从而最大限度地减少延误和停车次数，提高通行能力和效率。

自适应控制广泛应用于动态性强、复杂度高的交通场景，是实现智能交通系统的重要组成部分。例如，通过结合大数据分析和人工智能算法，自适应控制系统可以预测未来交通流变化，并提前调整信号配时，以实现更高的交通效率。

4.6　高速匝道控制模型

高速公路匝道是连接主线和普通道路的重要节点，其交通控制在保障高速公路通行效率和安全性方面起着关键作用。随着城市化进程的加快和机动车保有量的快速增长，高速公路匝道处的交通压力不断增加，尤其在高峰时段，匝道汇入流量与主线流量的冲突容易引发拥堵甚至事故。因此，高速匝道控制成为解决高速公路瓶颈问题、优化整体交通流的重要手段。其核心目标是通过合理分配匝道车辆的进入频率和时机，维持主线车流的顺畅，同时尽量减少匝道车辆的延误，如图4-17所示。

高速匝道控制旨在通过动态调整匝道入口处的信号灯或其他控制装置，调节车辆进入主线的速度和间隔，避免匝道流量对主线流量造成过大的冲击。它不仅需要考虑匝道与主线之间的交通流交互，还需兼顾整体交通效率、通行安全和环境效益。

定周期控制是一种最简单的匝道控制方法，其核心思想是根据固定的时间周期调节匝道信号灯的红绿灯切换。匝道入口的信号灯会以设定好的时间间隔允许一定数量的车辆进入主线，而不考虑实时交通状况。这种方法的优点是实现简单，易于部署和维护，适用于流量变化不大的场景或交通需求相对均衡的匝道。但是这类方法缺乏灵活性,无法响应主线或匝道交通流的动态变化,在高峰期可能导致主线交通的过度拥堵或匝道车辆的长时间等待。因此,定周期控制常用于流量较小、主线与匝道之间冲突较少的高速公路段,以及交通设备较为基础的区域。

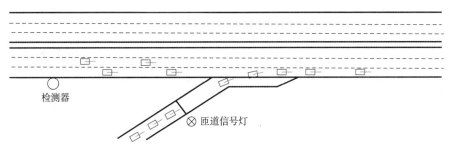

图 4-17 高速公路入口匝道控制示意图

密度控制是一种基于交通流密度的动态匝道控制方法,其核心思想是实时监测主线和匝道的交通流密度,根据主线交通的饱和程度调整匝道车辆的进入频率。当主线交通密度较高时,减少匝道车辆进入的数量,优先保证主线通行的顺畅;而当主线密度较低时,则允许匝道车辆更快地进入主线。

密度控制通常依赖交通流检测器,如雷达、视频检测器或感应线圈,来获取主线和匝道的实时交通数据。这些数据输入控制算法中,用于动态计算匝道信号的配时方案。密度控制的基本控制逻辑是如果主线流量接近或超过饱和密度,信号灯将限制匝道车辆进入频率,甚至完全禁止车辆进入。如果主线流量较低,信号灯将加快切换频率,允许更多车辆从匝道进入主线,以提高匝道通行效率。

此类方法能够动态适应交通流的变化,在保障主线通畅的同时兼顾匝道通行效率,但是对检测设备和控制系统的实时性要求较高,且需要精确校准主线的临界密度和匝道的输入阈值。因此密度控制广泛应用于交通流波动较大的匝道控制场景,例如通勤高峰期的城市高速公路或接近城市中心的主干道匝道。

思考题

1. 请调研目前常用的微观交通仿真器,比较它们采用的基础交通生成模型、车辆跟驰模型和车辆换道模型。

2. 以下(表 4-1)是某条道路每分钟车辆到达数的一组观测数据,试拟合其车辆到达分布情况。

表 4-1

每分钟车辆到达数	0	1	2	3	4	5	6	7	8	9	≥10
观测频数	1	5	12	12	11	7	8	2	1	1	0

3. 根据下表(表 4-2)中提供的数据,使用任一类跟驰模型拟合数据中后车的运动轨迹。

表 4-2

帧	前车长度(英尺)	前车宽度(英尺)	前车速度(英尺/秒)	后车长度(英尺)	后车宽度(英尺)	后车速度(英尺/秒)	车头间距(英尺)	车头时距(秒)	相对速度(英尺/秒)
0	20	7.5	51.92	15.9	7.2	52.17	141.85	2.72	-0.25
1	20	7.5	52.14	15.9	7.2	52.17	141.3	2.71	-0.03
2	20	7.5	52.27	15.9	7.2	52.17	140.4	2.69	0.1
3	20	7.5	52.3	15.9	7.2	52.17	139.81	2.68	0.13
4	20	7.5	52.28	15.9	7.2	52.17	139.09	2.67	0.11
5	20	7.5	52.24	15.9	7.2	52.17	138.29	2.65	0.07
6	20	7.5	52.21	15.9	7.2	51.97	137.31	2.64	0.24
7	20	7.5	52.27	15.9	7.2	51.81	136.21	2.63	0.46
8	20	7.5	52.35	15.9	7.2	51.69	135.9	2.63	0.66
9	20	7.5	52.14	15.9	7.2	51.55	136.23	2.64	0.59
10	20	7.5	51.74	15.9	7.2	51.42	137.08	2.67	0.32
11	20	7.5	51.42	15.9	7.2	51.33	137.88	2.69	0.09
12	20	7.5	51.31	15.9	7.2	51.3	138.31	2.7	0.01
13	20	7.5	51.3	15.9	7.2	51.36	137.56	2.68	-0.06
14	20	7.5	51.3	15.9	7.2	51.54	136.37	2.65	-0.24
15	20	7.5	51.31	15.9	7.2	51.78	134.77	2.6	-0.47
16	20	7.5	51.32	15.9	7.2	51.92	132.95	2.56	-0.6
17	20	7.5	51.35	15.9	7.2	51.85	131.21	2.53	-0.5
18	20	7.5	51.41	15.9	7.2	51.7	129.98	2.51	-0.29
19	20	7.5	51.53	15.9	7.2	51.61	129.29	2.51	-0.08

4. 描述单向三车道高速公路上车道变换的过程,并绘制车道变换模型的仿真流程图。

第 5 章

行人交通仿真

随着各种大型活动的日益增多、交通枢纽规模的日益庞大,高度聚集的行人组织管理、安全疏散等问题越来越受到组织方、运营方以及相关研究人员的重视。在行人高度聚集的场所,一旦发生事故往往会造成大量的人员伤亡,损失惨重。目前,大型活动及交通枢纽的人流组织方案制定多借助于行人交通仿真软件辅助完成,仿真软件对行人实际行为模拟的相似程度直接影响到人流组织方案制定的有效性。本章将系统介绍行人交通的基本特性,探讨影响行人行为的多种因素,并对行人交通仿真模型及其应用进行深入讨论。通过本章内容的学习,掌握行人交通的基本特征和基本特性,进一步重点掌握元胞自动机模型、社会力模型和 Agent 模型等使用广泛的行人交通模型,了解紧急疏散场景下行人群体行为的时空分布特征、影响因素及疏散时间计算方法。最后通过实际案例展示不同模型在行人交通仿真中的应用,了解各类模型的适用条件。

5.1 行人交通

5.1.1 行人交通的影响因素

步行是城市交通系统中最为基本的一种交通方式,采用任何交通方式的出行,其邻近起终点的交通均为步行,出行换乘的过程中也有很大一部分是步行。因此,行人交通在城市交通系统中具有特殊重要地位,它不仅关系到行人自身的安全,也影响着整个交通系统的运行效率。行人在出行过程中会受到多种因素的影响,包括但不限于:

(1)交通环境:包括道路设计、交通信号、人行道的宽度和状况、交通流量等,这些因素均会对行人的行走路线和速度产生影响。

(2)生理因素:如年龄、性别、健康状况等,不同生理特征的行人具有不同的行走速度和行为模式。

(3)心理因素:行人的心理状态,如焦虑、急躁或放松,也会影响行走速度和对周围环境的注意力。

(4)社会文化因素:不同文化背景下的行人可能具有不同的交通行为习惯,如对交通规则的遵守程度、对个人空间的需求等。

(5)技术因素:随着智能手机等移动设备的普及,行人在行走时可能会分心使用这些设备,从而增加交通事故的风险。

(6)天气条件:雨雪、大风等恶劣天气会影响行人的视线和行走稳定性,可能导致行走速度减慢或改变路线。

(7)时间压力:当行人面临时间压力时,可能会选择更快的行走速度或更直接的路线,有时甚至不惜违反交通规则。

(8)群体行为:在某些情况下,行人可能会受到周围人群行为的影响,如跟随人群穿越道路等。

了解和研究行人交通,对于提高城市交通的安全性、效率和可达性至关重要。城市规划者和交通管理者需要综合考虑这些因素,设计出更加人性化、安全和高效的行人交通系统,以满足不同行人的个性化需求。

5.1.2 行人交通的基本特性

行人交通行为,是指行人在出行过程中,在交通环境、生理和心理等多种因素影响下表现出来的与交通有关的一系列活动。行人交通理论是以行人、车辆、道路、场站及行人交通组织管理为研究对象,通过研究行人交通行为及群集规律,揭示和预测不同环境下现状及未来行人的宏观和微观发展演变趋势,科学指导行人交通系统中各类设施的规划设计及运营组织与管理,从而保证行人交通系统安全、高效运行。

行人交通的研究可以分为宏观和微观两个层次。宏观层次以行人群体为研究对象,剖析行人流的整体运动特征,包含行人流"流量-密度-速度"之间的基本关系、行人的自组织行为等。微观层次以人群中的行人个体为分析对象,研究个体的行走特征以及个体之间的相互作用,包括个体行人的自由流速度分布、行走规则等。

行人交通的基本特性分为包括单个行人和群体行人两个方面。

1)单个行人特性

单个行人的特性主要体现在个体行人在移动(行走)过程中所表现出来的个体行为特征,主要包括个体步行速度、步幅、步频和占有空间等。

(1)步行速度

速度是反应行人交通特性的主要参数,行人交通规划、交通设施设计以及行人运营组织等均以行人速度为基本因素展开。影响步行速度的因素包括行人自身条件(年龄、性别、文化、习惯以及行动能力)、出行目的、步行设施和外界环境等。综合研究成果表明,行人速度一般在0.9~1.5m/s之间。对北京市的连续行人设施(人行道、广场等地)进行的步行速度调查结果如表5-1所示。

步行速度调查结果 表5-1

序号	行人类别	速度平均值(m/s)	速度标准差(m/s)	步幅平均值(m)	步幅标准差(m)
1	全体	1.21	0.36	0.637	0.385
2	男性	1.25	0.37	0.666	0.279
	女性	1.16	0.33	0.666	0.263
3	男中青年	1.28		0.668	
	男性老年	1.02		0.571	
	女性中青年	1.21		0.624	
	女性老年	0.98		0.530	
4	儿童	1.19		0.588	
	中青年	1.25		0.660	
	老人	1.00		0.548	

针对不同交通设施环境下行人速度的调查结果如表5-2所示,如果人行道坡度超过10%时,平均步行速度以0.1m/s降低,行人道上行人自由流速度约为1.5m/s。

不同交通设施环境下行人速度 表5-2

序号	类别	速度平均值(m/s)	速度标准差(m/s)
1	户外平地	1.24	0.25
2	上坡速度	1.30	0.23
3	下坡速度	1.36	0.23
4	户外下台阶	0.71	0.12
5	室内通道	0.96	0.18
6	室内上楼梯	0.64	0.21
7	室内下楼梯	0.79	0.14
8	户外上楼梯	0.82	0.21
9	户外下楼梯	0.80	0.13

(2)步幅

步幅是指步行者两脚先后着地、脚跟至脚趾或脚尖至脚尖之间的距离。一般情况下,儿童、妇女和老年人的步幅较小,男性、中青年人的步幅较大。大量的观测资料表明,一般身材高、精神愉悦或者在下坡的人步幅大,而身材矮、精神不振或者在上坡的人步幅小。调查显示,我国男性平均步幅为0.67m,女性步幅为0.61m,平均步幅为0.64m。不同年龄、性别的行人步幅如表5-3所示。男子平均步幅比女子高8%;青年人与中年人步幅接近,比老年人高12%。

不同年龄/性别行人步幅 表5-3

年龄/性别	平均步幅(m)	年龄因素	平均步幅(m)	性别因素	平均步幅(m)	所有人	平均步幅(m)
青年男子	0.67	青年人	0.65	男子	0.66	全体平均	0.64
青年女子	0.63						
中年男子	0.66	中年人	0.64				
中年女子	0.61						
老年男子	0.60	老年人	0.58	女子	0.61		
老年女子	0.56						

（3）步频

步频是指行人在单位时间内行进的步数，步数为步行者在单位时间内两脚着地的次数，一般以"次/分钟"为计量单位，每分钟行走步数的变化值在80～150之间，常用值为120。对于特定的行人，步幅往往相对固定，所谓"习惯性步幅"，步频则成为影响速度值的主要控制指标，反映了行人行走的敏捷性、心理状态及对周围环境变化的调节，如赶路的学生比一般状态的行人步频增加了10%。不同年龄、性别的行人步频调查结果如表5-4所示。男子平均步频比女子低3.6%；青年人比中年人高2.6%，比老年人高6.4%。

不同年龄/性别行人步频 表5-4

年龄/性别	平均步频(次/s)	年龄因素	平均步频(次/s)	性别因素	平均步频(次/s)	所有人	平均步频(次/s)
青年男子	1.96	青年人	1.99	男子	1.92	全体平均	1.96
青年女子	2.01						
中年男子	1.91	中年人	1.94				
中年女子	1.99						
老年男子	1.83	老年人	1.87	女子	1.99		
老年女子	1.91						

（4）行人个体的空间需求

行人个体的空间需求是指行人在所处的交通环境中对活动空间的需求。人体站立时所占用的空间近似为长轴——肩宽、短轴——胸厚的椭圆。根据HCM 2000中关于行人特性的描述，一个行人最基本的行走空间为一个0.5m×0.6m的简化人体圆，总面积为0.3m^2，这是行人空间的最小值，仅能满足行人行走的身体空间。除了对行走空间的需求，心理空间（前行空间）亦不能忽视：女性身体缓冲空间一般为0.37～0.46m^2；男性身体缓冲空间一般为0.74～0.84m^2。

2）群体行人特性

群体行人，即行人流。群体行人的特性指标主要包括：路段行人交通量、行人密度和行人平均速度等。

群体行人的定性度量与机动车交通流相似,例如自由选择速度和超越他人的可能性等;且包含了更为直接的与行人流相关的度量,例如横穿行人流的能力、躲避冲突和调节步行速度的能力等。

(1)流量-密度-速度

在介绍三者关系之前,首先明确行人流量、密度和速度的概念。行人流量是指人行道单位有效宽度上的平均人流量,单位是人/min/m;行人密度是指人行道或者排队区内单位面积上的行人数,其单位为人/m²;行人速度是指平均的行人步行速度,单位为 m/s。行人流速度、密度、流量之间的基本关系与机动车交通流相似,其关系式如式(5-1)所示:

$$v_{\text{ped}} = S_{\text{ped}} \cdot D_{\text{ped}} \tag{5-1}$$

式中,v_{ped}为单位行人速率(人/min/m);S_{ped}为行人步行速度(m/min);D_{ped}为行人密度(人/m²)。

(2)行人速度-密度关系

当行人流量和密度增加时,行人速度下降。当密度增加时,行人空间减少,单个行人的机动性降低,行人流平均速度下降。HCM 2000 中关于学生、通勤者、购物者三类行人流速度和密度之间的关系如图 5-1 所示。

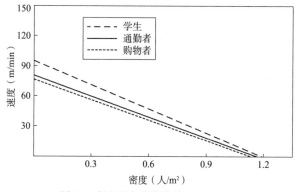

图 5-1　行人速度-密度关系(HCM 2000)

(3)行人流量-速度关系

当人行道上的行人较少时,步行自由、速度较高;当流量增加时,由于行人之间的交互影响增大,步行速度下降;当拥挤程度达到临界状态时,行走变得更加困难,流量和速度均降低。不同类型行人的流量-速度关系如图 5-2 所示。

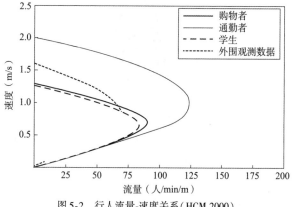

图 5-2　行人流量-速度关系(HCM 2000)

(4)行人速度-空间关系

步行速度与可利用空间之间的关系如图5-3所示。当可占用空间较小时,速度的变化随空间变化的程度较大;而当可占用空间达到一定程度(空间大于$3m^2/人$)时,步行速度几乎不会发生变化。

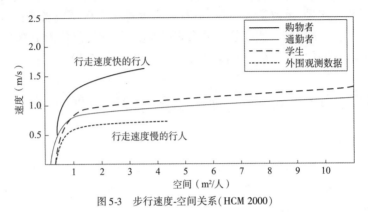

图5-3 步行速度-空间关系(HCM 2000)

3)行人自组织行为

行人交通流区别于机动车交通流的重要特征是它具有许多自组织特性。由于这些群体行人的行为并非由外界因素设定(如信号灯、交通法规等)形成,而是由不同的个体行人在完成自己目标的同时无意识形成。较为典型的行人自组织行为包括:瓶颈扇形汇聚现象、双向行人流分层现象以及交叉人流成带现象等。

(1)瓶颈扇形汇聚现象

当上游行人到达率大于下游设施的通行能力时,即会形成瓶颈。在瓶颈处,由于到达率大于瓶颈通行能力,会造成行人的堆积,并在瓶颈处形成扇形高密度区。以商店出入口(或步行街宽度突然减小处)为例,如图5-4场景,行人从左侧开始运动,通过中间的商店入口,最终到达右侧。

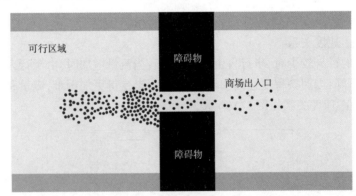

图5-4 行人出入口的自组织行为

可以看出,行人流存在明显的自组织特性,这一特性是指"行人自由运动过程中整体上持续形成的有规则斑图的特性,这种现象不是指定规则下个体运动的结果,因此,不能通过简单平均每个运动个体的行为进行解释"。以商店出入口(瓶颈)的单向行人流动过程为例:行人在距离入口较远处时,行人呈无规则的随机分布;当行人接近商店出入口后,行人自发形成扇形分布,且越接近入口这一现象越为明显;当行人通过入口后,这一现象随即消失,行人又呈现自由分布向下一个目的地运动。

(2) 双向人流分层现象

在相向行人中,行人的主要运动方向有两个,且这两个运动方向间的夹角为180°。当处于低密度状态时,行人可以自由运动而几乎不与其他方向的行人发生碰撞,然而当密度上升时,行人需要降低自身的运动速度,从而避免潜在碰撞的可能。同时,研究表明具有相同运动方向的行人倾向于跟随与他自身运动方向相同的前驱行人,因此,出现了相向人流中的分层现象。以步行街为例,步行街内的双向人流抽象为图5-5场景,其中:空白处区域为行人可以移动的区域,黑色圆点表示从左至右行走的行人,浅色方块表示从右向左行走的行人。

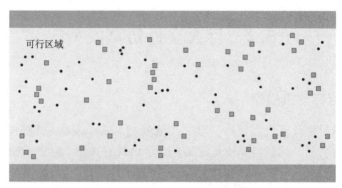

图5-5 步行街双向人流(低密度状态)

研究表明具有相同运动方向的行人倾向于跟随与其自身运动方向相同的前驱行人,因此形成了相向人流中不同的"层(Lane)",分层现象的发生具有较为独特的时空特性,如图5-6所示。第一,即便在人口的边界密度给定的情况下,分层的数目也会发生改变;其次,相向人流中形成的分层动态变化,而非固定不变。例如,某一相向行人流在初始观测时的分层数为两层,但在一段时间后,其层数有可能会变为三层甚至更多,且分层的位置也会随着时间的推移而发生相应的变化;第三,随着入口边界上行人密度的增加,通道内形成的层的数目也会相应地增加。

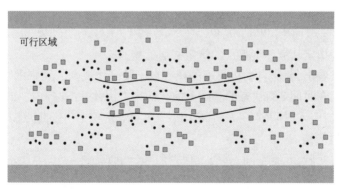

图5-6 步行街双向人流自组织现象(中高密度状态)

相向行人流中分层现象的出现说明行人在运动过程中选择左前方或右前方的概率并不相等,两个相反方向的对称性在行人行进方向选择时被破坏。分层现象在相向行人流中体现得非常明确,值得注意的是,由于一些国家行人交通规则或者行人行走习惯的不同,行人在运动过程中对于方向选择的偏好有所区别,例如在中国,行人一般习惯靠右行走,而在日本则刚好相反。

(3)交叉人流成带现象

交叉人流,指的是主运动方向夹角不等于180°的两组行人流。当行人处于交叉流状态时,每个人均需要穿越其他运动方向的行人的路径,因此在运动过程中自发形成不同的群体,从而避免与其他运动方向的行人发生碰撞,每个群体内部的行人具有相同的主运动方向。这种个体之间的相互作用造成了在两组行人的交叉流区域内部形成宽度近似相等的行人带状分布。与相向行人流分层现象相似的是,交叉流中的自组织成带现象同样具有动态变化的特性。

5.2 行人交通仿真模型

5.2.1 元胞自动机模型

元胞自动机最早由计算机之父——冯·诺依曼(J. Von Neumann)提出,用于模拟生命系统所具有的自复制功能。元胞自动机是定义在一个由具有离散、有限状态的元胞组成的元胞空间上,并按照一定的规则在离散的时间维上演化的动力学系统,是物理参量只取有限数集的物理系统的理想化模型。与一般的动力学模型不同,元胞自动机不是由严格定义的物理方程或函数确定,而是通过一系列模型构造的规则构成,凡是满足这些规则的模型均可算作元胞自动机模型。因此,元胞自动机模型是一类模型的总称。

元胞自动机的严格定义为:

①规整的元胞网格覆盖 d 维空间的一部分;

②归属于网格的每个格位 p 的一组布尔变量 $\Phi(p,t) = \{\Phi_1(p,t), \Phi_2(p,t), \cdots, \Phi_n(p,t)\}$,给出了每个元胞在时间 $t = 0,1,2,\cdots,n$ 的局部状态;

③演化规则 $R = \{R_1, R_2, \cdots, R_n\}$ 按公式(5-2)的方式制定状态 $\Phi(p,t)$ 的时间演化过程:

$$\Phi(p,t+1) = R_i[\Phi(p,t), \Phi(p+\varepsilon_1,t), \Phi(p+\varepsilon_2,t), \cdots, \Phi(p+\varepsilon_m,t)] \quad (5-2)$$

式中,$p + \varepsilon_m$ 为指定从属于元胞 r 的给定邻居元胞。

从定义中可以看出,元胞自动机模型的核心在于其演化规则。元胞网络在时间 $t+1$ 的状态是按照演化规则在时间 t 的状态的基础上演化而来。因此,在建模时,如需对个体的状态进行长期记忆时,仅需引入时间轴 $t-k, t-k+1, \cdots, t-1, t, t+1, \cdots$ 上的状态即可。

1)元胞自动机的构成

元胞自动机由元胞、元胞空间、邻居及规则四部分组成。

(1)元胞

元胞是元胞自动机最基本的组成部分。元胞分布在离散的一维、二维或多维空间的晶格点上。每一个元胞在某一时刻有其自身的状态,元胞的状态可表示为多种离散形式。按照元胞自动机的严格定义,元胞自身只包含一个状态变量,但在实际应用过程中,根据模型的需要可以添加其他的状态变量。例如,在研究行人的元胞自动机模型中,元胞被个体行人占据,每一个被占据的元胞,其包含的状态变量包括行人自身的属性,如性别、年龄等。

(2) 元胞空间

元胞空间是指元胞分布在空间网点的集合。理论上,元胞空间的几何划分可以是任意维数的欧几里得空间的规则划分。目前,大多数的研究及应用集中于一维和二维元胞自动机。常见的二维元胞自动机,其元胞空间通常分为三角网格、四方网格和六边形网格三种,如图5-7所示。

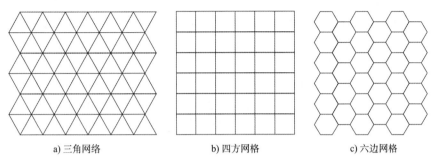

a) 三角网络　　　　b) 四方网格　　　　c) 六边网格

图5-7　常见的三种元胞空间

边界条件:理论上,元胞空间可以在各个维度上无限延伸,但在实际应用中,无限网格系统的演化无法进行模拟处理,因此,需要定义边界条件。常见的边界包含四种,即周期边界、固定边界、绝热边界和映射边界。

(3) 邻居

邻居是指某元胞在元胞空间中搜索的区域。元胞自动机模型对邻居的大小没有限制,但要求所有元胞的邻居大小均要相同。实际上,邻居往往是由邻接的元胞构成,如果邻居的空间域太大,则演化规则的复杂性会随着邻居元胞数量的增长呈指数增长。二维元胞自动机模型中两种常见的邻居包括冯·诺依曼(Von Neumann)邻居和摩尔(Moore)邻居,其特性如图5-8所示。

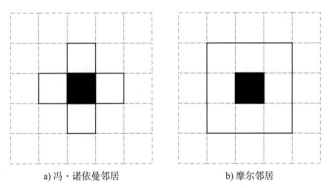

a) 冯·诺依曼邻居　　　　b) 摩尔邻居

图5-8　元胞自动机模型中两种常见的邻居

(4) 演化规则

演化规则是根据元胞的当前状态及其邻居的状况,确定下一时刻该元胞状态的动力学函数,简言之,就是一个局部状态的转移函数。设元胞 i 在确定的时间 t 时的状态为 $S_i(t)$,则 $t+1$ 时刻的状态 $S_i(t+1)$ 取决于 $S_i(t)$ 及 t 时刻元胞 i 的邻域状态组合 $S_N(t)$,如式(5-3)所示:

$$S_i(t+1) = \Phi(S_i(t), S_N(t)) \tag{5-3}$$

2) 元胞自动机的特征

根据元胞自动机模型的定义及构成可知,标准的元胞自动机具有以下特征:

（1）同质性、齐性：同质性表现在元胞空间内每个元胞的变化均服从相同的规律，即元胞自动机的规则；齐性是指元胞的分布方式、大小、形状相同，空间分布规则整齐；

（2）空间离散：指元胞分布在按照一定规则划分的离散的元胞空间上；

（3）时间离散：指系统演化按照等间隔时间分步进行，时间变量只能取相等步长的时刻点，如 $t,t+1,t+2,\cdots$，并且 t 时刻的状态只对下一时刻 $t+1$ 的状态产生影响；

（4）状态离散有限：指元胞自动机的状态参量只能取有限个离散值；

（5）并行性：指若将元胞自动机的状态变化看作是对数据或信息的计算或处理，则元胞自动机的处理为同步进行，适合于并行计算；

（6）时空局部性：指每个元胞在下一时刻 $t+1$ 的状态，取决于其邻域中的元胞在 t 时刻的状态，即所谓时间、空间的局限性；

（7）维数高：由于任何完备元胞自动机的元胞空间均是定义在一维、二维或多维空间上的无限集，因此，元胞自动机是一类无穷维动力系统。在实际应用中无法处理无限个变量，但能够处理由数量很大的元胞组成的系统。

在上述特征中，同质性、并行性、局部性是元胞自动机的核心特征，任何对元胞自动机的扩展应当尽量保持这些核心特征，尤其是局部性特征。

3）基于元胞自动机模型的行人仿真

基于元胞自动机模型的行人仿真软件有多种，如 Legion、Steps 等。其中 Legion 软件是目前世界上使用最为广泛、技术最为成熟的行人交通仿真软件。Legion 软件由 Model Builder、Simulator 和 Analyser 三个模块组成，能够精确仿真行人步行运动，并考虑行人相互间的作用和与周围环境中障碍物之间的作用。Legion 软件具有建模操作便捷、分析功能强大、人车混合仿真等特征。与 Legion 软件相比，Steps 软件同样采用了基于实体的方法和元胞自动机模型，但是 Steps 软件不具备人车混合仿真的功能。

5.2.2 社会力模型

社会力模型是一种描述行人连续运动的微观模型，它认为行人的运动状态改变是由于受到一种称为"社会力"的作用。社会力的概念最早由美国心理学家 Lewin 于 1951 年提出，1995 年 Helbing 正式建立了社会力模型。社会力模型以牛顿动力学为基础，将行人的运动视为一种自驱动的粒子模型。社会力的概念并不指物理上实际存在的力，而是以一种虚拟的方式代表行人的社会心理以及行人之间、行人和环境之间的相互作用。社会力模型具有计算强度大、描述能力强等特点，由于对影响个体行人的因素考虑全面，对个体行为的建模合理，该模型可以逼真地模拟人群的疏散过程，在行人仿真领域影响较大。

1）社会力模型的构成

行人个体的实际行为受个体的主观意识、个体与个体之间的作用以及障碍物这三个方面因素的影响，均可将其看作力在个体上的作用，即驱动力、人与人之间的作用力以及人与障碍物之间的作用力，这些力的合力作用于行人，产生一个加速度，如式(5-4)所示：

$$m_i \frac{\mathrm{d}v_i}{\mathrm{d}t} = m_i \frac{v_i^0(t)e_i^0(t) - v_i(t)}{\tau_i} + \sum_{j(\neq i)} f_{ij} + \sum_w f_{iw} \tag{5-4}$$

（1）驱动力

驱动力是个体主观意识对其行为的影响，可化为个体所受自己作用的"社会力"，体现了

行人以期望的速度移动到目的地的动机,驱动力 f_i^0 的表达式如式(5-5)所示:

$$f_i^0 = m_i \frac{v_i^0(t)e_i^0(t) - v_i(t)}{\tau_i} \tag{5-5}$$

式中,m_i 为行人 i 的质量;$v_i^0(t)$、$v_i(t)$ 为行人 i 的期望速度和实际速度;$e_i^0(t)$ 为期望的运动方向;τ_i 为反应时间。

(2)人与人之间的作用力

行人在运动过程中,最重要的交互作用是与其他人保持一定的距离,在社会力模型中这种交互作用是以排斥力的形式表现,即人与人之间的作用力。排斥力取决于行人间的距离,在某一微小的距离内存在一个最大值(阈值),作用力不会超过这一阈值,并会随着距离的增大而减小,直至作用力为零。

人与人之间的作用力是指行人试图与其他人保持一定距离所作用的"力",包括"社会心理力" f_{ij}^s 和身体接触力 f_{ij}^p。设行人对行人的作用力为 f,则:

$$f_{ij} = f_{ij}^s + f_{ij}^p \tag{5-6}$$

社会心理力是指两个行人 i 和 j 之间希望保留一定的距离的心理排斥力,其指数形式的函数表达式如式(5-7)所示:

$$f_{ij}^s = A_i \exp[(r_{ij} - d_{ij})/B_i]n_{ij} \tag{5-7}$$

式中,A、B 为常数;d_{ij} 为两个行人重心间的距离,$d_{ij} = \|r_i - r_j\|$;n_{ij} 为从行人 j 指向行人 i 的标准化向量,$n_{ij} = (n_{ij}^1, n_{ij}^2) = (r_i - r_j)/d_{ij}$。

身体接触力分为身体挤压力及滑动摩擦力两种作用力,身体接触力 f_{ij}^p 的表达形式如式(5-8)所示:

$$f_{ij}^p = kg(r_{ij} - d_{ij})n_{ij} + kg(r_{ij} - d_{ij})\Delta v_{ji}^t t_{ij} \tag{5-8}$$

综上所述,人与人之间作用力如式(5-9)所示:

$$f_{ij} = A_i \exp[(r_{ij} - d_{ij})/B_i]n_{ij} + kg(r_{ij} - d_{ij})n_{ij} + kg(r_{ij} - d_{ij})\Delta v_{ji}^t t_{ij} \tag{5-9}$$

(3)人与障碍物之间的作用力

人与障碍物之间的作用力与行人之间的作用力从定义到计算方法均较为相似,在此不再赘述,其表达式如式(5-10)所示:

$$f_{iw} = A_i \exp[(r_{ij} - d_{iw})/B_i]n_{iw} + kg(r_i - d_{iw})n_{iw} + kg(r_i - d_{iw})(v_i \cdot t_{iw})t_{iw} \tag{5-10}$$

式中,d_{iw} 为行人 i 与障碍物(例如,墙) w 之间的距离;n_{iw}、t_{iw} 为行人与墙的法线方向和切线方向。

2)社会力模型的局限性

(1)不符合人类综合考虑各种内在驱动因素的客观规律。人类对各种外因作用的全面考虑过程是一个典型的非线性的思维处理过程,而不是线性加合规则所体现的"量大者为主"原则。

(2)不能从机理上避免行人与障碍物之间的碰撞以及行人之间的重叠。

(3)未充分、细致地考虑行人的行动能力限制。行人的当前速度(速率和朝向)对于其下一步活动中的转向和加、减速均存在一定的约束作用。

3）基于社会力模型的行人仿真

基于社会力模型的仿真软件包括 SimWalk、AnyLogic 和 Vissim 等。SimWalk 采用基于主体的技术,每个主体代表一位具有特定目的地、步行速度和避免拥挤的行人,其核心算法是基于社会力模型的势场算法。AnyLogic 虽然同样基于社会力模型,但仿真的实现主要依靠行人库,仿真软件由基础仿真平台和企业库等组成。Vissim 的行人仿真也是基于社会力模型,其基本原理是通过牛顿力学的受力分析,建立行人基本行为趋向性的模型;从社会力的角度,心理和物理上产生的影响将共同构成对行人行为的推动力。

5.2.3 Agent 模型

Agent 模型是一种计算模型,用于模拟自主主体(个人或集体)的行为和相互作用,以了解系统的行为以及控制其结果的因素。Thomas Schelling 等人在元胞自动机的基础上,提出了最早的 Agent 概念模型之一——Segregation Model。

Agent 可以翻译为"智能体",既区别于"个体(Individual)",又区别于单词本意的"代理人",是一种可人为定义的、具有一定自身性质和相互作用性质的抽象对象。

大多数 Agent 模型由以下部分组成:

(1)以不同规模指定的大量主体[通常称为主体粒度(Agent-Granularity)];

(2)决策启发式;

(3)学习规则或适应过程;

(4)交互拓扑(Interaction Topology);

(5)环境。

Agent 智能体的特性主要包括:

(1)自治性:智能体运行时不直接由人或其他因素控制,它对自身的行为和内部状态具有一定的控制权;

(2)社会能力:智能体能够通过某种智能体通信语言与其他智能体进行信息交换;

(3)反应能力:对环境的感知和影响,智能体可以感知它们所处的环境,并通过行为改变环境;

(4)自发行为:智能体的行为是主动或自发的,智能体感知周围环境的变化,并基于目标实施行为。

简单的 Agent 模型结构如图 5-9 所示。

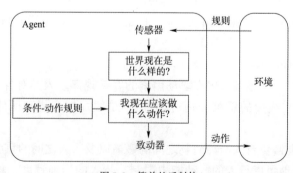

图 5-9　简单的反射体

简单的反射体仅根据当前感知采取行动,Agent 的功能基于"条件-动作规则(Condition-Action Rule)",即如果满足条件,则动作。值得注意的是,只有当环境完全可观察时,此主体功能才会成功。以行人在遵守交通规则的情况下过马路为例,"条件-动作规则"是"红灯停,绿灯行",则只有当绿灯亮起,行人才会过马路。

Agent 模型是近期发展起来的一种行人交通模型,使用该模型的专业行人仿真软件较少,但 Agent-based 的其他一些二次开发软件也能够应用于行人仿真中,如 Netlogo。Netlogo 是一个适用于随着时间演化的复杂系统模型,它提供了一个二维平面以及能在该平面运动的智能体,通过控制智能体运动规则,从而探究微观层面上的个体行为与宏观模式之间的联系。使用 Netlogo 进行行人仿真时,将系统中的每一个 Agent 看作行人,按照行人自身特点在特定的交通区域内活动。

5.3 行人疏散行为

行人交通仿真理论与技术服务于场所的行人组织,场所的行人组织按运行状态可分为两类:正常运行和紧急疏散。行人组织的原则为安全、高效和舒适,其中安全最为重要。由于在紧急疏散的情况下,可能伴随着踩踏事故的发生,从而造成人员的伤亡,因此紧急疏散情况下为减小事故发生的概率、保障行人安全的行人疏散行为和仿真技术研究一直受到广泛关注。

5.3.1 行人疏散行为概述

由于在现实中数据获取难度较大,关于紧急疏散情况下个人的行为和踩踏事故发生过程的研究并不多,大部分研究都属于定性范畴。德国 Helbing 对踩踏事故进行了深入分析,认为恐慌是导致踩踏事故发生的直接原因。他指出恐慌是聚集人群经常发生的一种群体行为,人群中个人的情绪处于恐慌状态,可能做出一些在一般情形下不会做出的行为。这种恐慌状态可能是多种情况叠加的结果,有时甚至没有明显的原因。在人群中,恐慌情绪的蔓延十分迅速。一般在极短的时间内(几分钟之内)就可以从个人的恐慌演变为人群整体的恐慌。

Helbing 对人群在恐慌的状态下个人的行为进行了总结,并归纳为以下特征:
(1)个人的行为较少受法规和道德的影响,呈现出一种近似疯狂的行为;
(2)个人的情绪变得十分紧张,会产生一些盲目、不理性的行为,例如盲目跟随人群;
(3)个人都试图以远超一般状态的速度前进;
(4)人群中个人之间的物理作用和身体接触频率大大增加;
(5)在场景有两个以上的疏散出口时,人群往往会聚集在一个出口处,而其余出口则很少被人使用甚至被完全忽略。

人群在疏散时发生拥挤踩踏事故的过程中归纳为以下特征:
(1)原发事故发生,引起人群恐慌,并开始疏散;
(2)恐慌的人群在疏散过程总是努力地移动,速度比平常时要略快;
(3)恐慌下人群总是有聚集的倾向,即跟随大部分人的行为;
(4)疏散过程中个别人开始推挤,人群之间的相互作用变为身体接触;

(5)在疏散过程中,特别是在经过建筑"瓶颈"处时,人群移动变得不协调。例如,在公共场所的出口或者拱形结构处形成堵塞;

(6)在疏散过程中,某些不熟悉的出口或应急出口不能够被很好地利用,或者被忽视;

(7)在疏散过程中,跌倒和受伤的人群形成障碍,导致人群挤压;

(8)随着恐慌人数的增加,堵塞处人群之间的相互作用加强,可以形成足够危险的压力,达到4450N/m时能够折断钢筋或是推倒水泥墙;

(9)如果不能够及时疏导,那么这种压力积累到一定程度就会造成人员伤亡;

(10)伤亡的人员又成为后面人群的障碍,从而引发更严重的人群伤亡。

Helbing的研究主要集中在定性层面的研究,并未提出恐慌的量化计算方法。后续研究尝试给出人群恐慌的量化计算方法,用恐慌度来表示人群的恐慌程度:

$$P_\alpha(t) = 1 - \frac{\bar{v}_\alpha(0)}{v_\alpha^0(0)} \tag{5-11}$$

式中:$P_\alpha(t)$——恐慌度;

$v_\alpha^0(0)$——人群的初始速度(m/s);

$\bar{v}_\alpha(0)$——人群向期望方向运动的平均速度(m/s),与周围人群密度有关。

踩踏事故的发生与人群密度密切相关。有研究通过对踩踏事故案例的分析和仿真研究,得出了行人的安全临界密度:静止人群的安全临界密度为4.7人/m²,运动人群的安全临界密度为4.0人/m²。这些数值可以作为预防和判断踩踏事故发生的重要参考指标。

5.3.2 行人疏散行为影响因素

在紧急疏散情景下,行人的行为受各种因素影响,可分为生理因素、心理因素和环境因素。

1)生理因素

生理因素包括年龄、性别和身体状况等。

在紧急疏散中,年龄对人的行为的影响主要是人的感知和认知危险的能力,此时人的移动能力降低。不同年龄段的行人安全逃生的概率不同,有研究表明,25~34岁的人安全逃生的概率最高,而小于5岁和大于65岁的人在火灾中安全逃生的概率最低。年龄对乘客行为的影响还表现在步行速度上,儿童与老年人的步行速度较低。

性别的差异会导致行人疏散行为的差异。例如,在火灾疏散中女性一般会做到通知别人或打火警电话,寻求帮助和营救,等待进一步的信息和离开房间;而男性更可能想办法灭火、搜寻灾中的人和进行营救。

身体状况直接影响了行人的反应能力、认知能力和决策能力。例如,残疾人与正常人相比在某一方面存在能力的不足,包括视力、听力、肢体、智力和精神等,这些都可能导致行为的可靠性降低、行动失误增加。特别是在事故中,人的残疾会导致其在事故中的伤亡的比例增大。

2)心理因素

紧急疏散中,当大量行人聚集在一起并且长时间无法摆脱困境时,行人会产生不耐烦、急躁、易怒和情绪失控等个性特征,个别行人还会趁机生事或者不听工作人员的指示而强行采取个人行动,引起人群躁动,继而引发踩踏、推挤等事故。紧急疏散情况下,行人产生的独特心理反应主要表现在以下几个方面:

(1)冲动和侥幸心理。在疏散情景下,由于场景中行人众多、个体失去行动自由、行人互相推挤等外在刺激的作用,行人的忍受极限会受到挑战。行人为了能尽快离开现场,会产生一些冲动的想法。在这种冲动心理的支配下会产生侥幸心理,采取无法预知结果的逃生行为;在侥幸心理的作用下,人们的冲动心理会更加严重,导致恶性循环。

(2)从众心理。从众心理是指人们在自身没有主见的情况下,寄希望于跟随人流离开特殊环境的心理行为。人们普遍有"多人一起行事"比较安全的想法,在非常状态因恐慌很容易失去主观判断、容易接受他人行为的暗示,从而追随多数人的行为。如果逃生中有人对环境比较熟悉,运用从众心理的特点可以减少混乱及人员伤亡。

(3)恐惧与惊慌心理。当有威胁人们安全的情况发生时,才会对行人进行紧急疏散。例如,火灾、恐怖袭击等情景,此时行人对紧急事件的担忧以及对现场环境的不了解均会让行人产生恐惧心理。而惊慌心理是人们在特定环境条件下,由于焦虑、急躁等因素诱导引起。紧急事件具有突发性的特点,不可能给人们充足的时间做心理准备,并且对紧急事件进行有效控制需要一定的时间。在事态得到有效控制前,行人会感受到赖以生存的空间和可供疏散的时间不断减少,心理平衡遭到破坏,进而加重对现状的焦虑、产生惊慌心理。

3)环境因素

环境主要指行人所处的场景,场景对人的行为的影响主要表现在其复杂程度、疏散通道的通行能力和疏散出口的位置上。处于大型公共建筑物中的行人在感知到火灾信息时,一般反应是立即逃生。如果疏散通道的疏散能力被制约,或多个紧急疏散出口的位置不明显,人们就有可能同时涌向一个建筑物的常用出口,进而引发群集事故。

在紧急疏散中,行人选择出口的决策主要依赖直觉和经验,包括与疏散出口的距离、疏散出口的状态、对疏散出口的熟悉程度、疏散出口的标志及标志的可识别性等。研究表明,在公共建筑物火灾疏散过程中,行人的疏散出口选择具有明显的偏好性。当行人与熟悉出口的距离及紧急疏散出口的距离相同时,选择熟悉出口和紧急出口的比例约为22:9;而当行人与熟悉出口的距离是其与紧急疏散出口距离的2倍时,行人选择两者的比例约为11:19。

除上述场景本身和行人对场景的了解外,紧急疏散的管控方案同样会影响行人的安全疏散效果。合理的管控方案有助于紧急疏散安全顺利地进行;反之,不合理的管控方案不光对疏散无益,还可能导致损失进一步扩大。

5.3.3 行人疏散时间计算方法

如前所述,关于行人紧急疏散行为的相关研究多偏重于理论阶段,暂未发展到实用阶段。因此关于行人紧急疏散的规范性文件也仅限于给出相关参数的规定值,例如疏散时间阈值和疏散距离阈值,并且此类阈值多以火灾发生作为紧急疏散场景。以下对现有的疏散时间计算方法进行介绍。

1)公式法

(1)《地铁设计规范》(GB 50157—2013)

国家标准《地铁设计规范》(GB 50157—2013)是由中华人民共和国住房和城乡建设部、中华人民共和国国家质量监督检验检疫总局于2013年8月8日联合发布、2014年3月1日实施的,为使地铁工程设计达到安全可靠、功能合理、经济适用、节能环保和技术先进而制定的规范。该规范中指出,对于提升高度不超过三层的车站,乘客从站台层疏散至站厅公共区或其他

安全区域的时间 $T(\min)$ 按照下式计算：

$$T = 1 + \frac{Q_1 + Q_2}{0.9[A_1(N-1) + A_2 B]} \tag{5-12}$$

式中：Q_1——远期或客流控制期中超高峰小时 1 列进站列车的最大客流断面流量(人)；

Q_2——远期或客流控制期中超高峰小时站台上的最大候车乘客(人)；

A_1——一台自动扶梯的通过能力(人/min·m)；

A_2——疏散楼梯的通过能力(人/min·m)；

N——自动扶梯数量；

B——疏散楼梯的总宽度(m)，每组楼梯的宽度应按 0.55m 的整倍数计算。

规范中要求车站站台公共区的楼梯、自动扶梯、出入口通道，应满足当发生火灾时在 6min 内将远期或客流控制期超高峰小时一列进站列车所载的乘客及站台上的候车人员全部撤离站台到达安全区的要求，即 $T \leqslant 6\min$。

此外，美国标准委员会也制定了类似的标准。《轨道交通客运系统标准》(2007 版)是由美国标准委员会于 2006 年 7 月 28 日发布、同年 8 月 17 日生效的标准，该标准认为疏散的总时间等于最长疏散路线的总步行时间加上在不同交通要素处的等待时间。各交通要素处的等待时间计算方式包含两类：站台出口等待时间为站台的出口流动时间减去站台的步行时间；其他流通要素等待时间等于前面各流通要素的流动时间的最大值。

(2) Pauls 公式

Pauls 通过对大量的实验数据进行总结，给出了使用范围较广的疏散时间计算经验公式。该公式同样适用于对多层建筑疏散的时间计算，提出了楼梯有效宽度的计算方法，并给出了楼梯疏散能力的拟合公式：

$$f = 0.206\, p^{0.27} \tag{5-13}$$

式中：f——平均人员流率，即单位有效宽度楼梯每秒通过的人数；

p——每米有效宽度楼梯疏散的人数，即实际总疏散人数除以楼梯有效宽度。

对于多层建筑疏散时间，Pauls 给出了如下公式：

当 $p \leqslant 800$ 时，$\quad T = 0.68 + 0.081\, p^{0.73}$

当 $p > 800$ 时，$\quad T = 0.70 + 0.0133 p$ $\tag{5-14}$

式中：T——行人经楼梯完成未加控制的疏散所用的最短时间(min)；

p——在紧邻出口层上面的楼层测得的每米有效宽度楼梯所容纳的实际人数。

(3) Togawa 公式

Togawa 经验公式主要用于计算人员密集型场所中行人运动的时间，主要包括两个时间要素：滞留时间和穿行时间。滞留时间指行人通过楼梯等场景的排队时间，穿行时间指人员穿过楼梯等的纯运动时间。

$$t_{\text{move}} = \frac{N_a}{wC} + \frac{K_s}{V} \tag{5-15}$$

式中：N_a——待疏散总人数；

K_s——最后一个出口与疏散队列最前方行人的距离；

w——有效出口宽度；

C——通过疏散出口的单位流量(人/min·m)；

V——人群的行进速度。

Togawa 经验公式可以比较方便地计算采用楼梯的建筑物内人群的最短疏散时间。

(4) Melinek 和 Booth 公式

该公式由 Melinek 和 Booth 两人提出,主要用来计算多层建筑的人群最短总体疏散时间。和 Togawa 经验公式相同,Melinek 和 Booth 经验公式中的安全疏散时间也是由滞留时间和穿行时间两部分组成,具体公式如下:

$$t_{\text{move}-r} = \frac{\sum_{i=r}^{n} N_i}{w_r C} + r\, t_s \tag{5-16}$$

式中:$t_{\text{move}-r}$——第 r 层及其以上楼层的最短疏散运动时间;

N_i——第 i 层的人数;

w_r——第 $r-1$ 层和第 r 层之间的楼梯间的宽度;

C——单位楼梯宽度上的人流速率;

t_s——行人自由运动到下一层楼梯所需的时间。

2) 仿真法

使用公式法对疏散时间进行计算从而评价建筑物的疏散能力时,均假设在疏散开始时行人已经聚集到楼梯口或疏散门,然后根据疏散人数和疏散楼梯或疏散门的通行能力得到疏散时间,从而评价建筑物的疏散能力。以上方法未将行人从疏散开始时刻位置走向疏散门的时间计算在内,因此得到的结果掩盖了不同建筑结构在紧急疏散情况时的差别,换言之,用公式法判断建筑物的紧急疏散能力不够准确,存在较大误差。相比之下,仿真法能够模拟从疏散开始到结束的全过程,包含行人初始分布、路径选择、群体互动等关键要素。通过仿真,可以准确反映人群密度变化等动态过程,全面评估建筑物的疏散能力,为建筑设计和应急预案制定提供可靠的决策支持。目前,可用于行人紧急疏散的软件有很多,每个软件均有其自身的特点,用户需要根据需求进行选择使用。

(1) Legion

Legion 是一款专业的行人动态仿真分析软件,由英国 Legion 公司开发,2018 年被 Bentley Systems 收购后升级为 Legion Spaceworks。该软件主要应用于人口密集型基础设施的人流分析,包括轨道交通枢纽、体育场馆、机场航站楼、商业综合体、剧院、城市广场等大型公共空间。通过将特定的设计参数与预期客流需求进行整合,构建精确的仿真模型,为场所的规划设计和运营管理提供科学的评估依据。

在技术实现层面,Legion 具有完善的项目建模、分析和可视化功能体系。建模模块采用智能路径规划算法和空间优化技术,可高效构建复杂环境下的精确计算模型;分析模块基于经严格验证的行人动力学模型和专有算法,确保模拟结果的科学性和可靠性;可视化模块支持多维度的数据展示,能够通过地图、图表、动态视频等方式直观呈现分析成果,生成包含人群密度分布、疏散效率、空间利用率等关键性能指标的专业评估报告。

作为行人仿真领域的重要分析工具,Legion 在人流组织优化和安全评估方面具有突出优势。软件可模拟多种运营场景下的群体行为特征,评估设计方案的可行性,识别潜在的拥挤风险点,为空间布局优化和运营管理决策提供量化依据。通过与 Bentley 系列软件的协同集成,Legion 不断强化其数据处理能力和交互体验,在工程实践中发挥着越来越重要的作用,已成为当前最具影响力的行人仿真分析平台之一。

(2) STEPS

STEPS(Simulation of Transient Evacuation and Pedestrian movementS)是由英国 Mott MacDonald 公司开发的专业人员疏散与行人移动仿真软件。该软件在轨道交通站点、高层建筑、体育场馆、机场等大型公共建筑的人流分析中具有广泛应用。STEPS 采用精细化的空间建模方法和先进的行为模型,能够准确模拟复杂环境下的人群运动特征,为建筑设计和运营管理提供科学的分析依据。

在核心功能构架方面,STEPS 具有完备的模型构建、行为模拟和结果分析体系。空间建模模块支持多层次的网格划分技术,可精确表达建筑空间的几何特征和通行条件;行为模拟模块整合了基于元胞自动机的疏散模型和社会力模型,能够真实反映个体在不同情境下的移动决策和互动行为;分析评估模块提供丰富的数据统计和可视化工具,通过人流密度图、路径跟踪、瓶颈分析等多种方式展现模拟结果,输出标准化的技术评估报告。

作为专业的人员疏散分析平台,STEPS 在安全评估和性能优化方面表现突出。软件可模拟日常运营和紧急疏散等多种场景下的人群行为,评估空间设计的合理性,识别潜在的安全隐患,为疏散方案制定和设施布局优化提供定量化支持。通过不断提升的计算效率和功能完善性,STEPS 在工程领域获得了广泛认可,尤其在轨道交通和超高层建筑的人流组织优化中发挥着重要作用,是当前最具代表性的行人疏散仿真工具之一。

(3) AnyLogic

AnyLogic 是由 The AnyLogic Company 开发的多范式仿真建模软件,在行人仿真领域具有独特优势。该软件通过其行人库(Pedestrian Library)提供专业的人群移动建模与分析功能,适用于车站、机场、体育场馆、商业综合体等大型公共空间的人流组织研究。结合其多范式建模特性,AnyLogic 能够将行人动态与其他系统要素(如交通、服务设施等)进行协同仿真,构建更加完整的分析框架。

在行人仿真技术实现层面,AnyLogic 提供了完善的建模分析工具体系。空间建模支持 CAD 图纸导入和三维场景构建,可精确还原建筑物理环境;行为建模采用社会力模型和基于主体的建模方法,不仅能够模拟基本的人群移动特征,还可以定制个体决策规则和交互行为;分析评估模块提供密度热图、路径跟踪、服务水平等多种量化指标,并支持 2D/3D 动态可视化展示,便于直观理解人流特征和识别潜在问题。

作为综合性仿真平台,AnyLogic 在行人流动分析方面展现出显著优势。软件可模拟日常运营、紧急疏散、特殊事件等多种场景下的人群行为,评估空间布局和服务设施的性能表现,为设计优化和运营管理提供量化依据。通过与其他模拟范式的结合,如将行人流与公交系统、零售服务等要素整合分析,AnyLogic 能够更全面地反映设施使用特征,支持多维度的方案评估。依托其强大的建模能力和灵活的开发框架,AnyLogic 已成为行人仿真领域的重要分析工具,在交通枢纽、大型公共建筑等项目中得到广泛应用。

这三款软件各具特色:Legion 专注于大型公共空间的日常人流组织优化,凭借其出色的路径规划能力在轨道交通、机场等场景应用广泛;STEPS 则在建筑疏散性能评估方面表现突出,特别适用于高层建筑和轨道交通站点的紧急疏散分析;AnyLogic 作为多范式仿真平台,通过将行人动态与其他系统要素协同分析的优势,在需要考虑多系统交互的复杂场景中发挥重要作用。用户可根据具体项目需求,选择最适合的仿真工具开展分析研究。

5.4 行人交通仿真应用实例

行人交通作为一个复杂的系统,其运动具有随意、不规则等特点。行人交通仿真是通过计算机模拟特定交通场景中行人行为及活动的交通分析技术。近年来,行人交通仿真作为交通定量化、数字化设计的辅助工具与实现手段,已被广泛应用于交通基础设施规划布局、组织与运营管理等方面。

元胞自动机是典型的离散型行人仿真模型,而社会力模型是连续型行人仿真模型的代表。以下将介绍两个典型的行人交通仿真应用实例,分别是基于元胞自动机的高校食堂行人交通仿真以及基于社会力模型的交叉口行人交通仿真,以加深对行人交通仿真基本理论和建模方法的理解,系统掌握行人交通仿真建模的基本方法。

5.4.1 基于元胞自动机的高校食堂行人交通仿真

在高校食堂行人交通仿真中,元胞自动机可以作为一个有效的工具来模拟和分析人流的动态变化,帮助理解和优化食堂内的行人流动和管理。以下案例对高校食堂(封闭区域)及其内部的行人流进行建模,高校食堂的管理者可根据仿真结果更好地理解和预测食堂内的行人流动,从而优化食堂的布局和运营策略,提高人流管理的效率和安全性。

1)模型构建

以某高校食堂为建模场景,对行人能够活动的区域进行建模。通常在建立场景模型前,首先对真实场景进行实地考察及测量,包括食堂的实际布局(入口、出口、座位、排队区域等)、食堂中障碍物(如桌子、椅子、柜台等)的尺寸,食堂中障碍物的类型和特征,食堂中障碍物的分布情况,行人流量数据,高峰时段等。

(1)空间划分:将食堂空间划分为规则的网格,每个网格单元称为一个"元胞"。元胞具体尺寸的确定取决于行人仿真的需求和食堂的实际布局。行人作为元胞自动机模型输入的仿真元素,一般情况下,研究使用的元胞空间为正方形网格时,行人流的元胞可取边长为 $0.4 \sim 0.5m$ 的正方形。根据选取的元胞尺寸,将场景及场景中的元素元胞化。

(2)元胞状态:每个元胞可以处于不同的状态,常见的状态包括:空闲(未被行人占据),占用(被一个行人占据),障碍(如桌子、椅子、墙壁、服务窗口等),入口和出口(行人的进入和离开点)。本案例的行人交通仿真场景如图 5-10 所示。

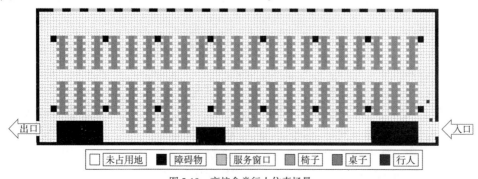

图 5-10 高校食堂行人仿真场景

其中,黑色方块代表障碍物,行人不能通过,必须绕行;黄色方块代表食堂的服务窗口,行人需在此排队进行购餐;灰色方块代表椅子,在行人购餐结束前,行人不会坐在椅子上,行人在吃饭时会与椅子重合,代表行人坐在椅子上。青色方块代表桌子,与障碍物类似,行人不能通过,必须绕行。

(3)演化规则:基于食堂内行人的行为和物理限制,定义元胞状态变化的规则。例如,行人在每个时间步长内可以向相邻的空闲元胞移动,行人不能进入被占用或障碍的元胞,行人可能根据一定的偏好选择移动方向等。

案例中每个行人占地面积为 0.4m×0.4m(一个元胞大小),且假设所有行人具有同质性。每前进一个仿真时间步,行人可以在当前元胞停留,或是向 Von Neumann 邻居移动。当然,在选择邻居时也可以选择 Moore 邻居等,不同的邻居选择可能会影响到模型演化规则的变化,此处不展开讨论。

2)参数设置

在确定场景模型之后,需要确定仿真使用的基本参数,并规定相应的取值。

(1)行人流参数:根据食堂的实际容量和预期的高峰时段,设置初始的行人流量、密度等参数。例如,行人在入口处的到达率可通过实地测量的方式取得,通过在入口处观察每 5min 或 10min 累计到达的行人数,持续记录 2h 以上,绘制行人累计到达率随时间变化的曲线,获取累计到达行人数的拟合分布。一般情况下,行人的到达率可认为服从泊松分布。

(2)行人行为参数:模拟行人在食堂的行为模式,涉及的行为参数包括:行人行走速度、行人的转向偏好、行人避让策略、行人对服务窗口的选择概率、行人对椅子的选择概率、行人购买饮料的概率、行人的吃饭时间分布、服务窗口的服务时间等。这些可以通过实验或观察数据获得。

(3)时间步长:时间步长是仿真过程中用于更新元胞状态的时间间隔,它决定了仿真的更新频率,从而影响行人移动的速度和仿真的动态表现。行人在每个时间步长内能够移动的距离应与实际行走速度相匹配。较小的时间步长可以提供更精细的仿真结果,但会增加计算量;而较大的时间步长可以减少计算量,但可能会降低仿真的精度。因此,通过观察实际食堂中行人的移动速度和行为模式,设定一个合理的时间步长。

3)仿真过程

本案例包含正常运行和紧急疏散两种情况,对应的仿真流程如图 5-11 所示。

(1)初始化:在仿真开始时,设置食堂的初始状态,包括行人的初始位置和食堂的布局。

(2)更新规则:在每个时间步长内,根据定义的规则更新元胞的状态。这通常涉及检查每个元胞的邻居元胞,并根据规则决定元胞状态的变化。根据不同的仿真场景,元胞自动机的更新规则不尽相同。

正常运行情况下,行人进入食堂,然后选择自己心仪的窗口,走向窗口排队等候购餐。购餐成功后,行人有可能选择购买饮料:若行人选择购买饮料,则行人会优先走到饮料窗口,排队等候购买饮料,购买成功后选择座椅,走向座椅,然后坐下用餐;若行人不购买饮料,则直接走向选择的座椅。用餐完毕后,行人将沿着当前自己所在位置到出口的最短路径走向出口离开食堂。

紧急情况下,当管理者发布疏散信号后,场景中一切服务停止,全部行人停止移动,等候管理者发布指令,根据所发布的指令再进行相应的疏散。

(3)迭代计算:重复更新过程,直到仿真结束或达到某个预定的条件(如仿真时间或行人数量)。

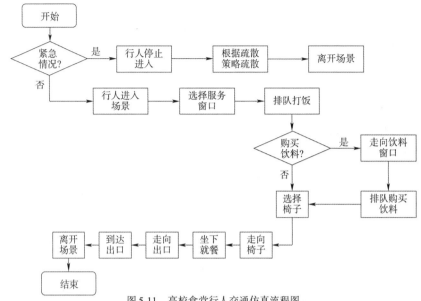

图 5-11 高校食堂行人交通仿真流程图

4) 结果分析

(1) 识别拥堵区域：根据仿真结果，识别出食堂内的拥堵热点区域，如入口、出口、排队区等，分析不同区域的行人流量，确定流量过大的区域。

(2) 布局优化建议：在拥堵区域增加通道或改变通道方向，以分散人流；调整座位布局，重新安排座位，减少座位区对行人流动的影响等；优化排队区，调整排队区的位置和形状，减少排队对其他区域的影响等。

(3) 入口和出口管理：分散入口，考虑增加或调整入口位置，分散进入食堂的人流；明确出口，确保出口位置明显且易于识别，减少行人在出口处的拥堵等。

(4) 引导系统设计：增加清晰的指示标志，引导行人流向，减少混乱；使用电子显示屏显示实时人流信息，帮助行人做出更好的路径选择等。

(5) 仿真验证：在调整布局后，重新运行仿真模型，验证调整的效果；根据新的仿真结果，进一步调整优化方案及仿真参数，直至达到理想的效果。

5.4.2 基于社会力模型的交叉口行人交通仿真

在不同的行人交通场景中，行人过街行为最为常见，且对于行人的安全影响较大。在信号控制交叉口行人交通仿真中，社会力模型可以用来模拟和分析行人的行为特征及其与车辆的交互过程，帮助理解和优化交叉口的行人交通组织。以下案例介绍了一种基于社会力模型的交叉口行人仿真模型，用于分析信号控制路口的行人过街行为。

1) 模型构建

该模型从行人过街心理过程变化出发研究行人过街行为，主要包含战略层和战术层两部分，模型框架如图 5-12 所示。其中，在战略层，行人对期望入口/出口方向进行预期判断，即采取何种策略过街；

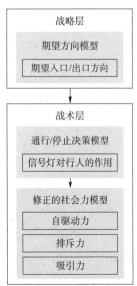

图 5-12 模型框架图

在战术层,行人在对相应的信号阶段做出反应并进入人行横道后,行人通过与交通灯、冲突车辆和行人以及人行横道边界的交互,动态调整速度和方向。描述过街行人行为的基本模型包括期望方向模型、通行/停止决策模型及修正的社会力模型。

(1) 期望方向模型

过街行人通过人行横道时对于期望方向的选择,类似车辆从出发地到目的地的路线选择。一般而言,行人会选择最短路线前往目的地。在期望路径上,步行方向随周围行人和人行横道处转弯车辆密度的变化而动态变化。当目前步行方向与期望方向发生偏差时,将会产生驱动力,以促进在一定的松弛时间内恢复期望的移动方向,可表示为:

$$\vec{F}_d = \frac{1}{\tau_\alpha}(v_\alpha^d \vec{e}_\alpha - \vec{v}_\alpha) \tag{5-17}$$

$$\vec{e}_\alpha = \frac{\vec{P}_e - \vec{P}_\alpha}{\|\vec{P}_e - \vec{P}_\alpha\|} \tag{5-18}$$

式中,$\vec{F}_d$ 表示驱动力;$\vec{v}_\alpha$ 表示行人 α 的当前速度向量;v_α^d 表示行人 α 的期望速度;$\vec{e}_\alpha$ 表示期望速度向量;τ_α 是松弛时间;$\vec{P}_\alpha$ 表示当前位置向量;$\vec{P}_e$ 表示沿期望路线的下一个点的位置。

(2) 通行/停止决策模型

假设行人过街遵循信号灯指示,当信号灯变为绿色时,行人选择过街,当信号灯变为红色时,停止进入人行横道。特别需要注意的是,绿闪作为常见的行人清空信号,是行人过街相位绿灯切换至红灯的过渡信号,用于保障绿灯期间已经进入人行横道的行人完成安全过街。而在绿闪期间到达的部分行人仍会选择冲入人行横道并过街,甚至被机动车交通流困于路中,未起到清空行人的作用,造成交叉口交通秩序混乱、效率降低,成为安全隐患。因此,相比于右转车辆,过街行人有必要建立对行人清空信号,如绿闪的通行/停止判断模型。

在"绿闪"状态下行人选择是否过街符合一定概率分布,如可采用 Gumbel 分布描述"绿闪"状态下行人过街选择,其概率密度见下式:

$$\begin{cases} P_r(\text{go}) = \dfrac{\exp(V)}{1 + \exp(V)} \\ V = f(y_{1,1}, y_{1,2}, \cdots, y_{1,n}) = \lambda_{1,1} y_{1,1} + \lambda_{1,2} y_{1,2} + \cdots + \lambda_{1,n} y_{1,n} + \lambda_{1,n+1} \end{cases} \tag{5-19}$$

式中,$y_{1,1}, y_{1,2}$ 表示距离人行横道距离、"绿闪"状态开始时的即时速度等影响因素的自变量;$\lambda_{1,1}, \lambda_{1,2}$ 是模型系数,通过最大似然估计获得。

(3) 修正的社会力模型

战术层面的修正社会力模型模拟了行人与其他道路使用者交互时的微观运动。如图 5-13 所示,在通过人行横道的过程中,目标行人会与其他行人、冲突车辆、人行横道边界和交通信号灯进行交互。

具体而言,周围的行人包括领头的和对向的行人。除了在期望行走方向上的驱动力和来自领头行人的吸引力之外,当面对反方向的行人或冲突的右转弯车辆时,将对目标行人产生排斥力。考虑到某些行人可能会移动至人行横道外,也需要建模由人行横道边界产生的排斥力或吸引力。综上,修正的社会力模型的合力 $\vec{F}(t_k)$ 可表示为:

$$\vec{F}(t_k) = \vec{F}_d(t_k) + \vec{F}_{tr}(t_k) + \vec{F}_{\alpha\beta}^r(t_k) + \vec{F}_V(t_k) + \vec{F}_b(t_k) + \vec{F}_\varepsilon \tag{5-20}$$

式中,$\vec{F}(t_k)$是期望走向方向的驱动力;$\vec{F}_{tr}(t_k)$是领头行人的吸引力;$\vec{F}^r_{\alpha\beta}(t_k)$是对向行人的排斥力;$\vec{F}_V(t_k)$是冲突车辆的排斥力;$\vec{F}_b(t_k)$是人行横道边界的排斥力或吸引力(取决于在人行横道内外行走的行人);$\vec{F}_e$是波动项。

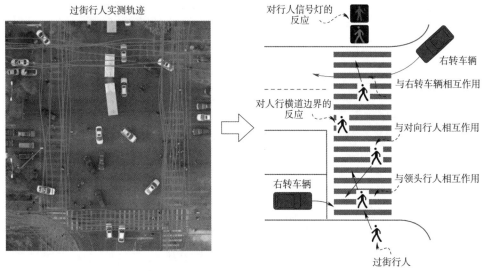

图5-13 修正的行人社会力模型

因此,每一个时间步长的目标行人速度可计算为:

$$\vec{v}_\alpha(t_k) = \vec{v}_\alpha(t_{k-1}) + \vec{F}(t_k)\Delta t \tag{5-21}$$

式中,$\vec{v}_\alpha(t_k)$是时间t_k时的行人速度向量;$\vec{v}_\alpha(t_{k-1})$是时间t_{k-1}时的速度向量;Δt是仿真时间步长。

另外,目标行人的时变位置可计算为:

$$\vec{P}_a(t_k) = \vec{P}_a(t_{k-1}) + \vec{v}_a(t_k)\Delta t + \frac{1}{2}\vec{F}(t_k)(\Delta t)^2 \tag{5-22}$$

式中,$\vec{P}_a(t_k)$是目标行人(α)在时间t_k的位置;$\vec{P}_a(t_{k-1})$是在时间t_{k-1}的位置。

2) 参数设置

社会力模型参数较多,根据能否量化将其划分为可量化参数和不可量化参数。其中,可量化参数可以直接从观测数据中估计得到,例如行人的期望速度分布参数可以通过分析行人进入人行横道时的速度、人行横道长度和绿灯时间等数据来估计;对于不可量化参数,采用最大似然估计(Maximum Likelihood Estimation,MLE)方法进行推导。具体步骤如下:

(1) 建立似然函数,将观测数据与模型预测结果进行比较;
(2) 通过最大化似然函数来估计最优的参数值;
(3) 使用数值优化算法(如梯度下降法)来求解最优参数。

3) 仿真过程

可采用如Python等编程语言对行人过街进行仿真程序设计。程序框架主要包括三个部分:社会力计算函数模块、行人运动模块及输出模块。三者之间基本逻辑关系如图5-14所示。

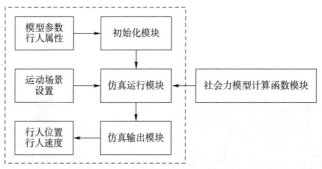

图 5-14　行人仿真程序主要模块关系

行人交通仿真程序首先对模型参数以及行人属性进行初始化设置，然后引入社会力模型函数模块，最后通过设置信号交叉口场景并结合社会力模型算法输出行人过街相关数据，对应的仿真流程图如图 5-15 所示。

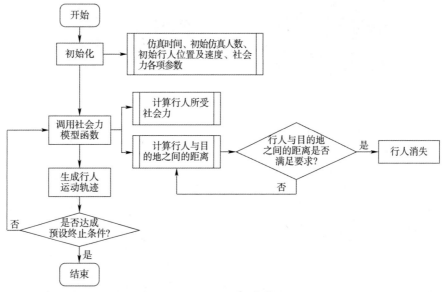

图 5-15　交叉口行人交通仿真流程图

(1) 初始化：在仿真开始时，设置交叉口的初始状态，如交叉口的布局、车辆的初始位置、行人的初始位置。此外，设置仿真的关键参数，包括仿真时间、仿真步长等，为后续的仿真过程做好准备。

(2) 更新规则：在每个时间步长内，根据定义的规则更新行人的状态。根据以上建立的模型可知，行人状态的更新受到行人之间的相互作用力、车辆对行人的影响力，以及环境因素（如信号灯状态、人行横道边界）的影响。

初始化完成之后，系统会加载预先定义的社会力模型参数，为后续的行人运动计算做好准备。然后，根据社会力模型计算每个行人在每个时间步长的位置变化，从而生成行人的运动轨迹。具体而言，系统会计算作用在每个行人身上的合力，同时不断检查行人是否已经到达目的地（即是否已经安全过街）。如果行人已经安全到达目的地，系统会将该行人从仿真中移除；如果行人还没有到达目的地，系统会继续计算下一个时间步长的运动状态。

(3) 迭代计算：重复更新过程，直到满足某个预设的终止条件，例如所有行人都安全穿过马路,或者达到预设的仿真时间。

4) 结果分析

(1) 个体轨迹比较:将模拟的行人轨迹与实际观察到的轨迹进行比较,验证模型是否能够再现真实的行人运动特征。

(2) 位置分布对比:分析行人在人行横道上不同横截面的通过位置分布,验证模型是否能够重现真实的行人空间分布。

(3) 避碰行为分析:探究行人如何避免与冲突车辆相撞,验证模型是否能够表现行人与车辆之间的动态交互。

(4) 交叉口优化建议:评估行人设施设计、信号配时方案和其他旨在提高安全性和效率的管理措施,优化交叉口设计和管理,提升交叉口的安全性。

(5) 仿真验证:在优化交叉口设计和管理措施后,重新运行仿真模型,验证调整的效果;根据新的仿真结果,进一步调整优化方案及仿真参数,直至达到理想的效果。

思考题

1. 行人交通有哪些区别于机动车的交通特征?
2. 行人交通仿真的主要用途有哪些?
3. 对行人交通流进行仿真的常用模型有哪些?说明各自的优劣和适用条件。
4. 运用元胞自动机模型,以学校教室为场景,设计一个行人交通仿真实例,描述演化规则,并拟订合适的评价指标。
5. 运用社会力模型,描述行人在拥挤的地铁站中可能受到的力。

第 6 章

交通仿真软件

交通仿真软件是交通规划者和交通工程师不可缺少的分析工具。根据仿真目标的不同，可将交通仿真软件分为宏观交通仿真软件、中观交通仿真软件和微观交通仿真软件，此外，针对专门的自动驾驶场景，还有自动驾驶仿真软件。为了更全面地满足不同层次的分析需求，将不同类型的交通仿真模型整合在一起的多分辨率仿真也是这一领域研究的热点问题。本章将系统介绍各类交通仿真软件的功能特点，并着重讨论多分辨率仿真在交通分析中的应用。

6.1 宏观交通仿真软件

宏观交通仿真软件主要用于模拟交通流在较大地理范围内的总体行为和模式，侧重于交通流量、速度和密度等宏观参数分析，评估不同交通策略对整体交通系统的影响，支撑长期交通规划和战略决策。宏观交通仿真软件通常具备数据集成、场景管理、高性能算法和多模式交通建模等功能，帮助规划者和工程师设计更加高效和可持续的交通系统。以下将介绍 TransCAD、Visum、Cube 三类典型的宏观交通仿真软件。

6.1.1 TransCAD

TransCAD 是由美国 Caliper 公司开发的一套强有力的交通规划和需求预测软件,是第一个为满足交通专业人员设计需要而设计的地理信息系统,可用于储存、显示、管理和分析交通数据,同时将地理信息系统与交通需求预测模型和方法有机结合成一个单独的平台。

TransCAD 的主要技术特点包括:

(1)菜单驱动、直观明了的用户界面。
(2)一整套建模技术和方法。
(3)全面的二次开发和脚本宏语言。
(4)支持.NET。
(5)构建于自主开发的交通地理信息系统平台之上,几乎支持其他所有地理信息系统。
(6)容易从其他规划软件转换。
(7)互联网查询和发布功能。

TransCAD 所提供的交通规划工具包括四阶段模型、快速响应方法、基于出行链的模型、离散选择模型、货运模型和组合模型等。它提供从路段流量反推公路、卡车和公交流量起讫点矩阵的方法,以及公交规划和需求预测方法;均衡交通分配方法可满足交通项目的评估和影响分析需要,动态交通分配可应用于大规模规划网络;多层、多元 Logit 模型的参数估计和应用引擎,使交通方式选择模型更为容易。TransCAD 直接支持 ESRI GeoDatabase、微软 Access 和 Excel 及 Google Earth 等,提供地理信息系统开发工具包(GISDK™),支持 C#、Python、VBA 和 COM、R 等多种编程语言,允许用户进行二次开发和自定义应用程序,还支持采用多线程和分布式计算进一步提高大规模模型的计算速度。

6.1.2 Visum

Visum 是德国 PTV 公司推出的应用于交通网络、交通需求、公共交通规划和交通战略与方案解决等领域的一款宏观交通仿真软件。它支持基于活动的需求模型(Activity-Based Modeling,ABM),为个人而非人群的流动决策建模,确保交通规划更加精准和贴合实际需求。

Visum 的主要功能包括:创建详细的交通模型,包括道路网络、公共交通系统、行人和自行车路径等;支持公共交通、私家车、货运、行人和自行车等多种交通方式的集成分析;对未来交通需求进行预测并对路网进行规划和评价,对交通管理措施(收费、限行、行驶规则等)进行评价,对整个交通系统的环境影响(废气和噪声等)进行评价;利用丰富的数据资源和先进的分析工具,帮助决策者做出更科学、更合理的交通规划决策等。

Visum 的主要技术优势包括:

(1)先进的数据可视化:Visum 提供了逼真的模拟和全面的 3D 可视化,帮助用户更直观地展示和理解结果。

(2)无须脚本的工作流程:软件拥有直观的用户界面,支持无须编程或脚本的工作流程,同时保留了强大的脚本功能以满足高级应用需求。

(3)多模式交通集成:能够模拟包括行人、骑行者、公共交通及单个车辆在内的多种交通模式,提供了多模式的交通仿真平台。

(4)集成与二次开发能力:能够与外部软件提供商的 APIs 及接口进行集成,允许用户根据需求进行二次开发,制定特定的交通解决方案。

(5)新模式交通的规划:支持设计、分析和集成新的交通模式,如共享汽车、自行车、步行和拼车计划,以及它们与公共交通的整合。

(6)宏观和微观仿真的结合:Visum 不仅支持宏观层面的交通仿真,还提供了宏观和微观(Vissim)结合的模拟选项,允许用户根据应用需求选择适当的仿真精度。

6.1.3 Cube

Cube 是由美国 Citilabs 公司开发的一套交通仿真与规划软件系统,同时也是交通规划领域广泛使用的软件。Cube 拥有一套完整的用于交通规划的软件模块,通过其开放式平台,支持用户构建和校准任何类型的模型,涵盖交通规划、仿真和土地使用等各个方面,为交通规划师、交通工程师和城市规划师提供决策支持。

Cube 的核心功能包括:

(1)多模式建模:支持各种交通模式,包括行人、自行车、汽车、货运、公共汽车、快速公交、铁路、航空和水路,提供多模式建模方法。

(2)宏观交通规划:用于战略和多模式规划,研究详细的道路网络和公共交通系统,评估总交通量的最低成本路径,并计算交通拥堵的影响。

(3)土地利用预测:可对土地利用进行建模,与交通模型集成,预测土地利用的变化。

(4)货运需求建模:可对整个城市或区域和远距离范围内货运需求进行建模,了解或预测商品流动的影响。

Cube 软件提供了两种工作模式:

(1)开发模式:允许用户设计和开发交通模型。

(2)应用模式:允许用户快速和容易地应用模型用于建立、测试和评估项目方案。

Cube 软件与地理信息系统软件 ArcGIS 直接衔接,使交通规划与地理信息系统功能相结合,并能与使用任何 ArcGIS 系列产品用户直接分享交通模型预测结果。同时,Cube 软件可以统计、对比和输出高质量的图形和各种类型的报告方法,快速生成决策信息。

6.1.4 TranStar

TranStar 是由东南大学交通学院王炜教授领衔的协同创新团队所开发的一款自主可控、安全可信、高效可用的交通仿真分析集成软件。TranStar 能够为交通规划、交通设计、交通建设、交通管控和政策制定等交通相关项目提供详细的交通分析与评价结果,也可对相关方案的实施情况进行交通系统能源消耗与交通环境影响方面的评估,具有基础功能强大、结果分析可靠、人机操作灵活和环境界面友好等特征。

TranStar 考虑了大数据时代城市巨量、多源异构数据的实际背景,基于标准结构化的交通数据库,实现了对城市全时段、全方式、宏微观交通数据的管理与更新;基于软件集成化功能背后数百个交通模型的构建及模型参数的确定,可实现城市交通系统基础数据多源化、网络结构层次化、系统功能集成化、数据分析定量化、分析结果可视化和人机交互实时化,能够有效支城市交通问题的解决、辅助交通规划方案的制定,并对未来智慧城市的构建等提供帮助。

TranStar 的主要功能包括：

（1）数据支持：支持海量异构交通大数据的导入、处理和分析；能够快速处理不同来源的交通大数据，包括交通出行调查数据、RFID 数据、GPS 数据等。

（2）交通需求分析：具有完善的交通需求分析功能，可实现以四阶段法为基础的交通发生、吸引预测、交通分布和交通方式划分的分析。

（3）公共交通分析：提供三类可满足不同目的的分析模块，包括服务于公交网络总体布局的愿望客流分析功能、服务于公交网络规划评估的客流交通分配功能和服务于公交网络系统设计的线路客流分析功能。

（4）交通运行分析：可通过对交通系统流量、速度、饱和度等动态运行指标的获取实现对交通系统运行状态的分析和把握。

（5）综合交通评价：可对各分析模块评价结果提炼，将最具有价值的、最直观的交通系统运行指标以列表和报告的形式呈现在用户界面。

TranStar 软件的开发历时 30 多年，倾注了我国交通工程领域多位专家学者、交通规划师、交通设计师和交通管理者的心血，所依托的绝大部分研究成果已通过国家级、省部级科学技鉴定，理论成果达到国际先进或领先水平。TranStar 是我国少数自行开发具有自主知识产权的交通分析软件，也是用户最多的国产交通分析软件。新版"交运之星-TranStar"系统软件在运算速度、系统容量、预测精度和可视化等方面已经达到了 TranSCAD、EMME 等国外品牌软件的技术水平，同时更适合中国国情。

6.2 中观交通仿真软件

中观交通仿真软件是介于宏观和微观交通仿真之间的一种仿真工具。它结合了宏观模型的效率和微观模型的细节，通常用于模拟交通流在城市或区域网络中的动态行为。常见的中观仿真软件包括：INTEGRATION，DynaSMART，DynaMIT 等。

6.2.1 INTEGRATION

INTEGRATION 模型于 20 世纪 80 年代中期由加拿大 Michel Van Aerde 教授开发，模型混合使用了微观和宏观交通流理论，因而被认为是准微观模型，又称为中观仿真模型。该模型的特点是将宏观交通流参数与微观交通流参数结合起来综合再现道路交通状态，核心理论是车辆跟驰模型和交通流模型，其基本原理是：INTEGRATION 模型中微观层次的参数根据模型中宏观层次的交通参数确定，即单车的速度基于路段的自由流速度、通行能力、阻塞密度等宏观交通流参数确定。同时，该模型的另一特点是能够进行准动态 OD 模拟，这是由于静态交通分配无法达到准确性要求，而实时动态交通分配所需数据量庞大，且对硬件设备和交通基础环境的要求苛刻。相较而言，基于准动态、中观层面交通流分配技术的 INTEGRATION 模型能够兼顾两方面的需求，再现实际路网的交通状况。

自 INTEGRATION 模型开发出来以后，广泛地应用于一些国家的工程项目仿真中，如美国加州大学伯克利分校的 PATH 项目、荷兰 Goudappel Coffeng 交通监测系统开发项目，在我国也应用于北京市路网可靠性和奥运交通仿真系统课题研究。

6.2.2 DynaSMART

DynaSMART(Dynamic Network Assignment-Simulation Model for Advanced Road Telematics)是一种中观交通仿真模型,于20世纪90年代初期由美国得克萨斯大学奥斯汀分校的Mahmssani等人开发,专为先进的道路交通管理系统应用设计。它能够模拟交通模式并评估在实时信息系统下的网络性能,由美国加州大学尔湾分校进一步增强了DynaSMART的功能,用于实时分析先进的交通管理系统。

DynaSMART能够对中观交通流进行动态建模,如拥堵形成和冲击波传播;能够模拟不同类型的信息/路线引导系统,包括即时信息、预测信息、动态用户最优路线(平均成本路线)和动态系统最优路线(边际成本路线);还可以模拟不同类型的实时控制系统,包括用户最优与系统最优、即时与预测、开环与闭环系统等。

此外,DynaSMART在美国联邦公路管理局(FHWA)的动态交通分配(DTA)项目中的候选模型之一,与DynaMIT一起被得克萨斯大学奥斯汀分校进一步开发,并在该项目中有两种版本可用:DYNASMART-X用于实时交通信息估计与预测、交通诱导、动态交通分配等,DYNASMART-P用于交通规划。

6.2.3 DynaMIT

DynaMIT是由美国麻省理工学院(MIT)的Moshe Ben Akiva教授等人开发的动态交通仿真软件,主要目标是服务于先进的交通信息和管理系统(ATIS/ATMS),为这些系统提供实时交通预测信息,以便实施更有效的动态交通管理。它采用复杂的行为模型及有效的迭代仿真分配技术来求解动态用户均衡问题,以产生真正有用的交通预测信息。

DynaMIT的核心技术主要包括:基于仿真的实时动态交通分配,实时动态OD矩阵估计与预测,离线/在线参数校正,Logit离散选择行为模型,路径处理与存储技术等。DynaMIT通过融合历史信息、覆盖部分路网的实时交通检测数据及信号控制逻辑,实现当前的整个网络交通状况估计、针对各种交通控制与信息发布策略的实时预测网络状况分析,以及出行信息的产生,引导出行者做出最优的出行决定。

6.3 微观交通仿真软件

微观交通仿真软件利用数学模型和算法来模拟道路交通系统中的个体车辆行为,可对每辆车的行驶轨迹、速度、加速度等进行详细模拟,从而分析和预测交通流量、拥堵情况、事故发生的可能性以及其他交通现象。微观交通仿真软件在城市规划、交通管理、智能交通系统设计等领域有着广泛的应用,它可以帮助决策者评估不同的交通策略和设计方案,优化交通流,缓解拥堵。目前比较常见的微观仿真软件包括:Vissim、Paramics、Aimsun、TransModeler、SUMO、TESS NG等。

6.3.1 Vissim

Vissim是一款由德国PTV公司开发的微观交通仿真软件,它专注于城市交通和公共交通运行的交通建模。Vissim能够分析各种交通条件下的城市交通和公共交通运行状况,如车道设置、交通构成、交通信号、公交站点等,是评价交通工程设计和城市规划方案的有效工具。

Vissim 自 1992 年进入市场以来,已成为微观交通仿真软件的标准,其深入的研发力量和广泛的用户基础保证了它在同类软件中的领先地位。软件内部由交通仿真器和信号状态产生器两部分组成,它们之间通过接口交换检测器数据和信号状态信息。Vissim 既可以在线生成可视化的交通运行状况,也可以离线输出各种统计数据,如行程时间、排队长度等。Vissim 仿真的精确性主要取决于微观交通流模型的质量,例如,以 10^{-1} s 为时间步长精确再现路网中的车辆行驶行为。Vissim 采用的心理-生理类驾驶行为模型能够体现出驾驶人的个体驾驶行为特性,并且通过定期进行的现场测试和模型参数更新,保证驾驶行为的变化和车辆性能的改善在该模型中得到充分反映。

Vissim 能够模拟许多城市内和非城市内的交通状况,特别适合模拟各种城市交通控制系统。其主要应用包括信号控制的设计、检验、评价,公交优先方案的通行能力分析和检验,收费设施的分析,匝道控制运营分析,以及路径诱导和可变信息标志的影响分析等。Vissim 软件以数字化方式重现道路使用者的交通模式,能够模拟多种交通方式,包括行人、骑行者、公共交通及单个车辆等,提供灵活的多模式交通集成,可对接外部软件提供商的 APIs 及接口,根据需求可对软件进行二次开发。此外,得益于与 PTV Visum 和 PTV Vistro 的完美集成,Vissim 还提供深度交通仿真,创建微观、中观或混合仿真。软件具有直观的界面,无须编程或脚本即可操作,同时保留了强大的脚本功能。Vissim 还可用于交通排放建模、智能交通控制、自动驾驶及联网车辆的仿真、公共交通优先等多种应用场景。

综上,Vissim 作为代表性的微观交通仿真软件,其特色包括简便的路网编辑、复杂的车辆驾驶行为模型、城市和区域交通控制、丰富的结果分析方法选择、详尽的 2D 及 3D 动画功能,以及与宏观规划软件 Visum 的无缝接口。

6.3.2 Paramics

Paramics 是一款由英国 Quadstone 公司开发的微观交通仿真软件,它以其使用灵活、功能强大和适应面广等特点而闻名。Paramics 集成了仿真、可视化、交互式路网绘制、自适应信号控制等多种功能,能够处理大规模路网的交互式路阻计算,理论上支持高达 100 万个节点、400 万个路段和 32000 个区域的路网。

Paramics 的软件包由多个模块组成,包括建模器(Modeller)、批处理器(Processor)、分析器(Analyser)、编程器(Programmer)、排放监视器(Monitor)、OD 估计器(OD-Estimator)、设计器(Designer)、转换器(Converter)和城市交通系统仿真工具(UAF)。

Modeller 是软件包的核心,提供了模型建立、交通仿真和统计数据输出的功能,支持 3D 可视化和多种交通系统仿真。Processor 模块允许用户执行批量交通仿真,常用于灵敏度和选项测试。Analyser 模块则用于仿真数据的定制分析和模型统计报告。Programmer 模块提供了基于 C++ 的应用程序接口,允许用户扩展 Paramics 的功能。Monitor 模块专门用于收集尾气排放数据的评价。此外,Paramics 还包括 OD-Estimator 模块,用于微观层面 OD 矩阵的估计,Designer 模块用于三维模型构建和编辑,Converter 模块用于将其他格式的路网数据转换成 Paramics 的路网数据格式。UAF 模块在原有 Paramics 的基础上增加了行人模型,使得 UAF 不仅能够对车辆进行建模,还可对行人以及行人和车辆之间的交互关系进行建模。

Paramics 应用范围广泛,包括城市交通路网的无信号控制交叉路口、信号控制交叉路口、环形交叉口、立体交叉口的仿真,以及公共交通和轨道交通的仿真等,还适用于智能交通系统的仿真,如匝道控制、可变信息标志、路径诱导、不停车收费等。S-Paramics 是 Paramics 软件的升级版,继承了 Paramics 的所有功能,并增加了更多高级特性。例如,S-Paramics 具有独特的动态车辆分配功能,这使得软件能够更精确地模拟交通流量和交通拥堵等问题。同时,S-Paramics 可与各种 UTC(城市交通控制)和 ITS 系统相连,如 SCOOT、SCATS、ALINEA、ATM 等,这增强了其在智能交通管理方面的应用能力。此外,S-Paramics 包含功能强大的数据分析工具,具有图像化显示、分析和输出功能。这些新增的高级特性使得 S-Paramics 在微观交通仿真领域更加强大和灵活,能够满足更广泛的交通规划和管理需求。

6.3.3　Aimsun

Aimsun 是一款多功能的微观交通仿真软件,由西班牙的 TSS-Transport Simulation Systems 公司开发。首字母缩略词的意思是"用于城市和非城市网络的高级交互式微观模拟器"(Advanced Interactive Microscopic Simulator for urban and non-urban Networks),简称 Aimsun,主要用于评估交通控制系统和交通管理策略,也用于交通状况的预测以及车辆导航系统和其他实时交通信息的处理。

Aimsun 能够进行宏观、中观和微观等多尺度交通仿真,覆盖从单个交叉口到整个城市网络的交通分析;支持多种交通模式,包括机动车、公共交通、行人和自行车等;能够模拟各种交通控制策略,如信号控制、匝道控制、公交优先等;支持动态交通分配,模拟基于实时交通信息的动态路径选择行为;可针对交通事件进行管理,如模拟交通事故、施工等事件对交通流的影响;提供交通项目对环境影响的评估功能,如排放量和噪声水平等。

Aimsun 的技术优势主要包括:提供三维可视化界面,直观展示交通流动态和交通事件;支持与 GIS 系统、交通检测器等数据源的接口;允许用户通过脚本和 API 进行自定义,以适应特定研究或应用需求;支持与实时交通管理系统的集成,进行实时交通监控和控制;能够处理大规模交通网络仿真,适用于大型城市或复杂交通系统。

Aimsun 作为代表性的微观交通仿真软件,以其强大的功能、灵活性和用户友好性,广泛应用于交通规划设计、交通管理、智能交通系统、环境评估等,成为专业人士开展交通系统分析的重要工具。

6.3.4　TransModeler

TransModeler 是美国 Caliper 公司为城市交通规划和仿真开发的多功能交通仿真软件,可以模拟从高速公路到市区路网的各种道路交通网络、广域多式联运网络,建模和可视化复杂的交通系统在二维或三维环境中的行为,以评估交通流动态及网络性能。

TransModeler 的主要功能包括:能够模拟多种交通模式,包括私家车、公共交通、卡车、自行车、摩托车和行人等;根据历史或模拟的出行时间来动态决定车辆的行驶路线;仿真各种交通信号控制策略,包括定时信号、感应式信号以及自适应信号控制;支持电子收费、路线引导、交通检测和监控等 ITS 功能集成;在二维或三维 GIS(地理信息系统环境)中进行交通流的可视化和分析;与交通需求预测软件 TransCAD 有机结合,可用于城市规划中的交通影响分析,对备选方案进行科学评估；提供详尽的仿真结果分析，包括交通量、速度、延误、排队长度等关键性能指标；支持使用多线程和分布式计算提高大规模模型的计算效率；提供 GIS 应用开发工具库（GISDK™），支持系统的二次开发和自定义。

尽管 TransModeler 软件于 2006 年才正式上市，但就仿真工具本身而言，它却具有其他微观仿真工具所不具备的典型优势：

（1）与 GIS 技术的高度结合。TransModeler 仿真软件与 GIS 技术深度结合，显著增强了仿真模型的数据编辑功能，通过导入和转换其他规划模型或 GIS 数据生成用于交通仿真的网络，存储和显示动态交通信息（如路网上的车辆以及随时间变化的网络状态和属性），对道路网络、公交线路和站点、交通检测设备、路口信号控制和其他交通管理设施进行编辑等 GIS 操作。

（2）与 TransCAD 软件中出行需求模型的集成。通过建立适合的数据调用模块和接口标准，TransModeler 实现了与 TransCAD 宏观规划软件中的出行需求模型的集成，实现二者的无缝衔接和数据调用，方便用户在宏观模型和微观模型间的交互应用，便于开展出行行为分析和交通规划方案评估。

（3）为智能网联自动驾驶车辆（Connected Autonomous Vehicle，CAV）建模提供了丰富的功能集。TransModeler 整合了美国联邦公路管理局（FHWA）的最新研究，将 SAE 国际自动化水平应用于默认和定制车辆等级，分析 CACC 和速度协调对各种定制跟驰模型的影响，创建专用自动驾驶车道（如，仅限 CAV 快速车道）并指定这些车道上允许的自动化水平等，综合分析 CAV 车辆对道路交通系统的潜在影响。

6.3.5 SUMO

SUMO（Simulation of Urban Mobility）是一款由德国宇航中心运输系统研究所开发的免费、开源交通仿真软件，以微观仿真为基础，可对单个车辆进行精细建模，即具体到道路上每一辆车的运行路线均可单独规划，也可用于大型网络交通系统的动态模拟，为解决各种交通管控问题提供了强大的分析工具。

SUMO 的特点包括：

（1）灵活的道路网络生成：SUMO 道路网络可以使用自身程序生成，也可通过导入数字道路地图生成。SUMO 兼容常见的地图格式，例如 Open Street Map（OSM）和模拟器常用的格式，如 openDRIVE。

（2）强大的车辆建模能力：在 SUMO 中每辆车均有自己的标识符、出发时间和在道路网络中的路线。车辆的类型可以描述车辆的物理特性和运动模型的变量，为仿真提供了丰富的细节。

（3）丰富的仿真场景设置：SUMO 允许定义出发和到达属性，如车道、速度、位置等。这使得仿真场景的设置更加灵活，能够模拟各种复杂的交通环境和场景。

（4）微观仿真与宏观仿真的结合：SUMO 主要是微观仿真，但也可以与宏观仿真结合使用，用户可以根据需要选择合适的仿真方式，更好地理解交通系统的整体行为。

（5）可扩展性和开源特性：SUMO 由德国宇航中心运输系统研究所开发，并由全球的开发者社区持续维护和更新。SUMO 具有强大的可扩展性，可以根据需要进行定制开发；同时，由于其开源特性，用户可以免费使用和修改 SUMO，促进了其在学术界和工业界的广泛应用。

在实际应用中，SUMO 被广泛应用于解决各类交通管控问题，如评估交通控制策略的效果、预测交通拥堵情况、研究自动驾驶车辆的行为等。通过微观仿真的方式，SUMO 能够提供详细的交通数据和评价结果，帮助用户更好地理解和优化交通系统。此外，SUMO 还提供了一套用于场景创建的工具，包括生成道路网络、添加车辆、设置交通信号等，使得用户可以方便地设置各种交通场景进行仿真。

综上，SUMO 是一款功能强大、灵活易用的交通系统仿真软件，由于其开源特性和可扩展性，SUMO 已成为全球交通研究者和工程师的重要工具，无论是学术研究还是实际应用，SUMO 均展现出其独特的优势和价值。

6.3.6　TESS NG

TESS NG(Tongji Economic Simulation System Next Generation)是一款由上海济达交通科技有限公司开发的国产商业化微观交通仿真软件。TESS NG 融合了交通工程、软件工程、系统仿真等交叉学科领域的最新技术研发成果，主要特点为：完全自主知识产权，专门针对中国驾驶人及交通流特征，便捷快速的建模能力，开放的外部接口模块以及定制化的用户服务等。

TESS NG 的主要功能包括：

（1）全道路场景仿真：TESS NG 可对不同空间尺度的交叉口、干道、路网等进行仿真，支持大型立交、环岛、匝道、收费站、机场及综合交通枢纽等多种交通设施场景的模拟；

（2）多模式交通仿真：系统能够模拟机动车、非机动车、行人、公交系统、飞机及特殊车辆等不同交通运载工具及其交互行为；

（3）智能交通系统仿真：内嵌信号控制系统、公交优先等多种智能交通系统运行逻辑，可仿真各种交通管控措施，如限速区、事故区、专用车道、不停车收费系统(ETC)等；

（4）可视化评估：TESS NG 能够对仿真结果进行可视化评估，包括排队长度、行程时间、数据采集点样本、集计数据和高精度轨迹数据等；

（5）二次开发接口：系统提供强大的二次开发接口功能，允许用户动态改变仿真元素属性和行为参数，支持 Open Drive 等路网数据的定制化导入；

（6）定制化服务：轨迹数据的 3D 场景构建，与交通大脑、可计算路网一体化整合，与 BIM、CIM、智能汽车测试等跨行业应用；

（7）在线仿真功能：支持实时在线的交通数据输入和事件输入，如施工、事故事件的实时输入，车道限行及限速管控措施的输入，并实时输出车辆轨迹信息等；

（8）宏微观一体化仿真：不同版本的 TESS NG 功能丰富，提供宏微观一体化仿真、车路协同、轨道仿真等高级功能。

TESS NG 的核心模型包括：高度拟人化的车辆跟驰行为模型，高密度短距离需求环境车辆变道模型，基于随机效用理论的汇入行为模型，交叉口机动车辆自动穿越行为模型，非机动车二维智能体模型，机非交互路段行为模型，公交车辆与社会车辆交互模型，紧急事件识别反应模型，混合流交叉口机非交互模型，信号控制反应模型等。基于精细化的交通流模型，TESS NG 可对城市道路交通规划设计方案进行仿真评估，对实时交通的在线拥堵进行预测分析，为城市交通的各类管理决策提供精细化的评估方案，同时可与自动驾驶仿真软件 PreScan、VTD、CALAR 等进行互联，为自动驾驶提供虚拟测试环境。

6.4 自动驾驶仿真软件

6.4.1 Carsim

CarSim 和相关的 TruckSim 和 BikeSim 是 Mechanical Simulation 公司开发的动力学仿真软件,被世界各国的主机厂和供应商所广泛使用。CarSim 用于四轮汽车,轻型卡车,TruckSim 用于多轴和双轮胎的货车,BikeSim 用于两轮摩托车。

CarSim 作为一款整车动力学仿真软件,它的特点包括:

(1)内建了大量的车辆数学模型,并且这些模型都有丰富的经验参数可供用户快速调用,免去了繁杂的建模和调参的过程。

(2)模型在计算机上运行的速度可以比实时的快 10 倍,可以模拟车辆对驾驶人控制、3D 路面及空气动力学输入的响应,模拟结果高度逼近真实车辆,可以用来预测和仿真汽车整车的操纵稳定性、制动性、平顺性、动力性和经济性。

(3)具有自带标准的 Matlab/Simulink 接口,可以方便地与 Matlab/Simulink 进行联合仿真,用于控制算法的开发。同时在仿真时可以产生大量数据结果用于后续使用 Matlab 或者 Excel 进行分析或可视化。CarSim 同时提供了 RT 版本,可以支持主流的硬件在环(Hardware-in-the-Loop,HIL)测试系统,如 dSpace 和 NI 的系统,方便的联合进行 HIL 仿真。

6.4.2 CarMaker

CarMaker 和相关的 TruckMaker 和 MotorcycleMaker 是德国 IPG 公司推出的动力学,ADAS 和自动驾驶仿真软件。作为一款动力学仿真软件,CarMaker 不仅提供了精准的车辆本体模型(发动机、底盘、悬架、传动、转向等),而且还打造了包括车辆、驾驶人、道路和交通环境的闭环仿真系统。

CarMaker 的主要功能模块包括:

(1)IPG Road:可以模拟多车道、十字路口等多种形式的道路,并可通过配置 GUI 生成锥形、圆柱形等形式的路障。可对道路的几何形状以及路面状况(不平度、粗糙度)进行任意定义。

(2)IPG Traffic:是交通环境模拟工具,提供丰富的交通对象(车辆、行人、路标、交通灯、道路施工建筑等)模型。可实现对真实交通环境的仿真。测试车辆可识别交通对象并由此进行动作触发(如限速标志可触发车辆进行相应的减速动作)。

(3)IPG Driver:先进的、可自学习的驾驶人模型。可控制在各种行驶工况下的车辆,实现诸如上坡起步、入库泊车以及甩尾反打方向盘等操作。并能适应车辆的动力特性(驱动形式、变速箱类型等)、道路摩擦系数、风速、交通环境状况,调整驾驶策略。

作为平台软件,CarMaker 可以与很多第三方软件进行集成,例如 ADAMS、AVLCruise、rFpro 等,这使得用户可利用各软件的优势进行联合仿真。同时 CarMaker 配套的硬件,提供了大量的板卡接口,可以方便地与 ECU 或者传感器进行 HIL 测试。

6.4.3 PreScan

PreScan 是由 Tass International 研发的一款 ADAS 测试仿真软件,于 2017 年 8 月被西门子

收购。作为一个模拟平台,PreScan 由基于 GUI 的、用于定义场景的预处理器和用于执行场景的运行环境构成,用于创建和测试算法的主要界面包括 MATLAB 和 Simulink。PreScan 可用于从基于模型的控制器设计(Model in the Loop,MIL)到利用软件在环(Software in the Loop,SIL)和硬件在环系统进行的实时测试等应用,并且可在开环、闭环以及离线和在线模式下运行。其灵活的界面可连接至第三方的汽车动力学模型(例如:CarSim 和 dSpace ASM)和第三方的硬件在环模拟器/硬件(例如:ETAS、dSpace 和 Vector)。

PreScan 由多个模块组成,主要操作步骤包括:

(1)场景搭建:PreScan 提供了一个强大的图形编辑器,用户可以使用道路分段,包括交通标牌、树木和建筑物的基础组件库;包括机动车、自行车和行人的交通参与者库;修改天气条件(例如:雨、雪和雾)以及光源(例如:太阳光、大灯和路灯)等来构建丰富的仿真场景。新版的 PreScan 也支持导入 OpenDrive 格式的高精地图,用来建立更加真实的场景。

(2)添加传感器:PreScan 支持种类丰富的传感器,包括理想传感器、V2X 传感器、激光雷达、毫米波雷达、超声波雷达、单目和双目相机和鱼眼相机等。用户可以根据自己的需要自主进行添加。

(3)添加控制系统:可以通过 MATLAB/Simulink 建立控制模型,也可以和第三方动力学仿真模型(例如:CarSim、VI-Grade、dSpace ASM 的车辆动力学模型)进行闭环控制。

(4)运行实验:可以通过 3D 可视化查看器查看用户分析实验的结果,并且可以生成图片和动画。此外,使用 ControlDesk 和 LabView 的界面可以用来自动运行实验批次的场景以及运行硬件在环模拟。

6.4.4 Carla

Carla 是由西班牙巴塞罗那自治大学计算机视觉中心指导开发的开源模拟器,用于自动驾驶系统的开发、训练和验证。Carla 依托虚幻引擎进行开发,使用了服务器和多客户端的架构。在场景方面,Carla 提供了为自动驾驶创建场景的开源数字资源(包括城市布局、建筑以及车辆)以及由这些资源搭建的供自动驾驶测试训练的场景。

Carla 的特点包括:

(1)提供了简单的地图编辑器,用户也可以使用 VectorZero 的道路搭建软件 RoadRunner 制作场景和配套的高精地图。

(2)支持传感器和环境的灵活配置:支持多摄像头、激光雷达和 GPS 等传感器,也支持环境的光照和天气的调节。

(3)提供了简单的车辆和行人的自动行为模拟。

(4)提供了一整套的 Python 接口,可以对场景中的车辆和信号灯等进行控制,能够实现与自动驾驶系统的联合仿真,例如完成决策系统和端到端的强化学习训练。

6.5 多分辨率交通仿真

随着交通网络仿真规模的扩大及仿真精度要求的提高,传统单一分辨率(即宏/中/微观)的交通模型不能有效解决仿真复杂性与资源有限性的矛盾,或不足以有效处理交通系统在多粒度层面上的模拟。而基于多分辨率建模理论、以集成仿真为手段建立的多分辨率仿真模型(Multi-Resolution Simulation),可实现对交通系统不同粒度的描述及不同分辨率之间的无缝对接,为解决仿真问题提供了一个新的思路和途径。

6.5.1 多分辨率交通仿真的定义

多分辨率建模的思想最初来自经济学研究,并且和人的认知过程密切相关。人们认识事物和解决问题时,通常遵循由浅入深、由粗到细的一般规律。多分辨率建模即针对同一个问题或现象,在不同的粒度或分辨率下分别建立模型,从而可得到一个包含不同分辨率模型的模型簇。

由于单分辨率交通仿真有其固有的局限性,使得多分辨率交通仿真逐渐受到重视,继而成为交通仿真领域的研究热点。针对交通仿真问题,根据粒度不同,可分为宏观、中观及微观交通仿真,不同粒度其分辨率亦有所不同,问题复杂度及精度亦有所差异。由宏观模型渐进至微观模型,其抽象程度逐渐降低,研究范围逐渐缩小,精度却逐渐增大。不同分辨率的仿真模型特点如表6-1所示。

不同分辨率仿真模型的特点 表6-1

类别粒度	分辨率	数据精度	建模广度	决策支持能力	人因描述能力	资源需求	细节描述能力	时间敏感性
宏观	低	低	高	高	低	低	低	低
中观	中	中	高	高	中	中	中	中
微观	高	高	低	低	高	高	高	高

通过多分辨率建模技术可将不同类型的交通仿真模型有机整合在一起,发挥不同模型的特长,形成多层次的交通仿真系统,如图6-1所示。多分辨率仿真技术能够在不同的空间和时间尺度上对交通流进行模拟,适用于处理大规模和复杂的交通网络;允许在宏观、中观和微观层面上同时分析交通流,通过动态调整仿真的分辨率来平衡仿真精度和计算资源消耗;适用于需要同时考虑整体交通流模式和局部交通细节的场景。

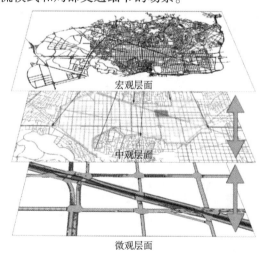

图6-1 多层次交通仿真系统

多分辨率建模仿真的核心是模型一致性问题,在交通系统多分辨率仿真中,一致性必须满足以下几个基本条件:

(1)路径选择与路网表现的一致性。两个模型在路网表现、路径及路径选择上保持一致性。不论在中观还是微观模型中,路径选择模型需要保持一致性,以确保在给定的路径选择决策时,车辆能够做出同样的决策。

(2)中微观仿真边界处的交通流动态一致性。在仿真边界的上下游路段,其交通流动态需要保持一致性。如在边界下游路段形成一个队列,并且向上游路段延伸至边界并超过该边界时,队列在边界上游应以类似的方式继续延伸。

(3)时间同步。不同分辨率的仿真模型具有不同的仿真周期,仿真周期是指仿真模型推进一步对应现实世界中的时间跨度。宏中观模型的仿真周期可以是数十秒以上,而微观模型的仿真周期一般为0.1~1s。为了使不同模型能够在同一个系统中运行,需要界定一定的机制处理周期不同步问题。

(4)封装一致性。多分辨率仿真需满足封装一致性,即整合策略应尽可能少地破坏底层模型的封装性,使已有模型经过很少修改甚至不修改即可纳入仿真整合框架中;同时,在所建立的多分辨率交通仿真系统中,应允许单分辨率的仿真模块存在。

多分辨率交通仿真模型可根据混合模型的不同粒度层次,进一步细分为"两层混合模型"及"三层及以上混合模型"。以下将介绍典型的两层混合模型(中观-微观、宏观-微观混合交通仿真模型)与三层混合模型(宏观-中观-微观混合交通仿真模型)。

6.5.2 中观-微观混合交通仿真

中观仿真模型和微观仿真模型均可分解为路网结构子模型、路径选择子模型和车辆运动子模型。由于两种仿真模型的需求、目的和输出结果要求不同,致使三种子模型之间存在较大的差异性。微观仿真模型能够细致突出个体车辆的行为,而中观仿真模型略微粗略,仿真结果相对微观模型具有集计化特征。中观-微观混合交通仿真模型在既定边界实现了中观仿真和微观仿真的相互转化,如图6-2所示,根据仿真需求充分发挥中观和微观仿真的优势。

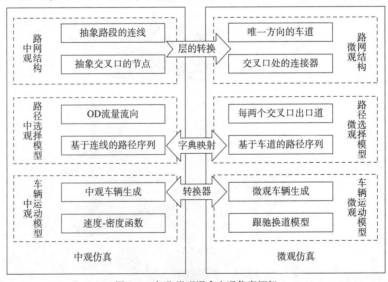

图6-2 中观-微观混合交通仿真框架

此类模型的代表性研究及应用为美国加州大学尔湾分校 Jayakrishnan 等人将中观仿真软件 DynaSMART 与微观仿真软件 Paramics 通过 API 接口以一种嵌入式的结构组合,目的是更好地模拟动态路径选择。中观-微观混合模型的初衷在于微观仿真软件 Paramics 无法应对大规模路网的路径选择问题,原因是微观仿真对路网的刻画较为细致,改变路段的数量或连接方式将使得车辆的路径选择模型后台计算工作量庞大。而中观仿真软件 DynaSMART 对大规模路网的刻画相对较粗,路网中的节点代表驾驶人路径选择的决策点。为了实现二者的混合,微观路网(由 Paramics 刻画)以一种简化的方式嵌入 DynaSMART 中,由 DynaSMART 来处理路径及其选择,路径选择结果被反馈至 Paramics 中进行微观仿真。以上 Paramics-DynaSMART 中观-微观混合交通仿真能够有效提升大规模路网动态路径选择的仿真效率和精度。

6.5.3 宏观-微观混合交通仿真

当开展大范围路网交通评估时,宏观交通模型难以适应精细化分析,而微观交通仿真模型局限于高精度动态交通分析以及可视化仿真结果展示且效率有限,因此为了充分发挥两类模型的优势,需要适当借助中观模型以平衡宏观和微观模型在模拟精度和效率上的不足。宏观-微观混合交通仿真采用同一套数据资源,通过向下继承和向上反馈的数据接口设计,实现不同层次模型精度和建模效率的提升。例如,人口分布及土地利用数据可为宏观仿真模型提供数据支持;中微观模型可继承宏观模型的路网和需求矩阵,并将路段/路口延误结果反馈给宏观模型,实现模型体系衔接,保证模拟数据的一致性。

此类模型的代表性研究及应用为德国 PTV 公司将其开发的宏观仿真软件 Visum 和微观仿真软件 Vissim 集成。Visum 软件中嵌入的 SBA(Simulation-Based Assignment)模块可以在一个大尺度范围的细化路网里,通过使用简化的跟驰模型来模拟每辆车的运行。相比于宏观模型,它更贴近微观仿真,以此充分发挥两者优势进行混合仿真,提供更全面的交通分析。

以下是 Visum-Vissim 混合仿真的一些关键步骤和考虑因素:

(1)接口调用:通过 Visum 和 Vissim 的 COM 接口调用两个软件,实现自动的数据交换和仿真控制,使宏观和微观模型能够相互反馈和迭代;

(2)网络构建:在 Visum 中构建或导入交通网络,并定义交通流量和网络属性;将 Visum 生成的网络导出为 Vissim 可以识别的格式,如 XML 格式;

(3)需求预测与分配:使用 Visum 进行交通需求的四阶段预测(出行生成、出行分布、出行方式划分、交通分配),将 Visum 中的 OD 矩阵和交通需求分配到路网中;

(4)数据转换:Visum 将宏观的交通流信息,如 OD 矩阵,转换并导入 Vissim 中,作为微观仿真的输入;Vissim 可将其微观的路网信息,如路段长度、车道数量、交通组成、驾驶行为参数等,转换并导入 VISUM 宏观路网;

(5)仿真运行与结果分析:运行 Visum-Vissim 宏观-微观混合交通仿真,分析 Vissim 微观仿真结果的同时,将微观仿真结果反馈至 Visum 中,支撑宏观层面更细致的评估和调整。

通过这些步骤,Visum-Vissim 混合仿真可以提供从宏观交通规划到微观交通运行的全面分析,帮助交通规划师和工程师更好地理解和优化交通系统。

6.5.4 宏观-中观-微观混合交通仿真

不同粒度的两层混合模型一般是基于参数转换法实现，在一定程度上结合了单个模型的优点，但是模型适用性较差，基础数据处理复杂，扩展性较弱，实用性不强。普通的模型混合方法比较适合建立两层混合模型，难以支撑建立三层及以上混合模型。这需要采用新的建模思想、建模理论和建模方法，建立多层次、多粒度的混合模型，多分辨率建模理论就是其中之一。基于多分辨率建模理论集成多个模型，可构建一个共享的基础数据库，节省单个模型的数据维护成本，为模型间的一致性提供基础。

目前宏观-中观-微观多分辨率交通仿真领域具有代表性的研究及应用是 TransModeler，该仿真软件整合了宏观、中观、微观三种粒度层面的交通模型，用户可自由选择路段的粒度，对其不同组成部分或地段同时实现不同粒度的仿真，并保持仿真系统在不同粒度下协同运行。具体而言，在宏观尺度上运行仿真，分析整体路网的流量和拥堵情况；对特定区域或走廊进行中观仿真，分析交通流在这些区域的动态变化；选择关键节点或路段进行微观仿真，详细模拟车辆的运行状况和交通信号控制等。这种混合能力使得多分辨率模型在保证宏观、中观和微观仿真之间数据一致性的条件下，可以酌情取舍仿真粒度和计算速度、评价指标的详细程度和模拟对系统的整体影响，灵活解决仿真项目的具体要求，多角度、多层次评估交通策略和改善措施的效果。

6.5.5 多分辨率仿真模型对比

不同分辨率交通仿真模型的对比如表 6-2 所示。多分辨率仿真是不同粒度之间、模型间或模型内部的整合，系统开发过程中通过数据建模、数据共享、集成策略等方法及机制，强调维护不同分辨率模型间的一致性；可通过对现有资源的利用，集成已有成熟系统的功能，减少系统的开发量；将有限的资源集中于核心模型算法的开发，为多分辨率交通仿真探索新的实现思路。

不同分辨率交通仿真模型的对比 表 6-2

对比项目	单分辨率交通仿真模型			多分辨率交通仿真模型	
	微观	中观	宏观	两层混合	多层混合
理论背景	离散事件系统建模，固定步长推进	离散事件系统建模，固定步长推进	连续系统建模，数值仿真	类似于分布式仿真	多分辨率建模与仿真理论
仿真对象	单个车辆	单个车辆，按队列驱动	将车辆模拟为流体或气体	取决于混合的模型对象	根据需求可动态改变对象
核心模型	跟驰模型、换道模型	排队模型、流密-速关系模型、交通分配模型	由流量守恒规则导出的微分方程描述系统演化规律	在原有模型基础上的数学推导或接口标准定义	整合不同分辨率模型的一致性维护模型
应用情况	交叉口渠化、信号配时等	动态路网仿真，受路网规模限制	大规模路网规划分析	取决于混合的模型	网络级-区域级-路口级的渐进式应用

思考题

1. 简述宏/中/微观交通仿真软件的适用场景及各自优势。
2. 工程项目中选用交通仿真软件时,需要考虑哪些实际因素?
3. 开发符合我国城市交通流特征的微观仿真软件,需要因地制宜地构建哪些典型的基础模型?
4. 智能网联及自动驾驶技术的发展对交通仿真提出了哪些新的需求?
5. 简述多分辨率仿真模型开发的难点。

第7章

面向安全评估的交通仿真

目前,绝大多数交通仿真软件开发均围绕效率评估展开,即仿真主要评估行程时间、排队长度、延误等效率指标,而无法进行交通安全运行水平的客观评估。究其原因,面向效率的交通仿真模型倾向于简化交通流运行,而不能再现与交通安全密切相关的复杂多变的交通参与者行为。因此,开发高精度的交通参与者行为模型,是开发面向安全评估的交通仿真软件的关键。本章首先介绍了传统交通安全分析方法及基于交通冲突技术的交通安全评价方法,然后以交叉口安全评估仿真为例,介绍了与交叉口安全密切相关的车辆、行人行为仿真模型开发及应用。

7.1 面向效率与面向安全的交通仿真

当前的交通仿真软件大多面向效率评估,基于车道对车辆运动进行建模及仿真,简化了交通流运行。然而,在现实世界中,各交通参与者在二维空间内进行自由移动。图7-1给出了右转车辆在某交叉口处的实际运行轨迹,而Vissim仿真生成的右转车辆轨迹只对应右转车道的中心线,这暴露了面向效率评估的交通仿真模型基于车道的本质缺陷,无法基于平面对交通参与者的行为进行更为精准的描述。而在很多现实场景中,如城市交叉口、机非混行路段、快速路汇入区、汇出区等,均需基于平面的仿真建模才能提升各交通参与者的轨迹覆盖率,客观再现机动车与机动车交互以及机动车与非机动车交互的安全性。因此,面向安全评估的交通仿真需基于二维平面空间对交通参与者的行为进行建模。

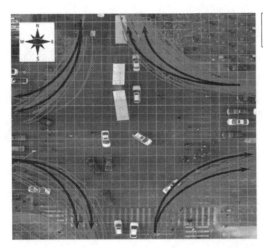

图 7-1　实际观测与仿真右转车辆轨迹

面向效率与面向安全的交通仿真具有不同的侧重点,它们在目标、方法、仿真模型、数据需求、评估指标、应用场景等方面存在差异:

1) 目标差异

面向效率的交通仿真:主要目标是优化交通流,减少拥堵,提高道路使用效率,缩短行程时间。

面向安全的交通仿真:主要目标是评估和提升交通系统的安全性,减少交通事故的发生,保护交通参与者的安全。

2) 方法差异

面向效率的交通仿真侧重于交通流量的分配、信号控制优化、路径选择等,以实现交通流的顺畅运行。

面向安全的交通仿真侧重于分析交通事故的成因,如驾驶人行为、车辆性能、道路设计因素等,并模拟不同的交通场景来预测事故风险。

3) 仿真模型差异

面向效率的交通仿真模型倾向于简化交通流运行,基于车道再现车辆的跟驰与换道行为,基于规则消解机动车与机动车、机动车与非机动车之间的冲突。

面向安全的交通仿真模型基于二维平面空间,精细地再现各类交通参与者的决策过程、动态行为及交互冲突。

4) 数据需求差异

面向效率的交通仿真建模需要的基础数据主要针对基础路网、交通流特征、交通管控措施等,如章节 3.3 所述。

面向安全的交通仿真建模需要采集与事故发生密切相关的交通参与者危险行为、速度变化和轨迹变化等基础数据。

5）评估指标差异

效率仿真的评估指标包括行程时间、排队长度、延误、通行能力、拥堵指数等。

安全仿真的评估指标主要是替代性安全指标（Surrogate Safety Measure，SSM），如距离碰撞时间 TTC（Time to Collision）、后车侵入时间 PET（Post Encroachment Time），表征潜在碰撞风险、严重程度等。

6）应用场景差异

面向效率的交通仿真更多地应用于交通规划设计、信号控制优化、交通管理措施制定等领域。

面向安全的交通仿真主要应用于识别与解析交通安全的各类影响因素，开发安全、实用的新型交通设施，在保证安全的条件下实现效率最优，为交通参与者出行提供安全保障。

综上，两者虽然侧重点不同，但在实际应用中往往相辅相成。交通系统在进行交通仿真时需要综合考虑安全和效率，以达到最优的设施规划设计与交通管控效果。

7.2　传统交通安全分析方法

传统交通安全分析方法主要包括交通事故分析和交通安全诊断。

7.2.1　交通事故分析

长期以来，国内外在交通安全评价领域大多采用事故统计的方法，由于事故数据是交通不安全状况的集中表现，能够表征道路交通的平均安全状况，因此采用事故数据分析道路交通安全状况具有较高的可信度。交通事故分析方法是通过交通事故数据的采集，获取研究对象的事故数据，根据一系列事故计算指标进行安全分析，从不同的角度审视道路存在的交通安全风险，目的在于查明交通事故的总体现状，剖析事故发展规律以及各种影响因素对事故的作用。交通事故指标在道路交通安全分析与评价中具有广泛应用，主要体现在宏观层面分析事故发生规律、微观层面查找事故黑点和交通安全设计方案评价三个方面。

（1）分析事故发生规律

研究一个区域的交通事故指标，可以帮助剖析事故发展趋势及规律，从而发现城市、区域、路网的交通安全症结，在宏观方面制订交通安全政策，指导交通安全规划。

（2）查找事故黑点

事故黑点为事故多发点，是通常所说的事故易发点、危险地点。事故黑点是指在一定时段内，发生的交通事故指标在统计意义上超过了规定阈值的位置（点、路段或区域）。从交通安全规划、设计的角度考虑，事故黑点为在一定的环境下，道路条件对驾驶技能的要求远远超出驾驶人正常驾驶能力的位置。

交通事故黑点的鉴别标准是指在具体判别道路网特定地点（点、段、区域）是否危险，亦即交通事故多发和交通事故损失严重的可能性是否明显高于道路网中其他地点时所依据的定量化指标，通常主要考虑交通事故发生的频次和交通事故的损失情况两项因素。另外，交通事故黑点的鉴别标准与鉴别方法相对应，采用什么样的鉴别方法，则会有一套与之对应、特定的鉴别标准。

(3)交通安全设计方案评价

事故评价法是评价交通设施安全最常采用的方法,其中包括事故数、事故率、事故严重度等评价模型。事故评价法运用数学统计建立道路事故模型,对道路事故率和事故严重程度等进行统计分析,本质上是基于统计分析的安全分析方法。采用事故评价法进行交通安全评价,可识别道路交通设施中存在的主要问题,指导交通安全设计。

7.2.2　交通安全诊断

交通安全诊断是应用系统工程的原理和方法,对道路设施事故发生的原因、显著性和可能造成事故的恶性程度及各种隐患形式进行定性和定量分析。安全诊断基于交通安全分析的基础,不同于单纯的安全性能评价,安全诊断和改善的目的在于发现和分析影响交通安全的主要问题,针对问题提出经济有效的解决方案,指导交通安全设计。

道路交通安全诊断是从现有的状况出发,从工程、设施及交通环境等方面对道路设施交通安全进行系统的诊断和改善分析。

(1)交通安全影响因素分析

通过资料收集和研究,将可能存在的影响安全的因素按照几何条件、交通控制和交通环境等进行分类,再对每一大类进行分类,得到一系列子类,以此类推,梳理出所有与交通安全有关的因素,经过现场调查和反复论证,最后确定各类道路设施交通安全的主要影响因素,并在此基础上设计交通安全问题诊断表。

(2)评判标准的制订

为了消除工程应用人员主观判断的偏差,针对各类道路设施交通安全的每个影响因素制订显著性和可能造成事故恶性程度的评判标准,制订的主要依据是目前与道路交通安全相关的规范、标准、研究资料、实践经验及专家建议等。

(3)交通安全影响因素排序方法

在现场调查时,根据各类道路设施交通安全诊断存在的主要问题,分别从显著性和恶性程度两个方面进行诊断,并依据评判标准进行排序分析,通过回归分析的方法确定排序模型中显著性和恶性程度的权重,并由此建立交通安全影响因素的排序方法。

(4)改善对策

依据各类道路设施交通安全影响因素的分类,梳理所有可能的交通安全改善对策,并根据交通安全问题和实际情况进行补充和筛选,最后得到交通安全改善对策。

(5)改善对策排序方法

结合我国国情建立改善对策(事故折减系数)分析方法与改善对策的成本(工程造价)分析方法,在分析改善对策成本和效益的基础上提出改善对策的排序方法,建立改善对策的排序模型。

7.2.3　传统交通安全分析方法的局限性

基于事故数据的交通安全分析方法往往局限于有限的事故数据而导致应用受限,而交通安全诊断实施周期较长,深度分析机制尚不完善。以事故统计为基础的安全评价指标,尤其是对于小区域地点安全评价的效度与信度水平等结果常常不甚理想,暴露出事故统计数据在实际运用中的缺陷,主要原因剖析如下:

(1) 事故原因的复杂性

在多数情况下,事故的发生并不能归咎于单一原因,它涉及驾驶人、车辆、道路环境以及它们之间的相互作用,因此有时很难单一地从事故数据中找出事故主要原因。

(2) 事故的稀有性导致安全评价周期延长

事故的发生具有稀有性,根据公安部的统计调查数字显示,我国城市主要交叉口发生事故的年平均数为 1.5~5 起,因而导致安全评价往往需要较长的事故统计时间才能保证其可信度。

(3) 事故的随机性致使评价结果预期过高

事故的发生具有随机性,研究表明,在大多数情况下实际事故发生数会大于根据回归分析得到的事故估计数,这意味着在安全改善措施的前后研究中,过高估计了措施的改善效果。

(4) 事故统计的不完全性致使评价结果欠真实

由于事故定义和事故统计规定的限制,以及事故统计管理的部分缺陷,事故统计过程中存在一定的统计盲区,即在事故的发生、立案、统计到公布过程中可能会漏掉或筛选掉部分事故。

(5) 事故的不可逆性使事故原因分析困难

交通事故属于不可逆事件,事故处理机关一般只针对已发生事故的肇事现场进行勘查记录,很难实现事故过程的完全真实再现,因此准确剖析事故成因存在挑战。

为了克服以交通事故统计为基础的道路交通安全评价体系缺陷,出现了一些采用非事故数据的评价方法。如何在短时间内获得交通安全分析相关数据,同时采集到的数据又能与事故数据存在一定的相关性和可替换性,能够较好地表征道路交通的真实安全水平,一直是交通安全领域技术研究的热点,其中最具代表性的非事故数据就是交通冲突,它是不产生碰撞的临界状态。交通冲突技术(Traffic Conflict Technique,TCT)即在这样的背景下发展起来。

7.3 基于交通冲突技术的交通安全评价

交通冲突技术作为安全评价替代方法,其有效性和可靠性已得到大多数国家的认可及应用。以下将介绍交通冲突的定义、分类与检测,以及交通冲突安全评价的意义。

7.3.1 交通冲突的定义

交通冲突的定义为两个或多个道路使用者在一定时间和空间上彼此接近到一定程度,此时若不改变运动状态,则会发生碰撞危险的交通现象。交通事故与交通冲突的发生均是道路使用者(驾驶人、行人等)相互作用的过程。与交通事故不同的是,交通冲突可以从现场观测得到,且交通冲突的分析更加直观。交通冲突通常集中发生在平面交叉口、交织区、匝道等多股车流交织的地方,交通冲突产生的原因涉及人、车、交通流特性、几何设计、交通管制、道路环境等各方面因素。

交通冲突产生的过程如图 7-2 所示。当车辆几乎不受干扰通过时,表示车辆正常通行;当车辆需要采取转向、减速等避险行为才能通过时,则表示车辆产生了冲突。冲突产生是两个相对运动的物体在一定时间内向事故接触点逼近的空间变化趋势的过程。将交叉口、交织区、匝道等交通冲突集中发生区域视为一个系统,该系统中任何一个要素的行为或性质均会对系统产生影响,均可能产生交通冲突,当系统内的冲突数与冲突强度增加时,系统将存在避险行为失败即发生事故的隐患。

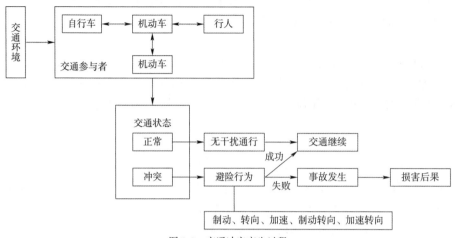

图 7-2 交通冲突产生过程

7.3.2 交通冲突的分类

交通冲突事件是道路使用者之间相互作用的结果,这些事件的发生存在着不同的概率和不同的严重程度。当道路使用者以危险的方式相互逼近时,双方在相互作用的过程中可能导致某种程度损害结果,换言之,可能造成交通事故。通常认为冲突越严重,冲突频率越高,导致事故发生的可能性越高。

在实际交通运行中,根据冲突的严重程度,可将交通事件分为无干扰通行、潜在冲突、轻微冲突、严重冲突和事故,其数量关系呈塔形关系分布,如图 7-3 所示,其中:

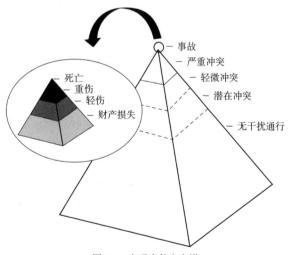

图 7-3 交通事件金字塔

(1)无干扰通行:是指道路使用者在通行时未受到其他道路使用者的干扰。

(2)潜在冲突:是指两个道路使用者以危险的方式相互逼近,除非其中一方采取避险行为,否则冲突即将发生,但在采取避险行为之前存在充分的反应时间。

(3)轻微冲突:是指两个道路使用者以一种明显将要导致严重冲突危险的方式相互逼近,而且仅有极短的时间供其引起警惕并采取正确的避险行为来规避事故的发生。

(4)严重冲突:是指道路使用者必须采取迅速甚至是以剧烈动作为特征的紧急避险行为,供感知-判断-行动的时间极短,客观表现为不允许任何犹豫或动作失误,否则将会导致交通事故发生。

另外,根据对象的运动方向,交通冲突可分为直行冲突、左转弯冲突、右转弯冲突。根据冲突发生时的形式,交通冲突可分为交叉冲突、分流冲突、合流冲突。根据冲突发生时的状态,交通冲突又可细分为正向冲突、侧向冲突、超车冲突、追尾冲突、转弯冲突等。

7.3.3 交通冲突的检测

交通冲突发生的充分必要条件是空间冲突和时间冲突同时满足条件,二者缺一不可。空间冲突是指交通参与者的运动趋势在空间上存在交叉,应在充分考虑交通参与者外观几何尺寸的条件下,判别交通参与者是否在空间上会发生接触。时间冲突是指交通参与者是否会同时到达冲突位置,考虑到不论是车辆还是行人均具有一定形状、占据一定空间位置,当交通参与者到达冲突点的时间差小于给定阈值时定义为时间冲突。为了对交通冲突进行检测和量化分析,需要对一些重要参数进行定义。

(1)冲突点(Conflict Point):是指在交通流中两个或多个移动物体的轨迹相交或接近相交的点。在交通工程中,通常是指车辆可能发生碰撞的位置。

(2)冲突距离(Brake Distance):是指避险措施起点到冲突点的距离。这个距离取决于车辆的速度、加速度、制动能力以及驾驶人反应时间等因素。

(3)冲突速度(Conflict Speed):是指采取避险措施瞬间的车辆速度。了解冲突速度有助于评估碰撞的可能性和严重程度。

(4)距碰撞时间 TTC(Time to Collision):是指从当前时刻起,到两个移动物体预计发生碰撞的时间,可通过计算两个物体的相对速度和相对距离来估算。

在交通安全领域中,用来替代实际交通事故数据进行安全评估的指标或方法称之为替代安全指标 SSM(Surrogate Safety Measure)。常用的替代安全指标 SSM 包括距离碰撞时间 TTC (Time to Collision)、后车侵入时间 PET(Post Encroachment Time)、安全减速时间 DTS(Deceleration to Safety Time)、避免冲突最大减速率 DRAC(Deceleration Rate to Avoid Crash)等,这些指标被用于衡量冲突的严重程度。以下将重点介绍本章中所用到的距离碰撞发生时间 TTC 与后车侵入时间 PET 的测算方法。

(1)距离碰撞发生时间 TTC

如果两个冲突参与者在到达冲突点前一直保持原始的行驶状态,不改变运行方向和速度,到达冲突点的时间,根据冲突角度的不同具有不同的计算方法。

交叉冲突的 TTC 的计算公式为:

$$\text{TTC} = \frac{d_1}{v_1} = \frac{d_2}{v_2} \tag{7-1}$$

正向冲突的 TTC 计算公式为:

$$\text{TTC} = \frac{d_1 + d_2}{v_1 + v_2} \tag{7-2}$$

追尾冲突的 TTC 计算公式为：

$$TTC = \begin{cases} \dfrac{d_1 - d_2}{v_1 - v_2} & (v_1 > v_2) \\ \infty & (v_1 < v_2) \end{cases} \quad (7\text{-}3)$$

式中，d_1，d_2 为两个冲突参与者距离冲突点的距离；v_1，v_2 为两个冲突参与者的行驶速度。

(2) 后车侵入时间 PET

后车侵入时间 PET 是指位于交叉轨迹上的两个冲突参与者，依次通过冲突点的时间差。如图 7-4 所示，若将车辆 1 驶离冲突点的时刻记为 t_1，车 2 到达冲突点的时刻记为 t_2，则 PET 为：

$$PET = t_2 - t_1 \quad (7\text{-}4)$$

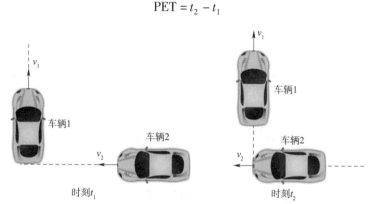

图 7-4　后车侵入时间示意图

7.3.4　过街行人行为模型

为了准确模拟行人过街过程中与其他交通参与者的交互行为，需要建立过街行人行为模型。该模型主要包括三个子模型：期望方向模型、通行/停止决策模型及修正社会力模型。其中，期望方向模型描述了过街行人通过人行横道时对于期望方向的选择，即对期望入口/出口方向进行预期判断；通行/停止决策模型描述了行人在遇到绿闪信号时的决策行为，即是否继续过街或停止等待下一个绿灯周期；修正社会力模型模拟了行人与其他道路使用者交互时的微观运动，综合考虑过街行人与其他行人、冲突车辆、人行横道边界等交通系统组成部分之间的交互作用。这三个模型相互配合，共同构成一个较为全面的过街行人行为模型，具体内容详见 5.3.2。

7.3.5　交通冲突安全评价

交通冲突技术能够识别有可能导致交通事故的危险交通状态，而且观测的交通冲突数与交通事故记录之间的相关性证明了交通冲突技术的有效性，其优势在于克服了基于交通事故记录的评价方法存在的"小样本、长周期、影响因素多"等问题和缺陷。交通冲突技术通过定义可测量、可观测、可记录的交通冲突，经过严密的论证后建立完善的观测与分析理论，实现可控、定量的分析，是一种"大样本生成、快速定量、高可信度"的微观交通安全评价方法，适用于交通安全改善措施实施前后的对比分析和效果评价。

需要注意的是，交通冲突实测只适用于现有道路设施，对于规划、设计阶段尚未运营的交通设施开展安全评价，仍缺乏科学的技术手段。交通仿真作为现场研究的替代方式，为利用交通冲突技术开发具有普适性的交通主动安全保障技术提供了载体。然而，传统交通仿真软件主要服务于效率评价，不能有效再现与交通安全密切相关的车辆或行人危险举动。因此，开发能够客观再现不同几何构造、交通管控等条件下的交通流时空冲突特性，用于主动安全评价的仿真模型，并运用交通冲突技术从源头定量分析、排查安全隐患、防患于未然，是改善交通安全状况的迫切需求。

7.4 交叉口安全评价仿真模型开发

7.4.1 概述

交叉口是衔接相交道路形成道路网络的枢纽，是各向人流、非机动车流和机动车流的集散点，运行环境的复杂性及参与者行为的多变性促使其成为城市路网的瓶颈和交通事故的多发地。我国对城市交通事故的抽样统计表明：城市道路交通事故中有25%～35%的事故发生在道路交叉口及其临近路段。因此，研究城市道路交叉口安全保障技术，对于提升交叉口安全运营水平及城市交通的服务水平具有积极意义。

交叉口安全是包含"人-车-路-环境"等交通要素的复杂的系统，系统要素往往由不同的职能部门、不同的机构群体在信息不完全对等的条件下进行分析与决策设计，这些要素在交叉口时间和空间的衔接失调往往会导致系统出现偏差，引发交通事件或造成交通事故。系统的交叉口安全保障技术可以消除或降低系统偏差出现的概率，并尽可能降低交通事件或交通事故的恶性程度。目前，交叉口交通安全研究与实践往往局限于公安交通管理部门基于参与者违章行为的交通法制管理，并且大都是事故频发后而进行的"事故黑点"防治。这些行动计划虽然对交叉口交通安全的改善起到了巨大的推动作用，但是事实上许多违章事故的原因并非是交通参与者的主观意愿，往往是在规划设计、运营管理中存在着不尽合理的地方。"病源"犹在的前提下去消除"病征"的举措往往是舍本逐末，达不到标本兼治的效果。不仅如此，交通事故的发生具有长期的潜伏特性以及特殊性，几何环境、交通流特性、控制方式等因素的综合影响，使个别交叉口没有发生交通事故而未被诊断为"事故黑点"，但其引发严重事故的重大隐患始终潜伏，受到外界条件的激发而引起恶性后果，并且在不同的交叉口，这些隐患往往存在着细微差异，不具有普遍规律性。因此，基于仿真手段研究具有普适性的交叉口安全保障技术，是城市道路交通安全状况提升需要迫切研究的课题。

本章重点关注与交叉口事故发生高度相关的交通参与者危险行为，如交叉口内车辆与行人的轨迹变化、速度变化、人车冲突行为等，并从驾驶人的心理因素以及交叉口几何构造和信号控制等道路环境因素中揭示这些行为的变化机理，通过开发车辆和行人动态行为的仿真模型，并结合交通冲突技术，定量评估交叉口的安全运行水平。

7.4.2 右转车辆与行人冲突分析

在国内大部分交叉口，右转车辆通行不受信号灯控制，即红灯允许右转（Right Turn ON Red，RTOR），行人行走在人行横道斑马线上，由于视野范围受限，难以准确判断右转驶来车辆的位置，而部分右转车辆在交叉口右转时，并不明显减速，右转车与行人争取交通时空资源的矛盾愈发突出，导致事故风险居高不下。因此，如何客观、定量地评估道路设施几何设计及交通管控措施对应的交通安全运行水平成为一个亟待解决的问题。

在行驶方向红灯的条件下，RTOR 右转车辆需要穿越前方出口人行横道上的行人流，对应通行穿越、减速让行与停车让行三种状态。同样，在行驶方向绿灯的条件下，右转车辆与过街行人的冲突方式也可划分为：连续穿越、间断穿越及停车让行，如图 7-5 所示。其中：①连续穿越是指当右转车辆转弯时，发现右进口的人行横道未有行人通行，此时驾驶人判断右转过程中不会与行人发生冲突，行使道路使用权，穿越人行横道；②间断穿越是指当右转车辆转弯时，发现右处出口人行横道存在行人通行，此时驾驶人判断可能会与行人发生冲突，主动在路口处减速，将道路使用权让给行人，待行人通过后再加速通过；③等待穿越是指当右转车辆转弯时，发现右处出口人行横道存在行人通行时，此时驾驶人为保障行人安全过街，主动在人行横道前停车，将道路使用权让给行人，待行人通过再加速通过。

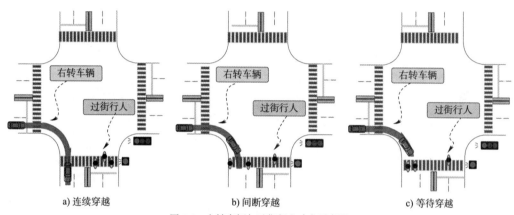

图 7-5 右转车辆与过街行人冲突示意图

基于右转车辆与过街行人的冲突特性及运动状态，对右转车辆和行人的运动过程进行建模，分别提出右转车辆路径模型、速度模型和可插车间隙模型，以及行人路径模型、速度模型及绿闪停止/通行判断模型，如图 7-6 所示。

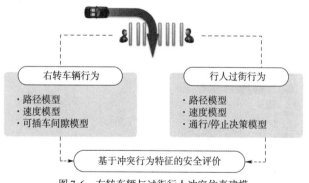

图 7-6 右转车辆与过街行人冲突仿真建模

7.4.3 右转车辆行为建模

本质上，交叉口内的车辆轨迹均可以通过车辆随时间的空间位置变化表示。在右转车辆与过街行人的冲突过程中，右转车辆的运动状态在时间的变化包括加速、减速、停止等，在空间上则表现为行驶路径的变化,因此对右转车辆的建模包括路径模型和速度模型。而行人步速较低,右转车辆与行人的相互作用过程也可看作是右转车辆寻找行人可插车间隙穿越的过程,因此在建立右转车辆路径和速度模型的基础上,建立可插车间隙模型,可以更好地描述人车冲突运动过程。右转车辆行为模型如图 7-7 所示。

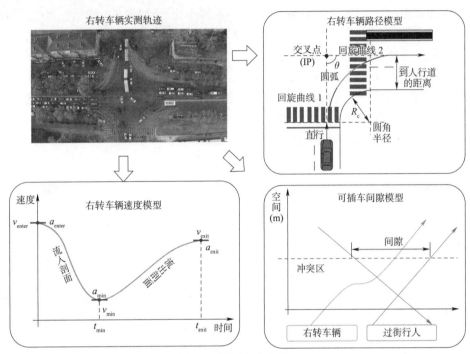

图 7-7　右转车辆行为模型

1) 路径模型

右转车辆在转弯过程中,转向轮的转角不断变化,转弯半径也不断改变,因此车辆转弯路径可以描述为一条连续曲线。如图 7-8 所示,车辆路径模型可以通过将观察到的各条路径曲线近似为一系列直线、回旋曲线(Clothoid)和圆曲线(Circular Curve)的组合。根据右转车辆转弯动态与观测到的曲率转弯半径分析,右转弯车辆一开始曲率半径基本为 0,由于人行横道宽度不大,可将回旋曲线在人行横道上的弧长近似为直线,然后曲率半径慢慢增加至一个峰值,又缓慢下降变成 0,因此采用连续曲线各个部分曲率半径来描述右转弯路径。

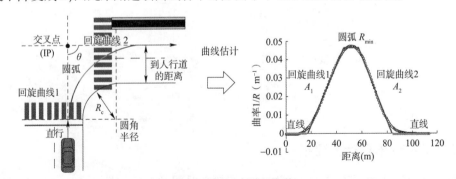

图 7-8　右转车辆路径模型

从数学上讲,直线和圆曲线的曲率分别为零和常数。为了连接直线段和圆弧段之间的转弯路径,采用道路线形设计中的欧拉螺线(Eular Spiral)表征过渡段。欧拉螺线的曲率随曲线长度线性变化,可表示为:

$$R_S L_S = A^2 \quad (7\text{-}5)$$

式中,R_S是欧拉螺线的曲率半径;L_S是欧拉螺线的曲线弧长;A是欧拉螺线的参数。公式(7-5)也可以转化为式(7-6),表示欧拉螺线的曲线弧长L_S和曲率半径R_S的线性函数关系,斜率为$1/A^2$。

$$\frac{1}{R_S} = \frac{1}{A^2} L_S \quad (7\text{-}6)$$

在交叉口内,右转车辆路径由进口欧拉螺线、圆曲线和出口欧拉螺线构成。进口和出口欧拉螺线的曲率分别为$\frac{1}{A_1^2}$和$\frac{1}{A_2^2}$,圆曲线的曲率为$\frac{1}{R_{\min}^2}$,如图7-7所示。因此,需要确定五个参数来构建一条右转弯路径,即进口欧拉螺线的起始点、A_1、$R_{\min}$、A_2和出口欧拉螺线的结束点。根据实际调查分析,A_1、$R_{\min}$、A_2近似服从正态分布,可通过对交叉角度、转弯半径、车辆进入速度和车辆类型等变量进行回归建模。

2) 速度模型

当右转车辆转弯后与过街行人发生交通冲突时,大部分右转车辆的速度变化趋势为先下降、后升高,如图7-9所示。驾驶人预见到与行人的冲突情况下,车辆会减速行驶,此时车辆加速度为负;驶离冲突点后,车辆加速通行,车辆加速度为正。遇到行人群体过街时,驾驶人停车让行的比例增加,冲突后会寻找可插车间隙慢速穿越行人流。因为车辆在正常右转时也存在减速现象,有必要区分正常右转减速和发生冲突时的减速情况。

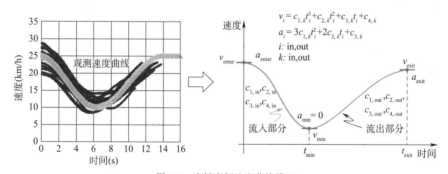

图7-9 右转车辆速度曲线模型

分析正常右转和发生冲突时的右转速度曲线,可见符合三次曲线函数分布。速度曲线又分为流入部分和流出部分,根据车辆最低速度$v_{\min}$进行分界,两个部分的加速度近似符合抛物线。采用三次多项式表示速度和时间的函数关系,反映速度和加速度的特性,如下式:

$$v_i = c_{1,k} t_i^3 + c_{2,k} t_i^2 + c_{3,k} t_i + c_{4,k} \quad (7\text{-}7)$$

$$a_i = 3 c_{1,k} t_i^2 + 2 c_{2,k} t_i + c_{3,k} \quad (7\text{-}8)$$

式中,v_i表示右转车辆在流入部分(i = in)和流出部分(i = out)随时间t的速度;$c_{1,k}$、$c_{2,k}$、$c_{3,k}$和$c_{4,k}$是待估计参数;k同样对应流入部分(k = in)和流出部分(k = out)。

右转车辆速度曲线在流入部分和流出部分选择不同的参数,如图7-8所示,流入部分参数为$c_{1,\text{in}} \sim c_{4,\text{in}}$,流出部分参数为$c_{1,\text{out}} \sim c_{4,\text{out}}$。进入交叉口的初始速度与驾驶人期望速度和路径相关,驶出交叉口的速度与驶出路径相关。对于停车让行时右转车辆的速度曲线,$v_{\min}$与$a_{\min}$

均为0,通过这些边界条件,可确定停车曲线模型参数。

3) 可插车间隙模型

当右转车辆与行人在人行横道斑马线上发生冲突时,右转车将通过检查行人流之间的间隙来预测何时以当前速度曲线进入人行横道,并做出是否通过或让行决定。这种预期和决策的动态过程沿着转向路径不断迭代。车辆和行人的间隙分为两种类型。第一种类型是时间滞后(Lag),是行人到达冲突区域的时间。第二种类型为时间间隔(Gap),是两拨连续行人的时间差,即第一个行人离开冲突区域至第二个行人到达冲突区域的时间差值。

在分析行人流的时间滞后(Lag)和时间间隔(Gap)之前,通过参考右转车辆的来向定义人行横道的近侧和远侧。人行横道近侧的行人是指从右转车辆的出口附近开始过街的人,而人行横道远侧的行人是指从右转车辆出口附近的另一侧开始过街的人。根据行人的运动方向,可将行人和右转车辆的冲突类型细分为五类,如图7-10所示。类型A为与人行横道近侧过街的行人发生冲突;类型B为与人行横道远侧过街的行人发生冲突;类型C为车辆在多个近侧行人间穿越时发生冲突;类型D为车辆在多个远侧行人间穿越时发生冲突;类型E为车辆在多个近侧与远侧行人过街时发生冲突。

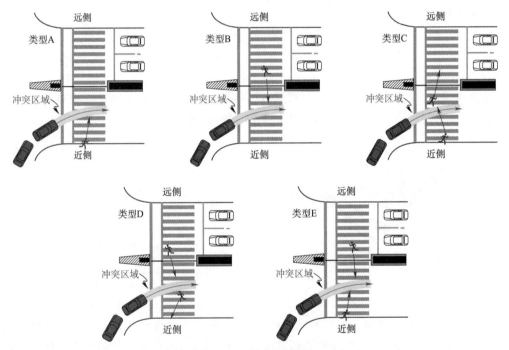

图7-10 可插车间隙模型

临界间隙是指行人流允许右转车辆安全穿越的最小间隙,可利用威布尔分布对过街行人和右转车辆临界间隙的经验分布进行拟合,威布尔函数式如下:

$$P(x) = 1 - e^{-\left(\frac{x}{\alpha}\right)^{\beta}} \tag{7-9}$$

式中,$P(x)$表示间隙x的接受概率;α和β分别是待估计的比例参数和形状参数。根据参数值的不同,威布尔函数可呈现多种分布表现形式,如二项分布、正态分布等。

实际调查分析显示,发生冲突后右转车辆是否穿越行人完成通行不仅与间隙大小相关,还与驾驶人心理相关。与无干扰情况下驾驶人对间隙的接受行为相比,发生冲突的驾驶人若减速等待较长时间,即使间隙较小也会抢行穿越的现象增加。若驾驶人较为谨慎,停车等待行人流过街,即使存在较大的间隙,也可能会等待该行人流全部过街后再离开冲突区域。同时,发生冲突的右转车辆接受滚动间隙的可能性增大,驾驶人在人行横道上会缓慢前移离开冲突区域。对滚动间隙接受可能性的增大会使交叉口的不安全程度增加。

7.4.4 冲突评价指标

为了实现对交叉口右转车辆与过街行人的安全评估,需选择合适的替代安全指标 SSM 评估人-车冲突风险。TTC 作为一种常用的 SSM,需要实时估计到冲突点的剩余时间,以致在实际应用中很难获取精确结果,因此不太适用于人车冲突分析。考虑到测量的简易性、随时间的一致性以及与其他测量的关系,PET 被认为是分析交叉冲突最常见的指标。在人-车冲突的情况下,PET 被定义为侵占行人离开潜在碰撞点与冲突车辆到达潜在碰撞点之间的时间差,反之亦然。为了获取 PET,在实践中只需要测量行人与右转车辆分别通过冲突点的时间。

如图 7-11 所示,过街行人和右转车辆的轨迹分别由曲线 A 和曲线 B 表示,则 PET 可计算为:

$$\text{PET} = t_4 - t_3 \tag{7-10}$$

式中,t_3 是冲突行人离开冲突点时的侵入结束时间;t_4 是右转车辆到达冲突点的实际时间。与其他 SSM 相比,PET 的一个显著属性是阈值为零有助于区分碰撞发生和无碰撞情况。显然,PET 越小,车辆与行人碰撞的风险就越大。

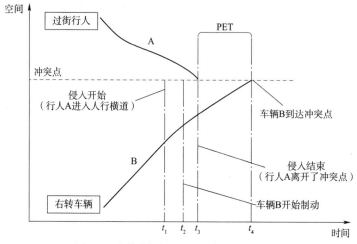

图 7-11 右转车辆与过街行人冲突 PET 的测算

此外,车辆通过冲突点的速度是车辆与行人冲突风险评估的良好替代指标。车辆通过人行横道的速度越高,发生冲突的可能性越大。速度也可作为表征冲突严重程度的指标。冲突点通过速度越高,冲突的严重性越大,如图 7-11 所示,对应右转车辆在 t_4 时刻的车速。

综上,选取 PET 和车辆通过冲突点的速度这两个指标作为 SSM,表征右转车辆与过街行人碰撞的风险及严重程度,任一指标均带有另一指标未能解释的安全信息。以下将通过仿真案例,证明两个指标在表征不同几何设计与交通管控条件下交叉口运行安全的有效性。

7.5 交叉口安全评估仿真实例

7.5.1 实例介绍

本实例对北京市内两个交叉口进行调查,通过无人机收集和提取数据,评估交叉口右转车辆与行人冲突情况。调查地点分别为中关村东路-知春路交叉口和花园路—北土城路交叉口,如图 7-12 所示。这两个交叉口均位于通往市中心的干道上,交通流量较大,实施分时段定时信号控制方案。其中,中关村东路-知春路交叉口为四相位信号控制方案,周期为240s,花园路-北土城路交叉口为三相位信号控制方案,周期为120s,所有进口道的黄灯和全红时间分别为 3s 和 1s。调查地点的几何特征参数与交通需求见表 7-1。

a) 中关村东路-知春路交叉口

b) 花园路-北土城路交叉口

图 7-12 调查交叉口信号相位设置

调查交叉口几何特征参数与交通需求 表 7-1

交叉口	进口道	转弯半径R_c（m）	右转夹角（°）	出口车道数	人行道退让距离（m）	行人数（ped/h）	右转车辆数（veh/h）
中关村东路-知春路	东	16	105	4	6.5	321	280
	西	19	75	5	7	586	377
	北	17	95	5	8	256	502
	南	15	85	5	8	267	521
花园路-北土城路	东	19	92	3	7	235	204
	西	17	88	3	7	431	268
	北	18	90	2	8	179	397
	南	17	90	2	8	198	348

遥控无人机距地面约100m 的高度俯视拍摄,如图 7-13 所示,通过基于图像的目标检测和跟踪技术提取右转车辆和行人的运行轨迹,共检测到 2473 名行人和 2897 辆右转车辆。图 7-13a) 展示了右转车辆的轨迹跟踪过程,图 7-13b) 展示了过街行人的轨迹跟踪过程,提取

的轨迹数据为车辆与行人行为建模及交叉口安全评估提供了支撑。

 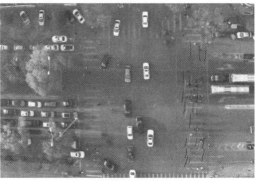

a) 右转车辆　　　　　　　　　　　　　b) 过街行人

图 7-13　右转车辆和过街行人的检测与跟踪

现场调查显示,右转车辆在转弯进入交叉口后会选择出口道不同的车道,而且行驶轨迹并非传统仿真模型对应的车道中心线,而是在出口二维空间内自由移动,这将导致右转车辆与行人在人行横道上出现一系列分布分散的冲突点。在行人绿灯相位期间,不少行人并未在人行横道上行走,有些甚至在行人绿灯相位闪烁时冲入人行横道,以上现象均会增加严重冲突的概率。本实例选取 PET 与冲突点车辆速度作为 SSM,评估右转车辆与过街行人的冲突,诊断冲突的频率、严重程度和位置。分析中仅选择 PET 绝对值小于 3s 的冲突,表征车辆-行人交互时相对危险的情况。

7.5.2　模型校准

1) 右转车辆行为模型校准

(1) 路径模型校准

如前所述,右转车辆路径由直线、欧拉螺线和圆曲线的组合构成。右转车辆沿着与车道边界线平行的直线进入交叉口,交叉口内的路径包括进口欧拉螺线、圆曲线和出口欧拉螺线。进口和出口的欧拉螺线的曲率分别为 $\dfrac{1}{A_1^2}$ 和 $\dfrac{1}{A_2^2}$,圆曲线的曲率为 $\dfrac{1}{R_{\min}^2}$,如图 7-8 所示。最后,车辆沿着出口路径与车道边界线平行的另一条直线离开交叉口。需要确定五个参数来构建一条右转路径,即进口欧拉螺线的起点、A_1、$R_{\min}$、A_2 和出口欧拉螺线的终点。

根据实测的右转车辆路径,综合考虑交叉口几何特征(如交叉角度、转弯半径)和交通流特征参数(如车辆驶入速度、最小速度)等影响,对以上参数进行回归建模,并运用最大似然估计得到参数估计结果,如表 7-2 所示。通过比较交叉口内三个横截面处的右转路径点到固定交叉点的距离分布,分析实测路径和仿真路径的差异,如图 7-14 所示。t 检验结果显示,在 95% 置信水平下,三个横截面处的仿真路径距离分布与实测的距离分布不存在显著差异。

欧拉螺线和圆曲线的估计参数　　　　表 7-2

解释变量	A_1	A_2	$R_{\min}$
转弯半径 R_c (m)	0.214	0.282	0.352
进口道与出口道夹角 θ (°)	0.390	0.181	0.142

续上表

解释变量	A_1	A_2	R_{min}
大型车虚拟变量(0,1)	2.22	2.51	−0.021
从路肩到出口车道中心的横向距离（m）	0.392	1.097	0.878
进出口车道中心线的交点到进口道停车线的距离D_{in}（m）	0.195	0.157	0.0122
进出口车道中心线的交点到出口道端线的距离D_{out}（m）	0.210	0.261	0.0115
驶入速度V_{in}（km/h）	0.0842	0.0924	0.0882
最小速度V_{min}（km/h）	0.292	0.311	0.0352
常数	−7.52	3.61	1.86
样本量		2027	
调整后R^2	0.689	0.701	0.649

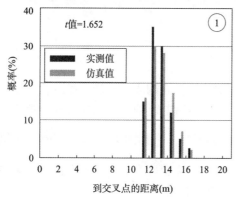
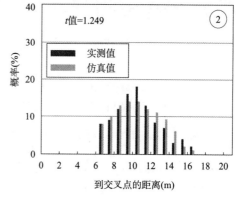
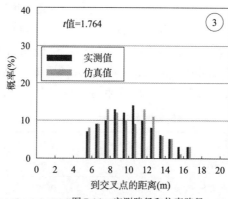

图7-14 实测路径和仿真路径

(2)速度模型校准

如前所述,右转车辆速度曲线分为流入部分和流出部分,根据车辆最低速度 $v_{\min}$ 进行分界,见式(7-7),共有8个待估计系数,即 $C_{1,\text{in}} - C_{4,\text{in}}$ 和 $C_{1,\text{out}} - C_{4,\text{out}}$。由于驶入和驶出速度很大程度上依赖于期望速度和道路条件,将驶入和驶出速度均视为输入变量。假设右转开始和结束时的加速度为零,需估计变量 $C_{1,\text{in}}$ 和 $C_{1,\text{out}}$ 以构建流入和流出部分的速度曲线。根据经验数据分析,采用Gamma分布估计 $C_{1,\text{in}}$ 和 $C_{1,\text{out}}$,分布参数建模为交叉口几何特征(如驶入角度、转弯半径)和交通流特征参数(如驶入速度、驶出速度)等的线性函数,估计结果见表7-3,其他参数 $C_{2,\text{in}} - C_{4,\text{in}}$ 和 $C_{2,\text{out}} - C_{4,\text{out}}$ 可基于 $C_{1,\text{in}}$ 和 $C_{1,\text{out}}$ 的估计结果得出。同样,通过比较交叉口内三个横截面处的右转车辆通过速度,分析实测速度曲线和仿真速度曲线的差异,如图7-15所示。t 检验结果显示,在95%置信水平下,三个横截面处的仿真通过速度与实测通过速度不存在显著差异。

$C_{1,\text{in}}$ 和 $C_{1,\text{out}}$ 估计结果　　　　表7-3

Gamma 分布	参数	$C_{1,\text{in}}$	$C_{1,\text{out}}$
α	常数	9.25	5.87
	驶入速度(m/s)	0.220	0.0272
	驶入角度(°)	−0.0217	−0.00871
	转弯半径(m)	0.0017	0.0024
	出口横向距离(m)	−0.152	0.0214
	驶出速度(m/s)	0.231	−0.262
β	常数	−0.0552	−0.00228
	驶入速度(m/s)	−0.00114	0.00152
	驶入角度(°)	0.00084	0.000152
	转弯半径(m)	−0.00115	0.00021
	出口横向距离(m)	0.00325	0.00122
	驶出速度(m/s)	0.00541	−0.00385
样本量		2027	
调整后 R^2		0.698	0.714

(3)可插车间隙模型校准

鉴于近侧和远侧行人的区别,右转车辆对于不同方向过街行人的可插车间隙可分为五种类型,如图7-10所示。由于车辆的物理尺寸,所有潜在的人车冲突均发生在沿着右转路径的冲突区域内,在实际调查可插车间隙时,需要排除行人通过冲突区域的时间。对于每种类型的间隙,根据观测数据计算接受和拒绝的间隙数量,以1s为时间间隔统计接受概率。采用威布尔分布拟合右转车辆的可插车间隙接受概率,如式(7-9)所示。分布参数的估计结果见表7-4,调整后的 R^2 指标显示模型能够合理表征右转车辆的可插车间隙接受行为。

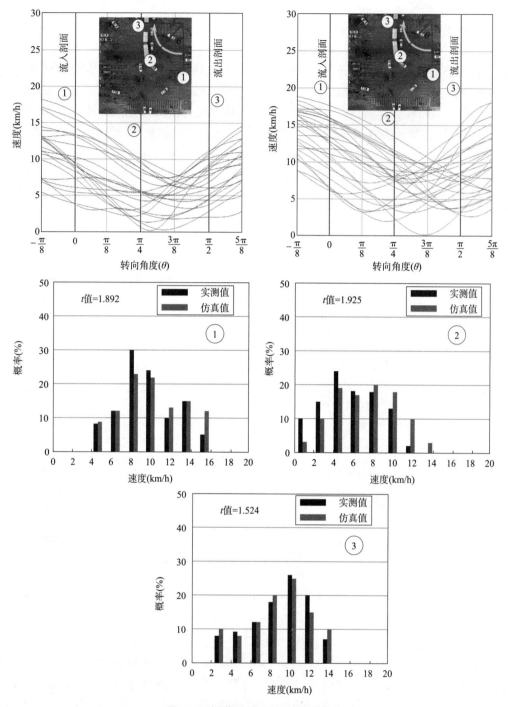

图 7-15 实测速度曲线与仿真速度曲线

间隙接受概率分布参数

表 7-4

间隙类型	描述	参数	估计值	调整后 R^2	样本量
类型 A	近侧行人的时间滞后	α	3.32	0.974	378
		β	2.49		

续上表

间隙类型	描述	参数	估计值	调整后 R^2	样本量
类型 B	远侧行人的时间滞后	α	4.41	0.985	708
		β	3.21		
类型 C	近侧行人之间的间隔	α	5.02	0.952	349
		β	4.74		
类型 D	远侧行人之间的间隔	α	7.39	0.962	574
		β	4.21		
类型 E	近侧和远侧行人之间的间隔	α	7.28	0.938	463
		β	4.59		

2) 行人模型校准

采用社会力模型对行人过街行为建模,如式(5-13)和式(5-14)所示。为了校准社会力模型,采用遗传算法 NSGA-II 求解该多目标优化问题。考虑到人行横道上的行人以不同的方向和速度移动,步行距离和角度的相对误差被设定为优化目标,通过优化该误差估计社会力模型参数。

根据实际观察,行人过街可分为五类典型场景,如表 7-5 所示。根据人行横道上行人轨迹是否与右转车辆发生冲突,可将行人数据集分为两组。对于在人行横道上未遇到冲突车辆的行人,根据走行的相对自由度定义三种场景,即人行横道上只有一个行人,一个行人与对向另一个行人冲突,以及相反方向上存在多个冲突的行人。另一方面,对于在人行横道上遇到冲突车辆的行人,定义两种场景,即一个行人与右转车辆冲突,以及多个行人与右转车辆冲突。对于每种场景,从实测数据集中提取采样轨迹。根据社会力模型模拟采样行人的过街行为,同时保持案例中其他行人的原始轨迹,通过比较实测和仿真的行人轨迹,根据平均绝对百分比误差(MAPE)计算在二维空间中步行路径和速度的估计误差,如表 7-5 所示。结果表明,社会力模型能够客观表征行人过街行为。

在不同场景下行人路径和速度的估计精度 表 7-5

场景	行人数量	每个时间步长的路径 MAPE		每个时间步长的速度 MAPE	
		$D(x)$	$D(y)$	$V(x)$	$V(y)$
	255	10.22%	8.21%	11.99%	9.15%
	215	6.97%	6.09%	9.09%	5.11%
	1026	10.78%	7.12%	12.34%	7.24%
	175	7.98%	4.32%	9.17%	5.67%
	801	9.54%	8.08%	12.65%	5.40%

7.5.3 仿真实验

以下部分侧重于将各个子模型集成后,运用仿真模型对交叉口安全进行评估。仿真模型采用 C#编程语言实现,集成四个主要子系统,包括图形用户界面、仿真计算引擎、编码/解码引擎和数据记录引擎。选取花园路-北土城路交叉口南进口右转车辆与东侧人行横道行人流作为研究对象,如图 7-16 所示,实验目的是检验仿真模型能否合理地表征信号交叉口右转车辆与过街行人的冲突。具体而言,对比仿真与实测人车冲突事件的 SSM,并进行敏感性分析,评估不同几何特征下的交叉口安全运行水平。

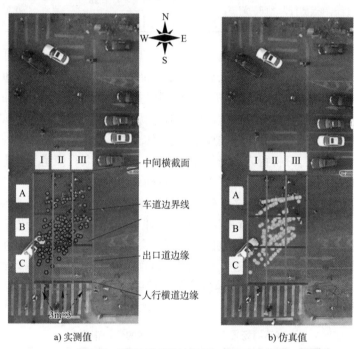

a) 实测值　　　　　　　　　b) 仿真值

图 7-16　实测与仿真的冲突点($-3s < PET < 3s$)

1) SSM 验证

为了验证 PET 绝对值小于 3s 的冲突事件的分布,同时考虑到现实情况中部分行人行走于人行横道外,根据人行横道边缘、出口道边缘、车道边界线及中间横截面等界定 9 个区域,既包括人行横道内部,又包括人行横道外部,如图 7-16 所示。通过参考 A、B、C 水平方向和 Ⅰ、Ⅱ 和 Ⅲ 垂直方向划分的 9 个冲突区域,图 7-17 显示了每个区域内实测和仿真的冲突点,可见总体上仿真的冲突点分布与实测结果基本一致。BI 和 BIII 区域内仿真与实测的冲突点分布存在一定差异,表明人行横道外的行人行为需要进一步关注。建模过程中假设人行横道边界对行人施加一定的排斥力,以使行人远离人行横道边界。然而,一旦行人密度增加至一定程度或车辆构成潜在威胁,部分行人可能会走出人行横道以避免严重的行人-行人或行人-车辆冲突。一旦冲突变得不再严重,这些行人可能会越过边界并返回人行横道。因此,人行横道外的行人行为需要进一步分析和建模。

图 7-18 比较了实测和仿真 PET,t 检验结果表明,在 95% 置信水平下两者不存在显著差异。因此,PET 作为代表性的 SSM,能够有效评估交叉口人-车冲突。值得注意的是,在仿真中

绝对值较小的 PET 较少,这表明基于有限样本数据的右转车可插车间隙模型需要进一步调整,以再现实际中较为危险的右转车辆与过街行人交错通行的事件。

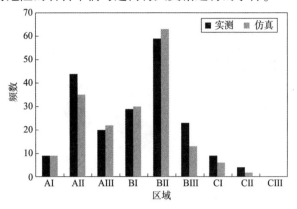

图 7-17　实测与仿真的冲突点分布

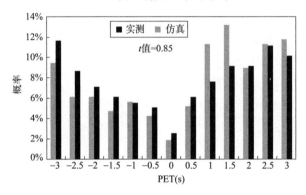

图 7-18　实测与仿真 PET

对于 PET 绝对值小于 3s 的冲突事件,图 7-19 比较了实测与仿真的冲突点车辆速度。在 95% 置信水平下,t 检验结果表明两者不存在显著差异。因此,作为另一个代表性的 SSM,冲突点车辆速度能够有效评估交叉口人-车冲突。

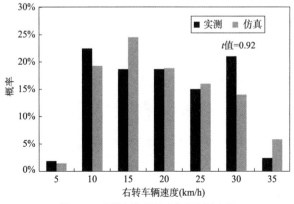

图 7-19　实测与仿真的冲突点车辆速度

2) 敏感性分析

运用仿真模型测试几何特征因素,如交叉角度、停车线位置、人行横道位置和转弯半径等,对右转车辆和行人冲突的影响。以下案例选取两个典型的四肢交叉口,交叉角度不同,分别为

90°和120°,如图7-20所示。信号相位和配时方案参考图7-12a)。

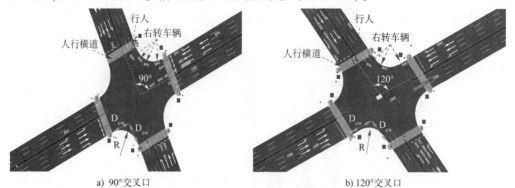

图 7-20 仿真对比分析场景

对于每个交叉口,设计9个具有不同转弯半径R_c和人行横道缩进距离D_{cw}的场景。在一些场景中,保持转弯半径不变,改变人行横道缩进距离($D_{cw}=0$、5m、10m、15m);在其他场景中,保持人行横道缩进距离不变,改变转弯半径($R_c=5m$、10m、15m),每个场景均基于开发的仿真模型构建。通过分析东进口右转车辆与北侧人行横道双向行人流间的冲突,评估交叉口运行的安全性。车道的交通流量设定为100辆/车道/h,行人流量设定为150行人/h(来自近侧人行横道50行人/h,来自远侧人行横道100行人/h)。每个场景仿真运行4h以收集足够的数据,然后提取PET及冲突点车辆速度作为SSM,结果分别如图7-21与图7-22所示。

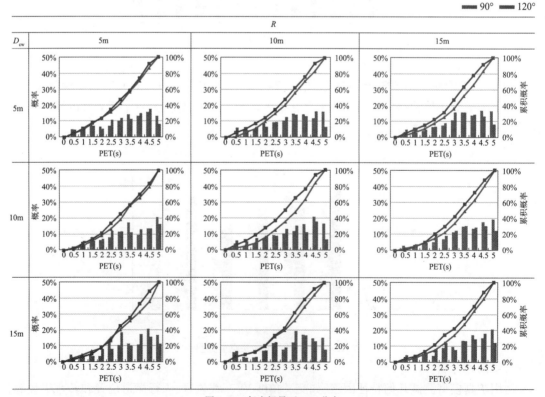

图 7-21 每个场景下 PET 分布

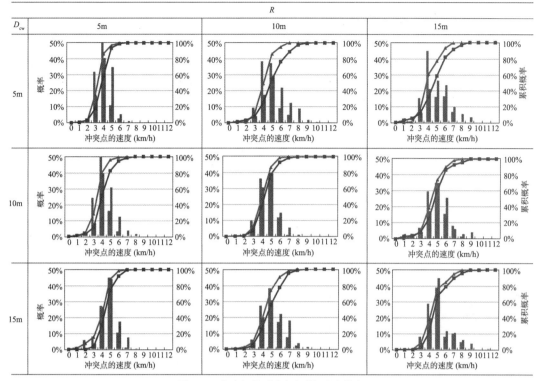

图 7-22 每个场景下冲突点车辆速度分布

可见,在 120°情况下,PET 累积分布曲线相比 90°,朝着较小的 PET 值向左偏移,同时冲突点车辆速度累计分布曲线朝着较高的值向右偏移,这表明当右转角度变大时,冲突行人面临相对更为危险的冲突情况。90°和 120°情况下 PET 均值与标准差的统计结果分别见表 7-6 和表 7-7。结果显示,当转弯半径和人行横道缩进距离增加时,PET 均值并未呈现明显的变化趋势。

90°情况下 PET 均值与标准差　　　　　　　表 7-6

D_{CW}	R		
	5m	10m	15m
5m	3.07(1.33)	3.24(1.25)	3.11(1.32)
10m	3.25(1.24)	3.34(1.19)	3.18(1.33)
15m	3.15(1.23)	3.33(1.21)	3.06(1.21)

120°情况下 PET 均值和标准差　　　　　　　表 7-7

D_{CW}	R		
	5m	10m	15m
5m	3.04(1.36)	3.06(1.29)	3.08(1.26)
10m	3.03(1.34)	2.97(1.36)	3.16(1.35)
15m	3.04(1.30)	3.25(1.21)	3.03(1.33)

90°和120°情况下冲突点通过速度的均值和标准差统计结果见表7-8和表7-9。结果显示，当转弯半径和人行横道缩进距离增加时，冲突点通过速度的均值呈增大趋势，这也表明随着转弯角度、转弯半径和缩进距离的增大，右转车辆的通过速度更高，对应与行人冲突的严重程度加剧。

90°情况下冲突点通过速度的均值和标准差　　　　表7-8

D_{CW}	R		
	5m	10m	15m
5m	3.30 (1.28)	3.75 (1.40)	4.03 (1.53)
10m	3.42 (1.39)	4.04 (1.18)	4.34 (1.54)
15m	3.93 (1.83)	4.40 (1.63)	4.47 (1.68)

120°情况下冲突点通过速度的均值和标准差　　　　表7-9

D_{CW}	R		
	5m	10m	15m
5m	3.77 (1.36)	4.23 (1.56)	4.67 (1.18)
10m	4.07 (1.98)	4.32 (1.39)	4.68 (1.57)
15m	4.48 (2.26)	4.88 (1.92)	4.94 (1.74)

综上，仿真结果表明随着缩进距离和转弯半径的增加，右转车辆与过街行人冲突的严重程度也会加剧。在相同缩进距离和转弯半径条件下，120°情况下的冲突严重性相比90°情况更高。在现实中，对于规模更大、转弯角度更大的交叉口，转弯车辆可能具有更高的速度，并且与人行横道上即将出现的行人发生更为严重的人车冲突。以上案例验证了利用仿真模型进行右转车辆与过街行人冲突检测与安全评估的可行性，客观分析了不同几何特征下交叉口人－车冲突的频率和严重程度。

思考题

1. 请分析利用交通仿真进行交通安全评估的优缺点。
2. 请简述交通冲突的发生过程。如何判定交通冲突是否发生？
3. 常见的交通冲突评价指标有哪些？原理是什么？
4. 目前的交通仿真软件在进行交叉口安全评估时存在哪些局限性？
5. 查阅相关文献，总结交通仿真技术在交通安全研究中的应用。

第8章

交通仿真二次开发

现有的交通仿真器通常针对通用的交通流仿真与分析等目标而设计,可能无法完全满足使用者特定的需求。如不同的交通仿真器中可能存在车辆驾驶行为模型有限等问题和交通流控制模型单一等问题,使用者无法精确再现多样的车辆驾驶行为或交通控制仿真。交通仿真二次开发能够在当前仿真器的基础上,将特定的算法或模型集成至仿真过程中,通过外部调用实现对交通仿真元素更精细化的模拟和控制,从而得到更符合实际需求的仿真结果,提高交通仿真的精确度和实用性。本章介绍了交通仿真二次开发的基础知识,并给出交通仿真器功能拓展以及交通仿真器与驾驶模拟器联合仿真以及交通仿真器与自动驾驶车辆仿真器联合仿真的实例。

8.1 交通仿真软件二次开发基础知识

本节对交通仿真二次开发的基本原理进行介绍,并举例说明宏观、微观交通仿真软件实现二次开发的方式。

8.1.1 交通仿真软件二次开发基础

交通仿真软件二次开发是使用者对软件自定义开发的过程。聚焦不同的应用需求，借助仿真软件提供的编程接口 API 等方式，既可以利用仿真软件自身的功能，又可以根据需求进行个性化定制，对现有仿真平台进行扩展或集成，以满足特定的应用场景，最终实现外部模块与仿真软件的交互或形成新的仿真平台。例如，通过二次开发，可实现车辆行为模型定制、交通信号控制策略定制、动态模拟交通事件等功能。

交通仿真软件通常提供以下几种类型的接口供二次开发使用：

（1）API：API 是一组函数或方法的集合，提供对仿真软件核心模型的访问权限和与仿真引擎交互的编程接口，允许开发者调用特定功能或控制仿真过程。具体而言，开发者可以通过调用 API 实现仿真控制、参数设置、数据获取、状态查询等功能。例如，通过 API 查询某个路段的交通流量，或通过发送命令调整信号灯的相位时间。

（2）外部控制接口：外部控制接口专门用于在仿真运行过程中，使外部程序与仿真引擎进行实时通信和控制。这类接口通常基于网络通信(如 TCP/IP)或进程间通信机制，允许外部程序动态获取仿真数据并进行调整，包含数据获取与处理、实时控制与反馈两个过程。

（3）脚本语言支持：指仿真软件内置的脚本引擎，允许开发者编写脚本对仿真进行控制和自动化。与外部控制接口不同，脚本语言通常直接在仿真软件内部使用，无须额外的通信机制。它更适用于预设仿真场景、批量处理数据、仿真结果自动化分析等任务。

交通仿真软件二次开发还涉及与其他系统的集成，实现联合仿真或多系统交互。常见的系统集成包括：

（1）驾驶模拟器集成：将交通仿真软件与驾驶模拟器相结合，形成一个闭环的仿真系统。驾驶人通过驾驶模拟器控制仿真环境中的特定车辆，驾驶行为被实时传递至交通仿真引擎，仿真引擎根据驾驶人的行为和交通状况更新环境，并将结果反馈给模拟器，可实现驾驶人在环仿真。

（2）多软件联合仿真：多软件联合仿真是指将不同的仿真软件集成在一起，使它们协同工作，共同模拟一个复杂的交通系统，需要注意的是，不同的仿真软件中需保持一致的交通网络。通过这种方式，开发者可以利用各个仿真软件的优势，实现对不同交通元素和系统的细致模拟。

同时，二次开发常用于实现仿真自动化。仿真自动化不仅能降低人工操作的复杂性，还能用于批量化实验和结果分析：

（1）批量仿真：通过编写脚本，可以自动运行多个仿真场景，调整不同的参数配置，并收集仿真结果。这在交通系统优化、参数敏感性、场景测试通过率等分析中尤为重要。

（2）结果分析与可视化：通过编写脚本，可以自动处理仿真结果，生成统计数据、图表和报告。通过实时分析，可以立即调整仿真策略，形成一个闭环优化过程。

此外，在大规模仿真和实时控制中，性能是二次开发需要重点关注的问题。在二次开发的过程中可将仿真分解为多个子任务，分配到不同的计算节点或核心上执行，提高仿真速度和规模。

8.1.2 交通仿真软件二次开发示例

1) 宏观交通仿真软件 TransCAD

TransCAD 自带的地理信息系统(GIS)开发工具包(GISDK™)可用于实现二次开发,其用户界面(UI)主要由 GISDK 完成。GISDK 包括 850 多个 GIS 函数,可以从用 C#语言或任何其他.NET 语言和 Python 语言编写的 Windows 应用程序调用这些函数。GISDK 的编程语言还包括构建专门用户界面能力,用户可以用它来设计修改模型组件,定制各种特殊的用户界面,或对程序本身的用户界面进行扩展。同时,GISDK 带有即时执行工具箱、调试器和编译器,调试器可以帮助用户编写和调制程序,通过使用 TransCAD 提供的内置的二次开发语言 GISDK,用户可以实现宏观交通仿真软件的功能扩展,包含:

(1) 以多种 GIS 格式打开地理文件;
(2) 通过最小化旅行时间来计算地理坐标点之间的路径规划;
(3) 定制界面,以扩展或替换标准的 TransCAD 界面;
(4) 计算各种交通模型模块等功能。

此外,.NET 和 GISDK 之间可以互相调用,例如.NET 可以调用 GISDK 函数,C#和 C++的动态链接库可以被 GISDK 调用,以上形式均可实现对交通仿真软件进行功能扩展。

2) 微观交通仿真软件 SUMO

SUMO 的 TraCI 接口为二次开发提供了良好的基础和条件。其作为 SUMO 主要的二次开发接口,允许外部程序与仿真软件进行通信,通过 TraCI 接口,外部程序可以获取仿真元素丰富的信息,并实现自定义的算法对车辆控制等功能。目前该接口支持多种主流语言,包括 Python、C++、.NET、MATLAB、Java 等,其中 Python 版本的 TraCI 功能最为全面。通过使用外部程序对 TraCI 接口进行调用,可以实现微观交通仿真软件的功能扩展,包含:

(1) 实时提取断面车流量、断面时间占有率、指定车道排队车辆数、道路车辆延误、车头时距、车辆位置、车辆速度、车辆加速度等数据;
(2) 自定义车辆类型以及更改车辆跟驰模型;
(3) 控制仿真交通灯状态;
(4) 智能网联汽车交叉口冲突碰撞预警;
(5) 实现绿波协调过渡等功能。

8.2 交通仿真器功能拓展

交通仿真器的功能扩展具有重要意义和多重优势,能够增强交通仿真的灵活性。通过功能扩展,基于实时数据交互,可实现交通仿真器实时向外部开发的功能模块传输数据,并接收功能模块的计算数据控制所仿真的交通流。基于仿真器反映的实际交通状况,能够高精度实现对不同的交通场景和需求下,如干道交通流状态估计与控制等模型的性能验证,从而帮助交通工程师实现科学决策。其次,功能扩展促进了交通仿真器与其他系统的集成,例如智能交通系统。这种集成使得交通管理能够更为高效,提升了系统的整体性能和响应能力。此外,交通仿真器的功能拓展还为未来的技术进步奠定了基础,通过不断迭代更新和优化,交通仿真器能够持续支持新兴技术的研究和应用,推动交通领域的创新与发展。

伴随移动互联等新一代信息技术的发展,交通信息的获取、交互与融合催生出新的业态。由出行者通过智能终端设备(如车载导航、智能手机)以众包(Crowdsourcing)方式反馈时空位置信息,即高频时空连续位置数据(轨迹数据),正成为一种新的交通信息获取手段。众包轨迹从时空两个维度突破了定点检测数据采集的瓶颈,并且具有广域、持续、可靠且低成本等特点。如何充分挖掘众包轨迹数据提取有效的交通信息,服务于城市道路交通管理与控制,成为目前智能交通领域技术研究的国际前沿科学问题。本节给出了一个交通仿真器功能拓展的实例,即对基于众包轨迹的信号交叉口排队长度估计模型的验证,其中涉及对 Vissim 提供的 COM 接口进行二次开发,实现模拟实际众包车辆上传 GPS 数据的过程。

8.2.1 模型简介与众包环境下的仿真路网构建

1)基于众包轨迹的信号交叉口排队长度估计模型简介

目前众包轨迹在实际路网中仍处于较低渗透率,因此本实例中的排队长度估计模型在低渗透率众包轨迹数据的背景下进行构建。基于信号配时信息和众包轨迹数据,提取每周期众包车辆加入排队时间、前方排队车辆数、自由到达时间和驶离交叉口时间等关键交通流时空信息;基于每周期停车/不停车分类轨迹蕴含的交通流时空信息,建模车辆周期到达为一个随机过程,构建不同车辆到达假设下的极大似然估计函数,并采用 Expectation Maximization(EM)算法求解得到周期到达流率;基于周期到达流率,利用交通波理论实时估计排队停车波及消散波传播曲线,确定两曲线交点对应的空间位置即为该周期排队长度。

2)众包环境下的仿真路网构建

如图 8-1 所示,选取济南市经十路-山师东路交叉口为研究对象,基于 Vissim 搭建仿真路网模型。经十路是济南市重要的东西向交通干道,道路限速为 50km/h,交通流量尤其是早晚高峰较大,干道长时间处于饱和状态,极易产生排队现象。

图 8-1 实际干道路网

众包轨迹是由出行者通过智能终端设备以众包方式反馈时空位置信息形成的时空轨迹。在众包环境中,众包车辆每隔一段时间实时上传时空位置信息。为了模拟众包环境,采用 Vissim 提取仿真路网中车辆实时时空信息。具体而言,利用 Vissim 所提供的 COM 接口进行二次开发,通过 COM 接口每隔 3s 读取车辆时空信息,模拟实际众包车辆上传 GPS 数据的过程,排队长队估计模型采用 Python 语言进行开发作为外部程序,如

图 8-2 所示。

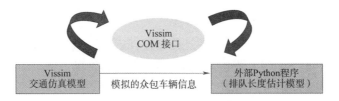

图 8-2　通过 COM 接口实现数据获取

为了模拟不同的众包用户渗透率条件,将路网部分车辆设定为众包车辆,对于每一辆进入路网的车辆,其是否为众包车辆的概率与渗透率相等。Vissim 中构建的山师东路交叉口仿真场景及模拟的众包环境如图 8-3 所示,分别为 10% 和 30% 渗透率下的仿真路网,其中黑色代表普通车辆,白色代表众包车辆。

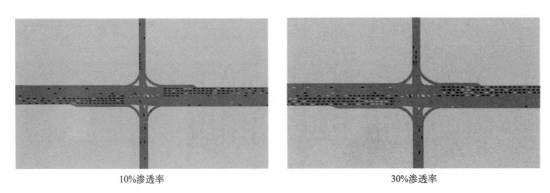

10%渗透率　　　　　　　　　　　30%渗透率

图 8-3　10% 和 30% 众包用户渗透率的仿真路网

如图 8-4 所示,交叉口东、西进口道各有 5 条车道,包括 1 条左转车道,3 条直行车道和 1 条右转展宽车道,南、北方向各有 2 条车道。假设从众包轨迹数据中能够确认车辆所在车道,该情况下模型能够应用于每条车道,在此选取交叉口西进口道 3 条直行车道中的中间车道作为模型应用示例。同时假设众包车辆每隔 3s 上传时空信息,路网中车辆的自由流速度为 50km/h,交叉口在分析时段采用固定信号配时,其中,西向进口道直行相位绿灯时间为 45s,红灯时间为 55s。

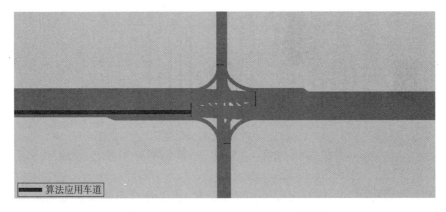

图 8-4　排队长度估计模型应用交叉口示意图

8.2.2 仿真实验

1) 未饱和交通状态实验

首先在未饱和交通状态下进行模型的性能测试,将直行车道的交通流量设定为600辆/h,该交通流量下的饱和度为0.67。图8-5分别展示了模型在30%、10%和5%渗透率下30个周期的实际排队长度和估计排队长度,由于采用了相同的随机种子,因此30个周期每周期车辆到达数量和实际排队长度相同。由图可见,随着渗透率的增加,排队长度估计值越接近实际值,这是由于当车辆数相同的条件下,渗透率越高众包车辆数越多,从众包轨迹中能够提取的信息越多,模型估计结果越精确。每周期柱状图上方的数字表示该周期按照众包轨迹分布的场景分类,即:场景0:无轨迹周期;场景1:只有停车轨迹周期;场景2:只有未停车轨迹周期;场景3:同时存在停车/未停车轨迹。可见渗透率越高、周期内的众包轨迹数越多,场景3的比例越高,场景0、1、2的比例越低。

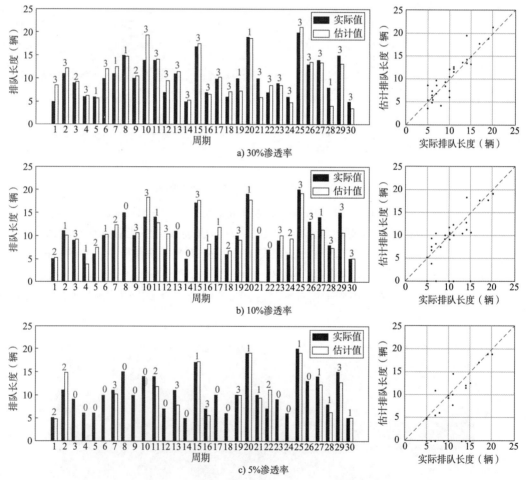

图8-5 未饱和状态下模型在不同渗透率下的实验结果

2) 饱和交通状态实验

其次在饱和交通状态下进行模型的性能测试,除了将每车道的流量设定为900辆/h外(饱和度为1.0),其他实验参数与未饱和交通状态中相同。图8-6展示了饱和状态下模型在30%、10%和5%渗透率下30个周期的实际排队长度和估计排队长度,由于饱和状态下排队长度无法在一个周期内清空,因此会产生初始排队长度,图中同时展示了周期最大排队长度和初始排队长度的真实值和估计值。可见初始排队长度估计精度与上一周期的最大排队长度估计精度直接相关,当上一周期排队长度估计精确时,则该周期的初始排队长度也会被精确估计(如10%渗透率下周期15的最大排队长度估计精确,因此周期16的初始排队长度同样能被精确估计)。与未饱和状态相比,饱和状态下每周期的排队长度明显增加,同时在相同的渗透率下,存在更多的场景1周期和更少的场景3周期,原因为当交叉口处于饱和状态时,周期的排队车辆无法在一个周期内被清空,导致周期内没有未停车车辆。同样,从实验中可以得出周期内众包轨迹越多,则可提取的信息越多,模型精度越高的结论。

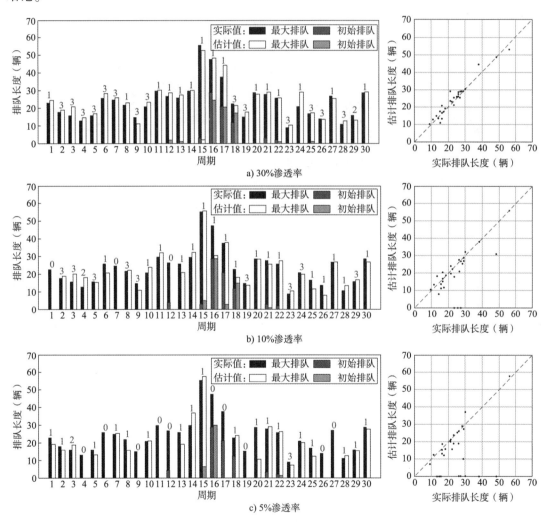

图 8-6 饱和状态下模型在不同渗透率下的实验结果

3)过饱和交通状态实验

城市干道路网在高峰期间通常处于过饱和状态,交通需求往往远大于交通供给,车辆进入交叉口后通常需要经历多次停车才能通过交叉口,因此会产生多次停车轨迹。为测试模型在过饱和状态下的性能,将每车道的流量设定为 1100 辆/h,同时渗透率设定为 10%,其他仿真参数保持不变,在该流量下,车辆在驶离交叉口前会经历多次停车。

图 8-7 展示了过饱和状态下的排队长度估计结果,即 30 个周期最大排队长度和初始排队长度的真实值和估计值,模型的 MAPE 和 MAE 指标分别为 5.12 辆和 8.2%,因此模型在过饱和状态下表现良好。同时可见,由于没有未停车轨迹,几乎所有周期均为场景 1 或 0 周期,同时,由于交通流量大,每周期到达车辆数多,因此相同渗透率下众包车辆数也增多。

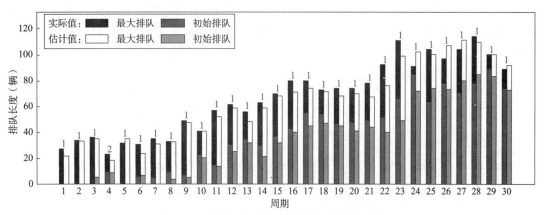

图 8-7 过饱和状态 10% 渗透率排队长度估计结果

8.3 交通仿真器与驾驶模拟器联合仿真

微观交通仿真器被广泛用于分析交通流的行为、特征以及给道路网络带来的影响。其通常以每辆车为基本单元,详细描述交通系统要素和行为细节,车辆在道路上的跟车、超车和车道变换等微观行为均能得到真实反映。然而,独立的微观交通仿真器缺乏"驾驶人在环"仿真能力,无法在仿真过程中体现人的复杂、多样行为影响。即在仿真开始前,一旦设定了驾驶行为参数,仿真便会按照设定的模型运行,无法实时反映驾驶人在不同交通场景中的行为变化。

驾驶模拟器已成为交通仿真领域中的重要工具,如 NADS 和 SCANeR 等。该工具能够根据实际数据构建高度精确和逼真的驾驶场景,或创建具有特定交通环境和动态特征的虚拟驾驶环境。驾驶模拟器的工作流程主要是驾驶人通过人机交互设备操作实验车辆在虚拟驾驶环境中行驶,研究人员可以控制仿真环境中的车辆或非机动车等,实现在仿真环境中对交通事件的模拟和信息收集,并可根据采集数据进行驾驶人行为分析或其他的交通模型研究。常见的应用包括模拟分心驾驶、疲劳驾驶、人机交互以及车联网等。然而,由于功能限制,驾驶模拟器仅能控制单一车辆,限制了对交通流中不同驾驶行为方面的研究,致使仿真结果不够精确,难以获得有效结论。

8.1 节中提到,交通仿真软件二次开发还包含与驾驶模拟器的集成,可充分利用交通仿真器与驾驶模拟器的优势。本节以 Vissim + 驾驶模拟器为例,介绍交通仿真器与驾驶模拟器联合仿真实例。

8.3.1 交通仿真器与驾驶模拟器集成

1) 场景搭建

Vissim 作为专业的交通仿真器,大部分仿真元素可直接通过其内置功能实现,如路网、车辆等。对于一些需要使用专门建模软件(如 Google Sketchup 或 3ds Max)的模型,如道路两侧的建筑物,可将其保存为交通仿真器可以识别的格式,最后导入 3D 交通场景中。另外,需在路网中加入现实中的交通组织管理策略,如信号控制参数、换道控制和交织规则等,并通过 Vissim 相关功能加入符合实际的典型交通量和车型比例。本例中选择北京市北沙河西三路作为实验场景,西三路地理位置与 Vissim 实验场景如图 8-8 所示。

a) 仿真场景对应地理位置　　　　　　　　b) Vissim 仿真场景

图 8-8　场景搭建

2) 驾驶人模型二次开发

交通仿真器在每个仿真步长中,均会对每一辆车的状态进行计算,并执行计算结果,更新车辆的运动。为了实现在交通仿真器模拟的复杂交通流环境中,真实驾驶人能够通过驾驶模拟器的人机交互设备操控交通流中的某一指定车辆,使其完全按照驾驶人真实的驾驶意愿行驶,同时,交通流中其他的车辆仍由交通仿真器内置的跟车、换道等行为模型进行控制,则需要对交通仿真器的驾驶人模型进行二次开发。

Vissim 提供了一个外部驾驶人模型接口可对驾驶人模型进行二次开发,封装在 DriverModel.dll(DM-DLL)文件中,外部模型须被编译成一个动态链接库(DM-DLL)。在每一个仿真步长中,外部驾驶人模型根据开发的算法进行计算,并将结果传递回 Vissim,替换 Vissim 内置车辆行为模型的计算结果。通过外部驾驶人模型,开发人员可令仿真中的车辆不再受限于 Vissim 原有车辆行为模型的控制。

Vissim 的 DM-DLL 文件中主要包含三种命令:

(1) Set Value (Tag):该类命令的任务是将 Vissim 的数据传送至外部驾驶人模型中。Tag 是表征数据种类的标签,一般用数字表示。

(2) Execute Command (Tag):该类命令的任务是在外部驾驶人模型中改变车辆的状态,是外部驾驶人模型中的核心命令。

（3）Get Value（Tag）：将在外部驾驶人模型中计算得到的车辆状态结果反馈至 Vissim。

Vissim 和外部驾驶人模型的工作流程也是根据上述命令的顺序开展。Vissim 将完整数据发送至 DM-DLL 文件，在 DM-DLL 工作过程中数据发生变化，然后再将变化的数据回传至 Vissim。

3）提取和转化驾驶模拟器的操作信息

本例中驾驶模拟器采用 Logitech 驾驶模拟套装（包含转向盘、挡位和踏板三大组件），如图 8-9 所示。

利用数据读取和转化程序完成对驾驶模拟器操作信号的实时提取，将驾驶人的操作信号转化为数据信息，驾驶人的主要操作为踩下加速踏板或制动踏板和转动转向盘。加速踏板采用 0 到 1 的正数表示，制动踏板采用 -1 到 0 的负数表示；转向盘变化角度数据可采用实际转角占最大转角的比例表示，左转为 -1 到 0 的负数，右转为 0 到 1 的正数。将转化后的驾驶模拟器操作数据信息存储在数据文件中。

图 8-9　Logitech 驾驶模拟套装

4）交通仿真器读取驾驶模拟器数据

通过 Vissim 的外部驾驶人模型，读取存储驾驶模拟器操作数据的文件，并且通过相应程序进行数据格式的规范化和单位制的统一，最后将反映驾驶人操作的数据传输至 Vissim 中受控实验车的对应参数中。驾驶模拟器的踏板数据可作为改变受控实验车速度和加速度的变量，转向盘数据可作为改变受控实验车转向、转角和变道的数据。具体而言，将转向盘实际转动幅度占总幅度的比例，转化为弧度制并乘以一定的调整系数，作为车辆的行驶方向与道路中心线所成的夹角，从而控制车辆的前进方向。

驾驶模拟器数据与交通仿真器相关参数转化程序如图 8-10 所示。

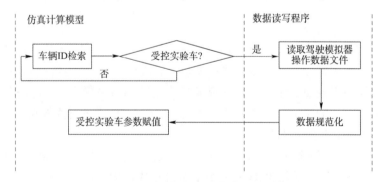

图 8-10　Vissim 与驾驶模拟器参数转化程序框图

通过以上步骤，可实现 Vissim 与驾驶模拟器的集成，联合仿真运行机理如图 8-11 所示。

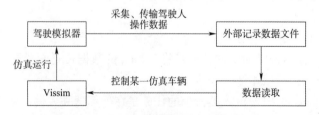

图 8-11　Vissim 与驾驶模拟器联合仿真运行机理

8.3.2 仿真实验

本例中介绍了使用联合仿真对信号交叉口动态生态驾驶速度引导策略进行验证的实验。动态生态驾驶速度引导策略的主要目的是优化接近信号交叉口的车辆燃料/排放速度曲线,使用基于优化的滚动时域和动态规划方法,根据车辆的时空轨迹动态调整引导速度。其具体由优化模块和生态指数计算模块两个模块组成,给定测试车辆的拓扑信息和驾驶特性,生态指数计算模块可根据车辆运行条件估算燃料消耗率。然后,使用优化模块找寻最佳控制方案,在满足预设的最小和最大车速的同时,最大限度地降低总燃油消耗和二氧化碳排放量。

在实验中,驾驶人选定仿真环境中的一辆车进行控制,如图 8-12 所示,联合仿真中每 0.1s 采集一次车辆的信息,在有和没有速度引导策略的两种情况下完成驾驶实验,共进行了 20 次实验。

图 8-12　驾驶模拟器控制车辆

选择旅行时间、停车次数、燃油消耗和二氧化碳排放量作为评价指标,图 8-13 比较了有和没有动态生态驾驶速度引导策略下车辆的结果。两种场景下的结果均根据场景中所有速度曲线的平均值给出。由图 8-13 所示,对于具有生态速度引导的车辆,停车次数显著减少,总油耗从 49.30mL 降至 35.46mL(降低约 28%),CO_2 排放量从 115.57g 降至 83.66g(降低约 28%),节能和减排效果显著。以上实验结果证明了信号交叉口动态生态驾驶速度引导策略对于降低燃油消耗和二氧化碳排放量均有积极的影响。

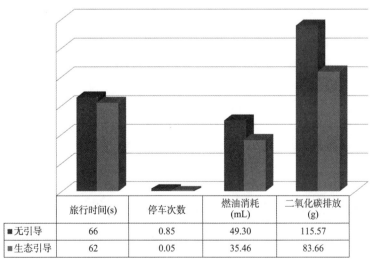

图 8-13　有无速度引导的评价指标对比

8.4 交通仿真器与自动驾驶车辆仿真器联合仿真

在针对自动驾驶车辆性能和其带来的安全影响的研究中,使用单一的交通仿真器或自动驾驶车辆仿真器均存在局限性。交通仿真器通常基于一组参数配置来模拟自动驾驶车辆的行为,而无法考虑自动驾驶车辆的环境感知能力对其行为的影响。具体而言,简单地改变默认的驾驶人模型参数,例如 Vissim 中的 CC1(与前车的安全距离),并不能较好地反映自动驾驶车辆的行为。凭借强大的环境感知能力,自动驾驶车辆的驾驶行为受到各种因素的影响,例如相邻或远处车辆的存在。然而,交通仿真器无法为车辆设置传感器模型来模拟对周围障碍物的感知行为。此外,自动驾驶车辆的驾驶模型(如跟驰模型)可能包含舒适减速度等参数,交通仿真器无法完全解决这些问题。

自动驾驶车辆仿真器适用于开发自动驾驶车辆的感知、决策规划和控制模型,并具有精确的车辆动力学,支持不同自动驾驶模块的独立或集成测试。然而,由于性能限制,它不能实时模拟真实的交通流,有研究表明,自动驾驶车辆仿真器 PreScan 与 CarSim 仅可以实时模拟较少的车辆,这导致无法准确反映自动驾驶车辆在交通流中的性能和安全影响。

综上所述,交通仿真器与自动驾驶车辆仿真器各具侧重点及优势,将两者结合,通过实时通信和信息交互,能够更精确地评估自动驾驶车辆在交通流中的性能和影响。本节以 Vissim + PreScan 为例,介绍自动驾驶车辆在快速路合流区的安全性能评估实例。测试内容包含:①从微观角度分析不同自动驾驶车辆跟驰模型的性能;②实施不同的自动驾驶车辆跟驰模型,从宏观角度评估不同渗透率的自动驾驶车辆对快速路合流区的运行安全影响。

8.4.1 快速路合流区场景车辆跟驰模型定义

为了从微观角度分析不同自动驾驶车辆跟驰模型的性能,首先定义 3 种不同的跟驰模型,分别是初始 IDM、改进 IDM、考虑匝道合流车辆的跟驰模型,其中初始 IDM 和改进 IDM 与 4.4.2 中的模型略有不同,具体内容如下。

1)初始 IDM

$$a_{\text{Ini\_IDM}}(t) = A_i \left\{ 1 - \left[\frac{v_i(t)}{v_f}\right]^\delta - \left[\frac{s_i^*(t)}{s_i(t)}\right]^2 \right\} \tag{8-1}$$

$$s_i^*(t) = s_0 + s_1 \sqrt{\frac{v_i(t)}{v_f}} + T \cdot v_i(t) + \frac{v_i(t)[v_{i-1}(t) - v_i(t)]}{2\sqrt{A_i b_i}} \tag{8-2}$$

式中,$a_{\text{Ini\_IDM}}(t)$ 为初始 IDM 模型对应的自动驾驶车辆加速度;s_1 为与速度相关的堵塞距离;T 为安全跟车时距。

2)改进 IDM

为了防止初始 IDM 公式最后一部分出现小于 0 的情况,研究人员将初始 IDM 公式中的 $T \cdot v_i(t) + \frac{v_i(t)[v_{i-1}(t) - v_i(t)]}{2\sqrt{A_i b_i}}$ 修改为 $\max\left[0, T \cdot v_i(t) + \frac{v_i(t)[v_{i-1}(t) - v_i(t)]}{2\sqrt{A_i b_i}}\right]$。根据 Derbel 等人于 2012 年的研究,初始 IDM 中的期望安全距离不足以在事故发生时确保驾驶人的

安全，考虑到 IDM 在极端情况下（如前车紧急制动）的减速可能超过车辆实际的减速度，Derbel 等人 2013 年在期望安全距离公式中引入了额外的项 $c \cdot v_i^2(t)/b_i$，用于解决过度减速的问题并增强安全性，使模型与实际车辆的性能保持一致。研究人员通过启发式方法确定了 c 的值，模拟结果表明 c 大于或等于 0.4 才能确保安全驾驶。然而，为了改善交通流，期望的安全距离不应过大。因此，选择 $c=0.4$。改进 IDM 模型表达式如下所示：

$$a_{\text{Imp\_IDM}}(t) = A_i \left[1 - \left(\frac{v_i(t)}{v_f} \right)^\delta - \left(\frac{s^*_{i_{\text{new}}}(t)}{s_i(t)} \right)^2 \right] \tag{8-3}$$

$$s^*_{i_{\text{new}}}(t) = s_0 + s_1 \sqrt{\frac{v_i(t)}{v_f}} + c \frac{v_i^2(t)}{b_i} + \max \left\{ 0, T \cdot v_i(t) + \frac{v_i(t)[v_{i-1}(t) - v_i(t)]}{2\sqrt{A_i b_i}} \right\} \tag{8-4}$$

式中，$a_{\text{Imp\_IDM}}(t)$ 表示改进 IDM 模型对应的自动驾驶车辆加速度。

3）考虑匝道合流车辆的跟驰模型

初始 IDM 和改进 IDM 仅关注当前车道上的车辆，并且后车的驾驶行为仅受同一车道上最近的前车影响，如果在当前车道中无前方车辆，其将保持较高的车速。当在匝道上的车辆突然从匝道驶入主线道路并位于自动驾驶车辆的前方时，会存在碰撞风险。

由于自动驾驶车辆能够感知在一定范围内的障碍物，这使其可基于丰富的环境感知信息提前进行智能跟车行为决策。因此，为了确保在快速路合流场景中的安全行驶，自动驾驶车辆不仅需要考虑自身车道上的前车，还需要考虑从匝道合流的车辆。以匝道位于主线道路右侧的场景为例，图 8-14 展示了考虑匝道合流车辆的跟驰模型的相关参数。θ 表示匝道车辆在自动驾驶车辆的传感器坐标系中的水平方位角，φ 表示匝道车辆的航向，$v_{\text{ramp}}(t)$ 表示匝道车辆的当前车速，d 表示自动驾驶车辆与匝道车辆之间的距离，M 表示合流点位置，d_M 表示自动驾驶车辆距离合流点的距离。

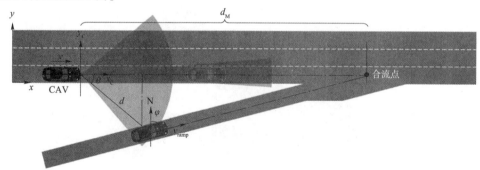

图 8-14 考虑匝道合流车辆的模型参数示意图

匝道入口车辆沿全局坐标系 y 轴的分量速度为：

$$v_{\text{ramp}_y}(t) = v_{\text{ramp}}(t) \cos\varphi \tag{8-5}$$

主线道路上的自动驾驶车辆与匝道车辆之间的横向碰撞时间 t_c 可近似为：

$$t_c = \frac{d\sin\theta}{v_{\text{ramp}_y}(t)} \tag{8-6}$$

为了避免在合流点处主线车辆与匝道入口车辆发生碰撞，自动驾驶车辆的加速度 $a_c(t)$ 应满足：

$$v_i(t) t_c + \frac{1}{2} a_c(t) t_c^2 = d_M - T v_i(t) \tag{8-7}$$

在该模型中,当跟随当前车道上的前车时,使用改进 IDM 模型,$a_c(t)$ 仅在车辆减速时使用。利用改进 IDM 计算 $a_{\text{Imp\_IDM}}(t)$,从而可计算出与前车的碰撞时间 t_{IDM},当检测到匝道上存在车辆时,将 t_{IDM} 与 t_c 进行比较,选择对应于较短碰撞时间的加速度值作为自动驾驶汽车的跟车加速度。以上表明考虑匝道合流车辆的跟驰模型能够全面考虑自动驾驶汽车的周围环境并实现更安全的跟车行为。

为了提高用于模拟自动驾驶汽车的跟驰模型的可靠性,并减少现实情况与模拟之间的差异,需要基于真实车辆轨迹数据对 IDM 模型的参数进行校准。本例中基于遗传算法和 Ossen 指数,利用欧盟委员会联合研究中心发布的 OpenACC 数据集进行参数校准,数据集每 0.1s 记录一次跟车轨迹中提取的车辆速度、加速度、位置及其他相关信息。校准结果如表 8-1 所示。

校准的 IDM 参数　　　　　　　　　　表 8-1

模型	A_i(m/s²)	b_i(m/s²)	T(s)	s_0(m)
初始 IDM	1.02	5.04	1.25	1.55
改进 IDM	1.40	5.71	0.81	2.36

8.4.2 快速路合流区场景评价指标定义

为了从宏观层面评估主线道路上不同渗透率的自动驾驶车辆对快速路合流区的运行安全影响,需要定义评价指标。首先选取 TTC,图 8-15 界定了不同车道车辆 TTC 的计算形式,公式如式(8-8)所示。其次,选取 PET 指标,计算方法与 7.3.3 节中一致。

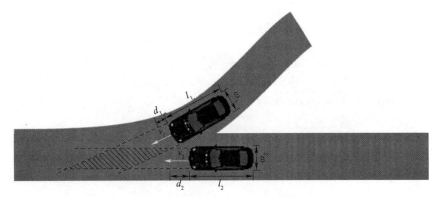

图 8-15　不同车道车辆 TTC 的参数示意图

$$\text{TTC} = \begin{cases} \dfrac{d_1}{v_1}, \text{if } \dfrac{d_2}{v_2} < \dfrac{d_1}{v_1} < \dfrac{d_2 + l_2 + \omega_2}{v_2} \\ \dfrac{d_2}{v_2}, \text{if } \dfrac{d_1}{v_1} < \dfrac{d_2}{v_2} < \dfrac{d_1 + l_1 + \omega_1}{v_1} \end{cases} \tag{8-8}$$

式中,l_1、l_2 表示车辆的长度;ω_1、ω_2 表示车辆的宽度;v_1、v_2 表示两个冲突参与者的行驶速度;d_1、d_2 表示两个冲突参与者距离冲突区域的距离。

引入替代安全评估模型(Surrogate Safety Assessment Model, SSAM),对从交通仿真软件获得的轨迹文件进行分析。在本例中,TTC 和 PET 的阈值分别确定为 1.5s 和 5.0s,车辆轨迹文件从 Vissim 中获取,然后导入 SSAM 以识别快速路合流区域的潜在冲突,并获取 TTC 和 PET。

另外,选择 TTC 作为评估事故概率的依据,构建事故概率的指数函数模型如下:

$$P_{\text{crash}} = f(\text{TTC}) = \begin{cases} \exp\left(-\dfrac{\text{TTC}}{t_r}\right) & (\text{TTC} < t_r) \\ 0 & (\text{TTC} \geqslant t_r) \end{cases} \quad (8\text{-}9)$$

式中,t_r 是驾驶反应时间,是影响是否发生事故的关键指标。

当 TTC $< t_r$ 时,车辆有机会采取减速等一系列应对措施避免事故的发生;而当 TTC $\geqslant t_r$ 时,则不会发生交通事故。

为了全面评估严重冲突或险情事件的后果,需要进一步量化冲突风险。使用较为广泛的风险评估方法,包括基于空间距离关系评价、基于时间距离关系评价以及基于能量变化关系评价,本例中建立基于冲突能量变化的风险评估模型,建立车辆速度与动能转换之间的关系来表征碰撞严重程度,如下所示:

$$C = pv_i^2(t) + qv_j^2(t) \quad (8\text{-}10)$$

式中,C 为碰撞严重程度指标;$v_i^2(t)$、$v_j^2(t)$ 分别为发生碰撞的车辆 i、j 的瞬时速度;p、q 分别为将车辆 i、j 的速度转化为动能的系数,本例中均设为 0.5。考虑到风险值由碰撞概率和碰撞严重程度共同决定,最终风险评估模型为:

$$S_{ij} = P_{\text{crash}} \cdot C = \begin{cases} \exp\left(-\dfrac{\text{TTC}}{t_r}\right) \cdot (pv_i^2 + qv_j^2) & (\text{TTC} < t_r) \\ 0 & (\text{TTC} \geqslant t_r) \end{cases} \quad (8\text{-}11)$$

总风险值应为目标区域内的所发生的各次风险之和,表示为:

$$S = \sum S_{ij} \quad (8\text{-}12)$$

8.4.3 联合仿真平台设计

目前没有单一的交通仿真器或自动驾驶车辆仿真器能够同时提供多样的车载传感器、高精度车辆动力学和高保真交通流环境。本例将两者进行结合,以更精确地模拟快速路合流区自动驾驶车辆和人工驾驶车辆动态交互的混合交通流环境。联合仿真平台包含的仿真器有 PreScan 2021.1、PTV Vissim 11.0 和 Matlab 2017b,如图 8-16 所示。

1)联合仿真平台中 PreScan 功能

PreScan 是一个专门为高级驾驶辅助系统(Advanced Driver Assistance System,ADAS)和自动驾驶车辆的开发和测试而设计的仿真平台,其提供了广泛的传感器模型、车辆模型和场景建模元素。它基于 Matlab 运行,所有计算模型均在 Matlab 中生成。借助 PreScan,用户可执行全面的仿真验证工作,包括模型在环仿真、软件在环仿真、硬件在环仿真和驾驶人在环仿真。本例中,自动驾驶汽车采用 PreScan 中的"2D Simple"车辆动力学模型,同时使用 PreScan 中的"Path Follower"模型用于实现对预设路径跟随,其具备一个带有抗积分饱和扩展的纵向 PID 控制器。每个自动驾驶汽车均设置了两个 PreScan 中的 AIR(Actor Information Receiver)传感器,用于检测周围目标的位置、相对距离和速度。AIR1 收集车辆前方 10°范围内 200m 内的信息,主要用于感知远处的目标;AIR2 具有 90°视野和 40m 感知范围,主要用于对近处环境的大范围感知,传感器的感知范围如图 8-17 所示。

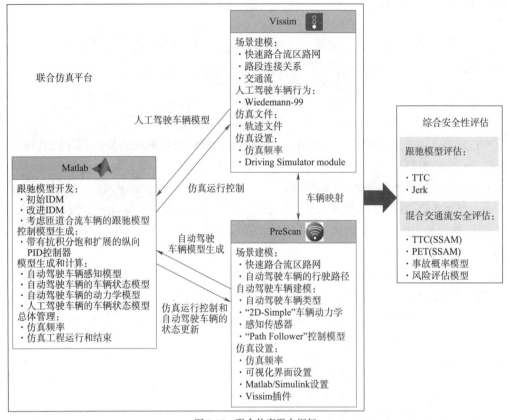

图 8-16 联合仿真平台框架

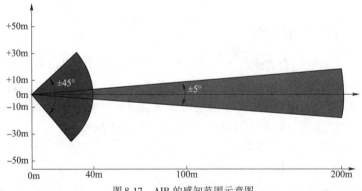

图 8-17 AIR 的感知范围示意图

PreScan 提供了一个 Vissim 的插件,允许用户添加由 Vissim 生成的 inpx 文件。通过添加该插件可在 PreScan 中映射 Vissim 的交通流。自动驾驶车辆的行驶路径在 PreScan 中进行预设,创建的路网场景可作为 Vissim 中的背景地图。此外,所有传感器模型、车辆状态模型和车辆动力学模型均在 Matlab 中生成。将 PreScan 的仿真频率设置为 100Hz,以实现更精确的车辆动力学计算,该频率可自动同步至 Matlab 中。

2)联合仿真平台中 Vissim 功能

Vissim 以 PreScan 中创建的路网场景为基础,通过调整比例实现在其地图上创建相同的场景用于交通流仿真运行,此步骤中需确保两个软件之间的路网和道路连接一致。Vissim 主要负责模拟交通流并控制人工驾驶车辆在人工车-人工车和人工车-自动驾驶车环境下的驾驶行为,本例选取其内置的 Wiedemann-99 模型进行行为表征。为了在联合仿真平台中集成 PreScan 和 Vissim,Vissim 需具备驾驶模拟器模块(Driving Simulator module)的许可证。该模块可实现将 PreScan 中的仿真自动驾驶车辆信息同步至 Vissim 仿真界面,从而创建混合交通流环境。Vissim 的仿真频率设置为 20Hz,所设置的交通流将在 Matlab 中生成 VISSIM_CAR 模块。

3)联合仿真平台中 Matlab 功能

Matlab 已广泛应用于各种控制系统和通信系统的开发和建模,在联合仿真平台中,其作为仿真的总体控制器以控制仿真的运行开始和结束。初始 IDM、改进 IDM 和考虑匝道合流车辆的跟驰模型在 Matlab 中进行开发,每种模型的加速度输出均限制在 $[-5\mathrm{m/s^2},5\mathrm{m/s^2}]$ 区间内。基于 Matlab 中 AIR1 和 AIR2 传感器模型输出的周围车辆信息和车辆状态模型输出的自动驾驶车辆的信息,跟驰模型能够实时计算每辆自动驾驶车辆的期望加速度。对于下级控制器,在 PreScan 中添加的"Path Follower"模型会在 Matlab 中自动生成一个 PID 控制器模型,将计算出的期望加速度转换为车辆的加速/制动踏板控制值,作用于自动驾驶车辆的动力学模型并更新自动驾驶车辆的状态。

8.4.4 联合仿真实验分析

选择上海广中路的一段快速路作为实验场景,该路段为单向三车道快速路,合流区由四条车道组成:内侧车道、中间车道、外侧车道和匝道车道。每条车道宽度均为 3.5m。合流区域示意图如图 8-18 所示。由于该路段的交通流主要由乘用车组成,因此在 Vissim 和 PreScan 环境中,人工驾驶车辆和自动驾驶车辆均由乘用车模型表示。具体为:在 PreScan 中用于模拟自动驾驶车辆的乘用车是 BMW X5,其长度为 4.79m,宽度为 2.17m。在 Vissim 中,有七种不同的乘用车模型用于模拟人工驾驶车辆,例如奥迪 A4 和标致 607。长度范围从 3.749m 至 4.760m,宽度范围从 1.852m 至 2.069m。

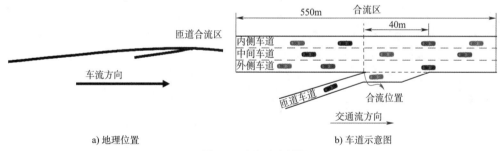

图 8-18 合流区示意图

交通流量设置为主线道路上每条车道 1440veh/h,匝道车道 600veh/h,自动驾驶车辆的期望车速设置为 72km/h,人工驾驶车辆的目标速度设置为 60km/h,通过该设置能够加剧自动驾驶车辆和人工驾驶车辆之间的冲突,从而增加实验场景的复杂性。为了全面评估自动驾驶车辆的性能和带来的安全影响,设计了两个实验场景。第一个实验场景侧重于从微观角度研究不同自动驾驶车辆跟驰模型的性能,在主线道路外侧车道设置一辆自动驾驶车辆,分别基于 TTC 和 Jerk(加速度随时间的变化率)评估每种跟驰模型下自动驾驶车辆的安全性和舒适性。第二个实验场景重点通过在主线道路上实施不同渗透率的自动驾驶车辆,根据冲突数量和风险评估模型综合评估自动驾驶车辆对快速路合流区的运行安全影响。仿真运行过程中 PreScan 与 Vissim 可视化界面如图 8-19 所示。

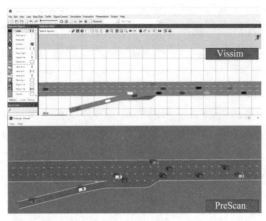

图 8-19　联合仿真界面截取

1) 主线道路上单一自动驾驶车辆实验

在该实验场景中,自动驾驶车辆的初始位置位于合流区域的上游,为其实施不同的跟驰模型进行仿真实验,对每次实验中的三个时刻进行可视化截图,如图 8-20 所示:①合流车辆通过合流位置时;②合流车辆从匝道车道完全进入外侧车道时;③合流车辆通过整个合流区域时。

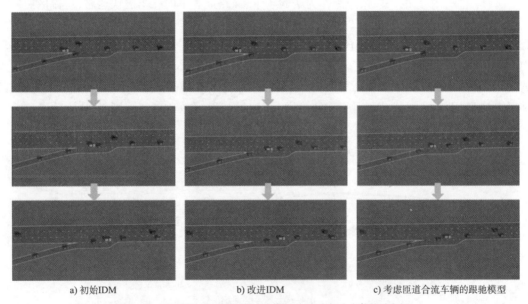

a) 初始IDM　　　　　　b) 改进IDM　　　　　c) 考虑匝道合流车辆的跟驰模型

图 8-20　不同跟驰模型的仿真过程截取(绿色车辆为自动驾驶车辆)

与图 8-20c) 相比,图 8-20a) 和 b) 中自动驾驶车辆与合流车辆之间的冲突更为严重,因为初始 IDM 和改进 IDM 仅考虑当前车道中车辆进行跟车,当合流车辆从匝道进入外车道时,主车道上的自动驾驶车辆可能面临潜在碰撞风险。相比之下,考虑入口匝道合流车辆的跟驰模型同时考虑当前车道中的前车和匝道中的合流车辆来调整自动驾驶车辆跟车行为,依靠其环境感知能力使其在经过合流位置以及合流车辆进入外车道时均能保持安全距离。

图 8-21 展示了不同跟驰模型下自动驾驶车辆在合流区的 TTC 值。当 TTC 小于 0 时,两

者之间的距离持续增加,不会发生碰撞,为了更好地可视化危险 TTC 出现的时刻,所有大于 5s 或小于 0s 的 TTC 值均被设定为 5s。由图可见,对于初始 IDM 和改进 IDM,随着自动驾驶车辆接近合流位置并遭遇合流车辆时,TTC 逐渐降低,而在合流冲突消解后又逐渐增加。然而,两种模型均出现了 TTC 值小于 1.5s 的情况,表明自动驾驶车辆与人工驾驶车辆之间的碰撞风险较高。由于在安全距离公式中引入了额外的项,当合流车辆突然进入外车道时,与初始 IDM 相比,改进 IDM 下的自动驾驶车辆与合流车辆之间保持的距离更大,TTC 保持在 1s 以上。相比之下,考虑匝道合流车辆的跟驰模型的 TTC 值稳定保持在 3s 以上,表明该模型通过预测匝道车辆的轨迹有效避免了冲突。

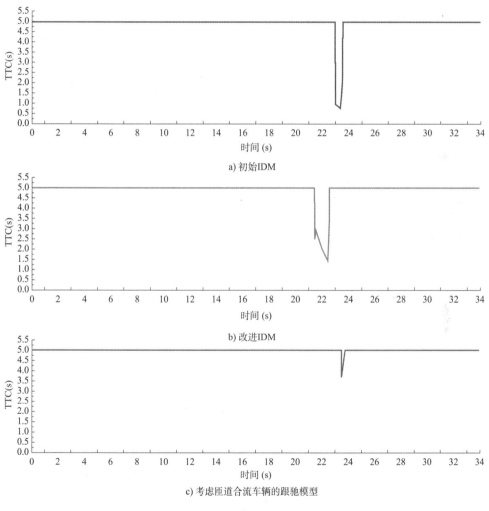

图 8-21 TTC 值随时间的变化

图 8-22 展示了 Jerk 值的变化,图中该值被处理为绝对值,且大于 $5m/s^3$ 的值统一被设定为 $5m/s^3$。通常情况下,Jerk 值大于 $1m/s^3$ 被视为不舒适的驾驶行为。在三种跟驰模型中,自动驾驶车辆在 20~26s 之间接近并通过合流位置,考虑匝道合流车辆的跟驰模型在 Jerk 的波动幅度上明显优于其他模型,能够避免因与合流车辆冲突导致的突发和持续过度减速。而对于初始 IDM 和改进 IDM,自动驾驶车辆需紧急并持续减速以避免碰撞。在紧急减速后,需要

以较大的加速度跟随前车,导致产生较大的 Jerk。

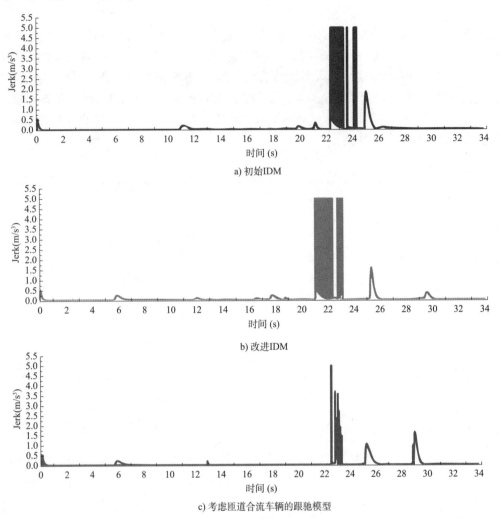

图 8-22 Jerk 值随时间的变化

2) 主线道路上存在多辆自动驾驶车辆实验

该实验场景旨在研究混合交通流条件下合流区域的安全性能,主线道路的外侧车道上混合了 5%~30% 不等渗透率的自动驾驶车辆。每次实验中对自动驾驶车辆实施不同的跟驰模型,采用 SSAM 获得的 TTC 和 PET 来识别在 100s 的仿真期间内冲突的类型和数量,并使用风险评估模型分析每种冲突的风险值,以量化混行环境下合流区域的整体安全性能。为了克服单次仿真实验的随机影响,每个场景进行 20 次实验,以仿真结果平均值作为评估依据。

图 8-23 显示了不同自动驾驶渗透率的冲突数量。可见,随着自动驾驶车辆在交通流中渗透率的增加,冲突数量会逐渐减少。这表明自动驾驶车辆在交通流中渗透率的增加对合流区安全性能的提升具有积极影响,其可以获取前方较远的交通环境信息,与自身状态结合,能够实现比人工驾驶车辆更安全的行为。在渗透率相同时,考虑匝道合流车辆的跟驰模型在总冲突数量上明显优于其他模型,这是因为该模型能够考虑横向交通流,收集来自不同车道和不同行驶方向车辆的信息,从而实现更加智能的车辆行为。

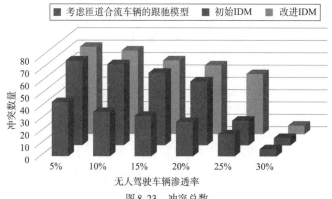

图 8-23 冲突总数

图 8-24 展示了实施不同跟驰模型时多次实验平均总风险值的统计结果。可见，随着自动驾驶车辆渗透率的提高，风险值呈现下降趋势。这表明混合交通流中自动驾驶车辆的比例越高，则安全效益越高，提升了合流区交通流的整体安全性能。

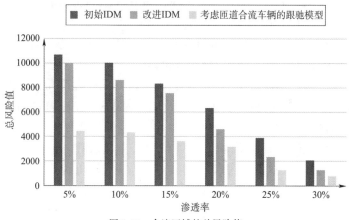

图 8-24 合流区域的总风险值

思考题

1. 请简述交通仿真二次开发的意义。
2. 请简述常见的交通仿真二次开发形式？
3. 请列举其他交通仿真二次开发应用的实例。
4. 实现交通仿真器与自动驾驶车辆仿真器联合仿真的关键是什么？
5. 查验相关文献，总结自动驾驶多软件联合仿真的研究现状。

参 考 文 献

[1] 刘运通,石建军,熊辉.交通系统仿真技术[M].北京:人民交通出版社,2002.
[2] 裴玉龙,张亚平.道路交通系统仿真[M].北京:人民交通出版社,2004.
[3] 隽志才.交通系统建模与仿真[M].北京:科学出版社,2011.
[4] 吴娇蓉,辛飞飞.交通系统仿真及应用[M].上海:同济大学出版社,2012.
[5] 任其亮,刘博航.交通仿真[M].北京:人民交通出版社,2013.
[6] 邹智军.新一代交通仿真技术综述[J].系统仿真学报,2010,22(9):2037-2042.
[7] 孙剑,田野,任刚.交通系统仿真技术发展趋势与展望[J].前瞻科技,2023,2(3):77-85.
[8] 张坤鹏,常成,王世璞,等.自动驾驶汽车仿真器综述:能力、挑战和发展方向[J].交通运输工程与信息学报,2024,22(1):1-24.
[9] LIU C, LIU Z, CHAI Y, et al. Review of virtual traffic simulation and its applications[J]. Journal of Advanced Transportation, 2020, 237649.
[10] PELL A, MEINGAST A, SCHAUER O. Trends in real-time traffic simulation[J]. Transportation Research Procedia, 2017, 25: 1477-1484.
[11] LI Y, YUAN W, ZHANG S, et al. Choose your simulator wisely: A review on open-source simulators for autonomous driving[J]. IEEE Transactions on Intelligent Vehicles, 2024, 9(5): 4861-4876.
[12] 肖田园,范文慧.系统仿真导论[M].北京:电子工业出版社,2007.
[13] 裴玉龙,张亚平.道路交通系统仿真[M].北京:人民交通出版社,2004.
[14] 刘运通,石建军,熊辉.交通系统仿真技术[M].北京:人民交通出版社股份有限公司,2022.
[15] 彭晓源.系统仿真技术[M].北京:北京航空航天大学出版社,2006.
[16] 隽志才.交通系统建模与仿真[M].北京:科学出版社,2011.
[17] 顾启泰.离散事件系统建模与仿真[M].北京:清华大学出版社,1999.
[18] 刘瑞叶,任洪林,李志民.计算机仿真技术基础[M].2版.北京:电子工业出版社,2011.
[19] 隋涛,刘秀芝.计算机仿真技术[M].北京:机械工业出版社,2015.
[20] 杨涤,李立涛,杨旭,等.系统实时仿真开发环境与应用[M].北京:清华大学出版社,2002.
[21] 廖守亿,戴金海.复杂适应系统及基于Agent的建模与仿真方法[J].系统仿真学报,2004,(1):113-117.
[22] 孙剑.微观交通仿真分析指南[M].上海:同济大学出版社,2014.
[23] 孙剑.PTVVissim TOP50Q&As[M].上海:同济大学,2023.
[24] 任刚.交通仿真[M].北京:人民交通出版社股份有限公司,2023.
[25] 任其亮,刘博航.交通仿真[M].北京:人民交通出版社,2013.
[26] 隽志才.交通系统建模与仿真[M].北京:科学出版社,2011.
[27] 刘运通,石建军,熊辉.交通系统仿真技术[M].北京:人民交通出版社股份有限公司,2022.
[28] 吴娇蓉,辛飞飞.交通系统仿真及应用[M].上海:同济大学出版社,2012.

[29] 周晓晨. 微观交通仿真理论与实训[M]. 北京:机械工业出版社, 2020.

[30] 王殿海, 金盛. 车辆跟驰行为建模的回顾与展望[J]. 中国公路学报, 2012, 25(1): 115-127.

[31] 李力, 姜瑞, 贾斌, 等. 现代交通流理论与应用:卷Ⅰ. 高速公路交通流[M]. 北京:清华大学出版社, 2011.

[32] 杨龙海, 张春, 仇晓赟, 等. 车辆跟驰模型研究进展[J]. 交通运输工程学报, 2019, 19(5): 125-138.

[33] PIPES L. An operational analysis of traffic dynamics[J]. Journal of Applied Physics, 1953, 24(3): 274-281.

[34] NI D. Traffic flow theory: characteristics, experimental methods, and numerical techniques [M]. 2015, Elsevier.

[35] GIPPS P. Abehavioral car following model for computer simulation[J]. Transportation Research B: Methodological, 1981, 15: 105-111.

[36] KRAUß S. Microscopic modeling of traffic flow: investigation of collision free vehicle dynamics [J]. DLR - Forschungsberichte, 1998.

[37] NEWELL G. Nonlinear effects in the dynamics of car following[J]. Operations Research, 1961, 9(2): 209-229.

[38] BANDO M, HASEBE K, NAKAYAMA A, et al. Dynamics model of traffic congestion and numerical simulation[J]. Physical Review E, 1995, 51(2): 1035-1042.

[39] JIANG R, WU Q, ZHU Z. Full velocity difference model for car-following theory[J]. Physical Review E, 2001, 64: 017101.

[40] TREIBER M, HENNECKE A, Helbing D. Congested traffic states in empirical observations and microscopic simulations[J]. Physical Review E, 2000, 62: 1805-1824.

[41] MICHAELS R. Perceptual factors in car following[C] //Proceedings of the Second International Symposium on the Theory of Traffic Flow, 1963, 44-59.

[42] GIPPS P. A model for the structure of lane-changing decisions[J]. Transportation Research B: Methodological, 1986, 20: 403-414.

[43] KESTING A, TREIBER M, HELBING D. General lane-changing model MOBIL for car-following models[J]. Transportation Research Record, 2007, 1999: 86-94.

[44] AHMED K. Modeling drivers' acceleration and lane-changing behavior[D]. Cambridge, MA: Massachusetts Institute of Technology, PhD Dissertation, 1999.

[45] 孙剑, 田野, 余荣杰. 自动驾驶虚拟仿真测试评价理论与方法[M]. 北京:北京科学出版社, 2022.

[46] WOLFRAM S. Cellular automata as models of complexity[J]. Nature, 1984, 311: 419-424.

[47] NAGEL K, SCHRECKENBERG M. A cellular automaton model for freeway traffic[J]. Journal de Physique I (France), 1992, 2: 2221-2229.

[48] KNOSPE W, SCHADSCHNEIDER A, SANTEN L, et al. A realistic two-lane traffic model for high-way traffic[J]. Journal of Physics A, 2002, 35: 3369-3388.

[49] NAGEL K, WOLF D, WAGNER P, et al. Two-lane traffic rules for cellular automata: a sys-

tematic approach[J]. Physical Review E, 1998, 58: 1425-1437.

[50] CHEN D, ZHU M, YANG H, et al. Data-Driven Traffic Simulation: A Comprehensive Review [J]. IEEE Transactions on Intelligent Vehicles, vol. 9, no. 4, pp. 4730-4748

[51] ROSS S, GORDON G, BAGNELL D. A reduction of imitation learning and structured prediction to no-regret online learning[C] //Proceedings of the fourteenth international conference on artificial intelligence and statistics. JMLR Workshop and Conference Proceedings, 2011: 627-635.

[52] TENG S, et al., Motion planning for autonomous driving: The state of the art and future perspectives[J] IEEE Transactions on Intelligent Vehicles, vol. 8, no. 6, pp. 3692-3711.

[53] ZHENG G, LIU H, XU K, et al. Learning to simulate vehicle trajectories from demonstrations [C] //2020 IEEE 36th International Conference on Data Engineering (ICDE). IEEE, 2020: 1822-1825.

[54] BANSAL M, KRIZHEVSKY A, OGALE A. Chauffeurnet: Learning to drive by imitating the best and synthesizing the worst[J]. arXiv preprint arXiv:1812.03079.

[55] BERGAMINI L, YE Y, SCHEEL O, et al. Simnet: Learning reactive self-driving simulations from real-world observations[C] //2021 IEEE International Conference on Robotics and Automation (ICRA). IEEE, 2021: 5119-5125.

[56] YAN X, ZOU Z, FENG S, et al. Learning naturalistic driving environment with statistical realism[J]. Nature communications, 2023, 14(1): 2037.

[57] ZHU Z, ZHANG S, ZHUANG Y, et al. RITA: Boost driving simulators with realistic interactive traffic flow[C] //Proceedings of the Fifth International Conference on Distributed Artificial Intelligence. 2023: 1-10.

[58] XU D, CHEN Y, IVANOVIC B, et al. Bits: Bi-level imitation for traffic simulation[C] //2023 IEEE International Conference on Robotics and Automation (ICRA). IEEE, 2023: 2929-2936.

[59] ISOLA P, ZHU J Y, ZHOU T, et al. Image-to-image translation with conditional adversarial networks[C] //Proceedings of the IEEE conference on computer vision and pattern recognition. 2017: 1125-1134.

[60] HE K, ZHANG X, REN S, et al. Deep residual learning for image recognition[C] //Proceedings of the IEEE conference on computer vision and pattern recognition. 2016: 770-778.

[61] WANG L, FERNANDEZ C, STILLER C. High-level decision making for automated highway driving via behavior cloning[J]. IEEE Transactions on Intelligent Vehicles, 2022, 8(1): 923-935.

[62] IGL M, KIM D, KUEFLER A, et al. Symphony: Learning realistic and diverse agents for autonomous driving simulation[C] //2022 International Conference on Robotics and Automation (ICRA). IEEE, 2022: 2445-2451.

[63] BHATTACHARYYA R P, PHILLIPS D J, WULFE B, et al. Multi-agent imitation learning for driving simulation[C] //2018 IEEE/RSJ International Conference on Intelligent Robots and Systems (IROS). IEEE, 2018: 1534-1539.

[64] CAO Y, IVANOVIC B, XIAO C, et al. Reinforcement learning with human feedback for realistic traffic simulation[C]//2024 IEEE International Conference on Robotics and Automation (ICRA). IEEE, 2024: 14428-14434.

[65] SACKMANN M, BEY H, HOFMANN U, et al. Modeling driver behavior using adversarial inverse reinforcement learning[C]//2022 IEEE Intelligent Vehicles Symposium (IV). IEEE, 2022: 1683-1690.

[66] NIU H, REN K, XU Y, et al. (Re) 2 H2O: Autonomous Driving Scenario Generation via Reversely Regularized Hybrid Offline-and-Online Reinforcement Learning[C]//2023 IEEE Intelligent Vehicles Symposium (IV). IEEE, 2023: 1-8.

[67] CHEN B, CHEN X, WU Q, et al. Adversarial evaluation of autonomous vehicles in lane-change scenarios[J]. IEEE transactions on intelligent transportation systems, 2021, 23(8): 10333-10342.

[68] ZHANG Q, GAO Y, ZHANG Y, et al. Trajgen: Generating realistic and diverse trajectories with reactive and feasible agent behaviors for autonomous driving[J]. IEEE Transactions on Intelligent Transportation Systems, 2022, 23(12): 24474-24487.

[69] MAVROGIANNIS A, CHANDRA R, MANOCHA D. B-gap: Behavior-rich simulation and navigation for autonomous driving[J]. IEEE Robotics and Automation Letters, 2022, 7(2): 4718-4725.

[70] KOTHARI P, PERONE C, BERGAMINI L, et al. Drivergym: Democratising reinforcement learning for autonomous driving[J]. arXiv preprint arXiv:2111.06889, 2021.

[71] FENG S, YAN X, SUN H, et al. Intelligent driving intelligence test for autonomous vehicles with naturalistic and adversarial environment[J]. Nature communications, 2021, 12(1): 748.

[72] SHIROSHITA S, MARUYAMA S, NISHIYAMA D, et al. Behaviorally diverse traffic simulation via reinforcement learning[C]//2020 IEEE/RSJ International Conference on Intelligent Robots and Systems (IROS). IEEE, 2020: 2103-2110.

[73] YANG Z, CHEN Y, WANG J, et al. Unisim: A neural closed-loop sensor simulator[C]//Proceedings of the IEEE/CVF Conference on Computer Vision and Pattern Recognition. 2023: 1389-1399.

[74] CHANG W J, HU Y, LI C, et al. Analyzing and enhancing closed-loop stability in reactive simulation[C]//2022 IEEE 25th International Conference on Intelligent Transportation Systems (ITSC). IEEE, 2022: 3665-3672.

[75] FU J, LUO K, LEVINE S. Learning robust rewards with adversarial inverse reinforcement learning[J]. arXiv preprint arXiv:1710.11248, 2017.

[76] HAO K, CUI W, LUO Y, et al. Adversarial safety-critical scenario generation using naturalistic human driving priors[J]. IEEE Transactions on Intelligent Vehicles, 2023.

[77] SACKMANN M, BEY H, HOFMANN U, et al. Modeling driver behavior using adversarial inverse reinforcement learning[C]//2022 IEEE Intelligent Vehicles Symposium (IV). IEEE, 2022: 1683-1690.

[78] Transportation Research Board. Highway Capacity Manual 2000[M]. National Research Council, Washington DC.

[79] 任福田. 道路通行能力手册[M]. 北京:中国建筑工业出版社,1991.

[80] 李得伟,韩宝明. 行人交通[M]. 北京:人民交通出版社,2011.

[81] 陈然,董力耘. 中国大都市行人交通特征的实测和初步分析[J]. 上海大学学报(自然科学版),2005.

[82] 郭存禄,张敬磊,李梦琦. 基于交通行为的行人过街特征分析[J]. 交通与运输,2020,36(1):74-78.

[83] 周继彪,董升,陈红. 行人交通流基本特性研究现状与展望[J]. 交通信息与安全,2015,33(6):9-18.

[84] SCHELLING T. C. Dynamic Models of Segregation[J]. Journal of Mathematical Sociology,1(2):143-186,1971.

[85] HELBING D., MOLNAR P. Social Force Model for Pedestrian Dynamics[J]. Physical Review E,1995,51(4):4282-4286.

[86] ZENG W, CHEN P, NAKAMURA H., IRYO-ASANO M. Application of Social Force Model to Pedestrian Behavior Analysis at Signalized Crosswalk[J]. Transportation Research Part C:Emerging Technology,2014,40:143-159.

[87] ZENG W, CHEN P, YU G,et al. Specification and Calibration of A Microscopic Model for Pedestrian Dynamic Simulation at Signalized Intersections:A Hybrid Approach. Transportation Research Part C:Emerging Technology, 2017,80:37-70.

[88] 纪鑫,徐嘉明,杨瑗玲,等. 突发传染病情况下高校行人流建模分析与管理控制:以高校食堂为例[J]. 复杂系统与复杂性科学,2024,21(1):35-42.

[89] HELBING D, FARKAS I J, MOLNAR P,et al. Simulation of Pedestrain Crowds in Normal and Evacuation Situations[C]. Pedestrian and evacuation dynamics,2002,21(2):21-58.

[90] 张青松. 人群拥挤踩踏事故风险理论及其在体育赛场中的应用[D]. 天津:南开大学,2007.

[91] 王振,刘茂. 人群聚集过程的定量分析与计算机模拟[J]. 青岛大学学报(自然科学版),2006,(2):44-49.

[92] 刘文婷. 城市轨道交通车站乘客紧急疏散能力研究[D]. 上海:同济大学,2008.

[93] BENTHORN L., FRANTZICH H. Fire alarm in a public building:how do people evaluate information and choose an evacuation exit?[J]. Fire and Materials,1999,23(6):311-315.

[94] 中华人民共和国住房和城乡建设部. 地铁设计规范:GB 50157—2013[S]. 北京:中国建筑工业出版社,2013.

[95] 吴娇蓉,冯建栋,陈小鸿. 中美地铁车站. 火灾疏散设计规范对比与分析[J]. 同济大学学报(自然科学版),2009,37(8):1034-1039,1138.

[96] 于彦飞. 人员疏散的多作用力元胞自动机模型研究[D]. 合肥:中国科学技术大学,2008.

[97] TOGAWA K. Study on fire escapes basing on the observation of multitude currents[R]. Tokyo:Building Research Institute, Ministry of Construction, 1955.

[98] MELINEK S J., BOOTH S. An analysis of evacuation times and the movement of crowds in

buildings[M]. Building Research Establishment, 1975.

[99] 隽志才. 交通系统建模与仿真[M]. 北京:科学出版社,2011.

[100] 任刚. 交通仿真[M]. 北京:人民交通出版社股份有限公司,2023.

[101] 任其亮,刘博航. 交通仿真[M]. 北京:人民交通出版社,2013.

[102] 孙剑. 微观交通仿真分析指南[M]. 上海:同济大学出版社,2014.

[103] 慈玉生,吴丽娜. 交通系统建模与仿真[M]. 北京:人民交通出版社股份有限公司,2021.

[104] 孙剑,田野,任刚. 交通系统仿真技术发展趋势与展望[J]. 前瞻科技,2023,2(3):77-85.

[105] 马健,张丽岩,李克平. 多分辨率交通仿真模型综述[J]. 公路工程,2016,41(4):42-49,59.

[106] 马健,张丽岩,李克平. 城市快速路及匝道衔接段交通流建模仿真[J]. 计算机仿真,2016,12(33):157-162+197.

[107] 徐成成,郑亮,薛新风. 集成VISSIM/VISUM与MATLAB的多精度仿真控制平台研究[J]. 物流科技,2019,1:65-68.

[108] JAYAKRISHNAN, R, OH, J, SAHRAOUI, A. Calibration and path dynamics issues in microscopic simulation for advanced traffic management and information systems[J]. Transportation Research Record, 2001, 1771: 9-17.

[109] LI, P, MIRCHANDANI, P, ZHOU, X. Hierarchical multiresolution traffic simulator for metropolitan areas: architecture, challenges, and solutions[J]. Transportation Research Record, 2015, 2497: 63-72.

[110] 鲁光泉,王云鹏,林庆峰,等. 道路交通安全[M]. 2版. 北京:人民交通出版社股份有限公司,2024.

[111] CHEN P, ZENG W, YU G. Assessing right-turning vehicle-pedestrian conflicts at intersections using an integrated microscopic simulation model[J]. Accident Analysis & Prevention, 2019, 129: 211-224.

[112] CHEN P, ZENG W, YU G, et al. Surrogate safety analysis of pedestrian-vehicle conflict at intersections using unmanned aerial vehicle videos[J]. Journal of Advanced Transportation, 2017, 5202150.

[113] ALHAJYASEEN W, ASANO M, NAKAMURA H, et al. Stochastic approach for modeling the effects of intersection geometry on turning vehicle paths[J]. Transportation Research Part C: Emerging Technologies, 2013, 32: 179-192.

[114] ALHAJYASEEN W, ASANO M, NAKAMURA H. Left-turn gap acceptance models considering pedestrian movement characteristics[J]. Accident Analysis & Prevention, 2013, 50: 175-185.

[115] WOLFERMANN A, ALHAJYASEEN W, NAKAMURA H. Modeling speed profiles of turning vehicles at signalized intersections[C]//3rd International Conference on Road Safety and Simulation, Indianapolis, 2011: 1-17.

[116] ZENG W, CHEN P, NAKAMURA H, ASANO M. Application of social force model to pedestrian behavior analysis at signalized crosswalk. Transportation Research Part C: Emerging

Technologies[J], 2014, 40: 143-159.
[117] ZENG W, CHEN P, YU G, WANG Y. Specification and calibration of a microscopic model for pedestrian dynamic simulation at signalized intersections: A hybrid approach[J]. Transportation Research Part C: Emerging Technologies, 2017, 80: 37-70.
[118] The National Advanced Driving Simulator. http://www.nads-sc.uiowa.edu/.
[119] SCANeR Driving Simulator. http://www.scanersimulation.com/.
[120] 杨东援. 连续数据环境下的交通规划与管理[M]. 上海: 同济大学出版社, 2014.
[121] ZHENG J, SUN W, LIU H. X, et al. Trafficsignal optimization using crowdsourced vehicle trajectory data[C]//The 97th Annual Meeting of Transportation Research Board, Washington, D. C., 2018.
[122] DERBEL O, MOURLLION B, Basset M. Extended safety descriptor measurements for relative safety assessment in mixed road traffic[C]//2012 15th International IEEE Conference on Intelligent Transportation Systems. IEEE, 2012: 752-757.
[123] DERBEL O, PETER T, ZEBIRI H, et al. Modified intelligent driver model for driver safety and traffic stability improvement[J]. IFAC Proceedings Volumes, 2013, 46(21): 744-749.
[124] ZHANG H, LIU H. X, CHEN P, et al. Cycle-based end of queue estimation at signalized intersections using low-penetration-rate vehicle trajectories[J]. IEEE Transactions on Intelligent Transportation Systems, 2020, 21(8): 3257-3272.
[125] CHEN P, YAN C, SUN J, et al. Dynamic eco-driving speed guidance at signalized intersection: multi-vehicle driving simulator based experimental study[J]. Journal of Advanced Transportation, 2018, 6031764.
[126] CHEN P, NI H, WANG L, et al. Safety performance evaluation for freeway merging areas under autonomous vehicles environment using a co-simulation platform[J]. Accident Analysis & Prevention, 2024, 199: 107530.